인문학의 거짓말

두 번째 이야기

인문학의 거짓말

두 번째 이야기

인문학을 어떻게 읽을 것인가?

박홍규 지음

인물과
사상사

■ 일러두기

1. 외래어 인명과 지명 등은 국립국어원 외래어표기법에 따라 표기했다.
2. 단행본은 『 』, 시·논문은 「 」, 영화·연극·그림·노래·조각은 〈 〉로 표기했다.
3. 도서명은 국내에 번역된 도서는 번역된 제목으로 표기했으며, 번역되지 않
   은 도서는 저자가 번역한 제목과 원서 제목을 함께 표기했다.
4. 본문에 나오는 『성경』 구절은 개역개정을 따랐다.

책머리에

이 책은 인문의 출발과 고대의 인문 이야기인 『인문학의 거짓말』에 이어지는 중세의 인문에 대한 이야기다. 나는 『인문학의 거짓말』에서 고대 인문학에 대해 쓰면서 부처나 예수도 아나키스트라고 불렀다. 반면 서양의 주류 사상인 고대 그리스의 소크라테스나 플라톤이나 아리스토텔레스는 그렇지 않다고 했다. 그리고 그들과 대립한 사상가로 디오게네스를 내세웠다. 디오게네스는 예수로 이어졌으나, 예수의 아나키즘은 바울과 콘스탄티누스 등에 의해 배신당해 서양 중세 1,000년의 세월 동안 왜곡되었다. 서양이 자신들의 종교였던 기독교를 아나키스트 예수의 믿음으로 되돌려야 그 제국주의를 끝낼 수 있다고 나는 믿는다.

이 책에서는 일반적으로 서양의 중세만 다루어져온 것과 달리 인도, 이슬람, 중국, 한반도의 중세 인문을 서양 중세 인문과 같은 비중으로 다루었다. 즉, 서양 중세는 이 중세 이야기 중 4분의 1 정도다. 특히 암흑시대라고 알려진 서양 중세와 달리 비서양 중세는 개명시대였음을 새롭게 주장한다. 한국사에서도 삼국시대와 고려시대가 그렇다고 본다. 반면 비서양 근대는 서양 근대의 제국주의 침략으로 인해 암흑시대로 전락했다. 그런 서양 근대의 암흑에 비하면 서양 중세조차 개명으로 볼 여지가 있다. 이러한 역사관은 서양 근대 중심 세계관에 대한 반성을 촉구한다.

흔히 말하는 '지리상의 발견'이 아니라 '지리상의 침략'으로 시작되는 서양 중심의 근대는 마침내 2019년의 '코로나19'라는 결과로 나타났다. 그것은 1980년대 이후의 소위 글로벌리제이션globalization이 초래한 미증유의 팬데믹이라고 볼 수 있지만, 조금 더 길게 보면 16세기부터 시작된 제국주의 침략의 결과라고 할 수 있다.

이러한 제국주의 침략의 역사를 비판적으로 보는 것에 대해 그것을 약자인 피해자의 마조히즘masochism에 불과한 것이라고 비웃으며 아예 역사에서 제거하려는 가해자적 심성의 서양주의 인문학과 그 추종자들이 여전히 존재한다. 하지만, 21세기 초에 닥친 재난의 일상화는 그런 비웃음을 무색하게 하고 있다. 더욱이 코로나19에 대한 미국이나 유럽의 대응은 서양이 세계의 으뜸이거나 희망이 아니라는 점을 여실히 보여준다.

실로 근대 500년에 대한 근본적인 반성이 필요하다. 이제야말로 참된 포스트모던이 필요하다. 참된 개방과 관용의 세계민주주의가 필요하다. 인문학도 그렇게 새로워져야 한다. 이 책이 그런 요구에 조금이라도 도움이 되길 빈다.

이 책에 실린 글은 2018년 2월부터 2019년 9월까지 『월간 인물과사상』에 연재한 것을 수정·보완한 것이다. 제21장

「한반도 중세의 예술」은 새로 쓴 것이고, 나머지는 보완이나 자구 수정에 그쳤다. 2년여 내 글을 연재해준 인물과사상사에 감사한다.

2020년 9월 11일

박홍규

차례

중세 이야기

재조명되는 중세

중세에 대한 관심이 높아지고 있다. 단적으로 2016년 4월부터 2017년 2월까지 『한겨레』에 연재된 「박승찬의 다시 보는 중세」를 들 수 있다. 가톨릭대학교 철학 교수인 박승찬은 연재 시작 두 달 전에 사망한 움베르토 에코Umberto Eco 이야기부터 시작한다. 에코가 4권, 4,000쪽에 이르는 『중세』 시리즈 1권 서문에서 "중세는 어둠의 시대 혹은 암흑기가 아니다"라며 중세에 대한 오해를 바로잡으려고 했다는 것이다. 박승찬 교수의 연재도 그런 노력의 일환이었고, 그 전후로 비슷한 내용의 책과 글이 많이 쏟아져나왔다.

그런데 우리 시대에 가장 위대한 중세학자라고 하는 에코는 중세를 과연 긍정적으로만 보았을까? 에코는 그를 세계적 작가로 만들어준 『장미의 이름』에서 중세적 맹신을 비판한 것을 비롯해 중세의 문제점을 항상 날카롭게 지적했다. 그가 유행시킨 '포스트모던인가, 새로운 중세인가'라는 명제도 포스트모던의 의의를 일정 부분 인정하면서도 그 보수성이 중세의 문제점과 연관된다고 비판한 것이었다. 1977년 쓴 글로, 국내에는 1993년 같은 제목으로 출간된 책에서 에코는 중세가 "페스트의 물결, 대량 학살, 불관용, 그리고 죽음으로 점철되었다"고 했다. 한마디로 개방과 관용을 거부한 폐쇄와 불관용의 시대였다고 비판한 것이다. 30여 년 뒤에 쓴 『중세』 시리즈에서는 그런 비판의 칼날이 좀 무뎌지기는 했지만 말이다.

그래도 에코는 가톨릭 신자가 아니라 무종교인으로서 특히 종교전쟁을 비판하는 태도는 평생 변하지 않았다. 굳이 에코를 들먹이지 않아도 중세의 십자군전쟁 이래 최근까지 무수한 종교전쟁과 종교 갈등이 있었고, 앞으로도 있을 수 있음을 우려하지 않을 수 없다. 그래서 종교 사이의 대화, 특히 세 일신교(기독교, 이슬람교, 유대교) 사이의 대화가 앞으로 대단히 긴요하다. 게다가 그 셋은 뿌리가 같지 않은가? 그야말로 형제, 아무리 다르게 보아도 이복형제 정도의 관계가 아닌가? 그런 점에서 우리가 중세를 다시 보아야 하는 가장 큰 이유는 세 종교 사이의 화해, 즉 개방과 관용에 있다. 물론 현대의 기독교권과 이슬람권의 대립은 종교보다 정치, 특히 제국주의 탓이므로 종교로 제국주의를 덮어서는 안 된다.

중세 1,000년을 어떻게 볼 것인지에 대한 논쟁은 끊이지 않을 것이고, 언제까지도 정답은 있을 수 없다. 최근의 언론이나 출판 경향처럼 학교에서도 중세를 암흑이라고 가르치지 않는 듯해서 다행이지만, 최근 내가 방문한 기독교권이나 이슬람권에서는 각각의 종교를 더욱 강조하는 경향도 생겨나고 있어서 걱정이다. 이슬람국가IS를 비롯한 과격파 원리주의자들의 소행 때문이기도 하지만, 실업 등으로 인한 세계적인 우경화 경향과도 무관하지 않다. 저마다 절대자를 내세운 중세적 폐쇄와 불관용이 부활하고 있어 정말 걱정이다.

서양의 고대나 현대에 비해 중세는 상대적으로 암흑이라고 보는 것이, 내가 받은 잘못된 일제 잔재의 역사교육이나 중세 문헌의 라틴어도 전혀 모르고 번역서에만 의존하는 내 독서 수준 탓인지도 모른다고 고민한 적도 있지만(그 번역된 중세 문헌을 읽는다는 것은 내게 고문과 같다), 여하튼 지금으로서는 서양사에서 중세란 고대와 현대 사이의 샌드위치(물론 맛이 전혀 없지는 않지만)라고 본다. 이는 서양 중세와 달리 비非서양의 중세, 특히 이슬람권은 물론 동아시아권이나 아메리카, 아프리카의 중세에 대한 관심이 필요하다는 주장으로 연결된다.

박승찬의 『한겨레』 연재에서도 이슬람교에 대한 언급이 전혀 없었던 것은 아니지만, 그것은 어디까지나 서양 중세를 설명하기 위한 것이었다. 반면 세계사 차원의 중세는 이슬람 중심이었으니 더 많은 이슬람 언급, 적어도 서양의 이슬람에 대한 언급 정도는 있어야 한다. 나아가 우리가 살았던 동아시아권이나 아메리카나 아프리카의 중세에 대한 언급도 필요하다. 이는 세계사를 유럽사로 오해해온 문제의 시정을 위해서만이 아니라 앞으로 세계 평화를 위해서도 지극히 당연한 요구다. 어떤 지역의 문명도 다른 지역의 문명보다 우월하다고 평가할 수 없다. 그런 평가가 있다면 그 세계는 평화로울 수 없다. 모든 문명은 서로 다를지라도, 그 가치는 어떤 차이도 없이 동등하다.

중세를 야만으로 보는 역사관은, 르네상스 이래 19세기까지 카를 마르크스Karl Marx를 포함한 독일인 중심의 유럽인들이 자신의 시대를 찬양하기 위해 만든 것이지만, 유럽 중심 사관도 마찬가지로 그들이 침략자인 자신을 부당하게 높여 침략을 정당화하기 위해 날조한 것이다. 그런데도 유럽보다 아시아와 아메리카에 많은 신도를 두고 있는 가톨릭(그 뜻은 '보편'이다) 측까지 침략 사관인 유럽 중심 사관에 따르는 점을 나는 이해할 수 없다. 침략당한 아시아와 아프리카의 가톨릭조차 그런 식민 사관에 빠져 있는 것은 더욱더 이해할 수 없다.

그런 탓인지 크리스토퍼 콜럼버스Christopher Columbus와 함께 아메리카에 갔던 바르톨로메 데 라스카사스Bartolomé de Las Casas 신부가 백인의 인디오 학살을 보고 쓴 책을 비롯해 서양의 역사적 범죄를 다룬 책은 아직도 우리말로 거의 번역되지 않았다. 그런 역사의 반성에서 남아메리카에서는 해방신학 등이 나왔지만, 이 땅에서는 한때의 외국물 유행으로만 지나가고 어떤 해방신학도 자생하지 못했다.

기독교가 서양 중세를 지배하게 된 연유

서로마제국이 멸망한 476년부터 1492년 스페인에서 무어인이 추방되기까지 1,016년간을 흔히 중세 1,000년이라고 한다. 그러나 스페인에서 무어인들이 추방되었다고 해서 세계적으로 무슨 큰 변화가 있었을까? 기껏 기독교 세력의 수치심을 씻는 한풀이 정도에 불과한 사건을 대단한 역사적 전환점이라고 하는 것이 이상하지 않은가? 게다가 추방된 무어인도 소수였고 대부분은 그대로 머물지 않았던가? 마찬가지로 서로마제국이 멸망했다고 해서 세상에 무슨 큰 변화가 있었다고 세계사를 삼등분하는 계기로 삼는다는 것일까? 서로마제국의 멸망으로 서양 일부가 망했다고 해서 세상에 무슨 영향이 있었다는 말인가? 특히 가난에 지친 인민 대부분의 삶에 무슨 변화가 있었는가? 제국이든, 소국이든 권력 부패와 빈부 갈등으로 망하는 것이야 지극히 당연한 자연법칙이 아닌가?

반드시 그런 의문 탓은 아니겠지만 중세에 대한 이야기는 476년보다 훨씬 빨리, 그것도 몇백 년이나 빠른 예수 시대부터 시작하는 것이 보통이다. 중세가 기독교의 세상이니 기독교부터 말하는 것이 당연하다고 볼 수 있을지 모르지만, 적어도 시대로는 예수 시대는 물론 기독교가 공인된 콘스탄티누스 황제 때인 313년이나, 기독교가 로마 국교가 된 392년도 중세의 시작보다 빠르다. 그 모든 것은 도리어 로마제국에서 생긴 일이 아닌가? 기독교는 로마제국의 종교 중 하나로 보아야 하는 것이 아닐까? 그런데도 중세 이야기에 400~500년 전의 예수부터 언급하는 것은 서양이 기독교 세계이기 때문이고, 나아가 그 점을 특히 강조하기 위해서가 아닐까?

예수의 '위대한 복음' 전파와 처형 이후 콘스탄티누스의 기독교 공인, 즉 또 하나의 '위대한 복음'이라는 313년의 밀라노칙령 발표까지 기독교는 엄청난 탄압을 받았다는 이야기가 〈쿼바디스〉(1955) 같은 기독교 영화 등을 통해 우리의 뇌리에 깊게 뿌리박혀 있지만, 어떻게 그런 극적 반전이 가능했을까? 게다가 예수나 콘스탄티누스가 신의 아들인 양 기적을 일으키듯이 그런 '위대한 복음'을 별안간 내려주었다는 식의 이야기

를 어떻게 믿을 수 있을까? 사실 유대교도, 예수에 대한 믿음
도 로마제국의 식민지 종교에 대한 포용 정책으로 여타 식민
지의 다른 종교처럼 용인되었다. 그 모든 고유 종교를 부정하
고 우리가 아는 로마신화의 신들을 식민지에 강요했다면 로마
는 제국을 형성할 수도 없었을 것이다. 『신약성서』에 나온 예
수의 처형조차 로마제국이 아니라 유대교 때문이었다.

　기독교의 창시자가 예수라고 하지만 예수에 대해 알려진
바도, 초기 기독교에 대해 우리가 아는 것은 거의 없다. 예수가
죽고 100~200년 뒤에 기록되었다고 하는 『신약성서』의 복음
은 내용이 모순투성이여서 예수가 무엇이라 말했는지도 제대
로 알 수 없다. 가령 「누가복음」에서는 부자를 혐오하지만 「마
태복음」에서는 반드시 그렇지 않다. 또 유대 율법에 복종을 요
구하는가 하면 위반을 촉구하기도 한다. 그 밖에도 수많은 모순
이 있다. 그래서 전혀 반대되는 해석까지도 얼마든지 가능하다.

　기원 전후 예루살렘에서는 폭동이 자주 일어났다고 역사
는 기록한다. 그중에는 예수나 모세를 연상시키는 사람의 폭
동도 있었다. 유대교에도 보수와 진보 등 여러 유파가 있었다.
유대인들은 복잡한 역사를 거치는 동안 500여 년 전부터 주변
여러 곳으로 퍼져나갔지만 언제 어디서나 유대교를 굳게 지켰
고, 유대인이 아닌 사람들도 유일한 일신교인 유대교를 믿게
되었다. 특히 도시인들이 그러했다. 농촌 중심의 자연종교인
다신교와 달리, 도시에는 수많은 사람과의 접촉에서 자신을 지
켜주는 익명의 유일신이 적합했다. 사실 로마신화도 유피테르
Jupiter라는 최고신이 지배했다. 일신교는 문명화, 특히 도시화
와 함께 발달했다. 일신교가 아닌 불교도 하나의 원리를 주장

한 점에서 인도의 도시인들에게 더욱 설득력이 있었다.

기독교는 민중의 종교가 아니다

기독교 이전 유대교는 로마제국의 보편적인 종교가 될 가능성까지 보여주었다. 그러나 선민사상·식사·할례 등 보편화에 장애가 되는 요소가 많았다. 그런 장애 요소를 가장 먼저 성공적으로 제거한 것이 기독교였다. 특히 바울은 할례와 식사 규정을 없애는 동시에 처녀 출산이나 3일 만의 부활 등 사람들을 매혹하는 신비로운 이야기를 많이 첨가했다. 무엇보다도 결정적인 것은 로마제국의 바탕인 노예제에 반대하지 않았다는 점이다. 특히 바울은 부자나 권력자와 가까웠다.

그러니 『신약성서』의 내용에 모순이 있을 수밖에 없다. 바울은 복음을 제외한 『신약성서』의 대부분을 차지하는 인물이다. 『성경』의 부피로 보면 예수보다 바울이 기독교의 창시자라고 보아야 할 정도다. 바울을 예수의 참된 계승자라고 보는 사람도 많지만, 반대로 바울을 예수의 배신자라고 보는 사람도 많다. 예수의 가르침을 바울이 철저히 왜곡했다고 비난하는 사람도 있다.

여하튼 『성경』이 만민 평등을 주장했기에 노예나 농민과 같은 가난한 사람들에게 먹혔고, 그들이 초기 기독교의 주된 신자라는 기독교 측 이야기에는 문제가 있다. 제국에 반항하지 않아도 구원받을 수 있고, 새로운 세계가 반드시 온다고 가르치는 기독교에 매력을 느낀 이들은 도리어 도시의 중산층과 부유층이었다. 특히 내세까지 인내하며 오랫동안 기다려야 한다고 가르친 유대교와 달리, 기독교는 그런 기다림 없이 물질적 불확실성을 견디는 데 도움을 주었기 때문에 부자들에게도 먹혔다. 교회에서 부자들을 만나 부자들처럼 특권 의식을 느끼게 된 가난한 사람들도 차차 기독교를 믿기 시작했다.

기독교가 더욱 발전하게 되는 계기는 조직화, 특히 관료화에 있었다. 헌금과 행정을 담당하는 교역자들의 위계 조직이 발달해 그노시스파(영지주의) 등 이단 교리를 통제하고, 하나의 교리를 수립하기에 이르러 기독교는 비약적으로 발전했다. 교회의 위계 조직은 전염병이나 폭동 같은 국가 위기 시에 장례와 식량 공급을 담당해 제국이 줄 수 없는 서비스를 제공했다. 또 로마제국의 행정 구조에 포함되어 결국 교회와 제국은 서로 긴밀하게 연결되어 있었다. 따라서 기독교의 공인과 국교화는 시간문제에 불과했다. 물론 그런 성장세에 대한 우려에서 기존 권력층의 박해가 없었던 것도 아니지만, 박해의 이유는 이념이나 가치의 갈등 때문은 아니었다.

후대 교회는 기독교 박해를 강조하고, 특히 순교자들의 죽음이 선교에 결정적인 영향을 미쳤다고 주장하며 그들을 성인으로 숭상하지만, 극단적인 사례인 네로 황제의 탄압조차도 황제의 조기 추방으로 쉽게 끝났고, 다른 황제들은 대부분 기독교를 용인했다. 특히 콘스탄티누스 시대에는 교회 탄압이 실효성을 거둘 수 없을 정도로 교회의 힘은 커졌기 때문에 기독교를 공인하지 않을 수 없었으나, 이는 종교의 자유를 인정한 것과는 전혀 달랐다. 왜냐하면 공인과 동시에 기독교의 여러 이단을 철저히 탄압했기 때문이다. 그러므로 콘스탄티누스를 '13번째 사도'니 하며 극단적으로 숭상하는 가톨릭에 의문이 있다.

그 뒤 기독교의 국교화 완성은 교회 조직과 함께 성장한 수도원 조직을 통해서 이루어졌다. 수도원 조직은 원래 기독교의 관료화에 반대해 시작되었지만, 기독교 자체와 마찬가지로 조만간 기존의 교회국가 체제에 통합되었다. 로마제국의 멸망 후에도 수도원은 도서관을 중심으로 학문 기관으로 살아남았고, 강력한 관료 권력으로 성장해 중세 1,000년을 지배한 기독교 권력의 중추가 되었다. 심지어 중세가 끝난 뒤에도 수도원은 제국주의 침략의 앞잡이로 한 손에 칼, 한 손에 『성경』을 들고서 20세기까지 권력을 행사했다. 그런 수도원이나 그 상위 권력인 교황청은 수백 년간의 제국주의 침략을 단 한 번이라도 사죄한 적이 있는가? 그런데도 수도원을 정신 수도의 최고봉이라고 보고 예찬만 하는 사람들을 보면 가슴이 답답하다.

중세를 암흑이라고 한 것의 부당함보다도, 자신의 역사 전체를 암흑이라고 부정당한 아시아인과 아프리카인에 대한 서양인의 부당함이야말로 역사적 죄악이 아닌가? 역사의 부당함을 아시아인과 아프리카인만큼 통절하게 느낀 인민이 또 있을까? 그들이야말로 존재 전체를 암흑이라고 부정당하지 않았는가?

가톨릭과 원수지간이라도 되는 듯이 보이는 신교도 마찬가지다. 신교든 구교든 제국주의의 식민지 침략에는 엄청난 책임이 있다. 그런데도 그 어느 쪽이든 단 한 번도 세계의 역사에 사죄한 적이 없다. 사죄는커녕 지금도 그 죄악을 정당화하고 미화하는 세계사를 쓰는 데 급급하다. 게다가 우리도 그것을 그대로 답습한다.

서양 중세의 폐쇄와 불관용

앞에서 언급한 에코의 4,000쪽에 달하는 『중세』 시리즈는 중세를 다음과 같이 나눈다.

> **중세 1** 476~1000년: 야만인, 그리스도교도, 이슬람교도의 시대
> **중세 2** 1000~1200년: 성당, 기사, 도시의 시대
> **중세 3** 1200~1400년: 성, 상인, 시인의 시대
> **중세 4** 1400~1500년: 탐험, 무역, 유토피아 시대

이와 같이 중세를 4등분하고 각 시대의 성격을 규정하는 것에 여러 의문이 있다. 특히 야만인(이 말에도 의문이 있다)의 침략으로 로마제국이 망해 중세가 시작되었다고 보거나, 중세가 탐험과 무역으로 유토피아로 끝난다는 점에서 그렇다. 여기서는 에코를 비롯한 서양 중세학자들이 이룩한 가장 최근의 연구 결과라고 보고 존중하지만, 보충해야 할 이야기가 전혀 없는 것은 아니다.

서양 중세의 출발인 로마제국의 멸망에 대해서는 서양사에서 아직도 분분하게 논의된다. 나는 서양이 자랑하는 로마제국은 노예노동으로 번영했으나, 그 결과 중국이나 인도보다 생산성 개선이 뒤처져 결국 멸망했고, 이어 암흑기가 찾아왔다고 본다. 이처럼 로마 문명이 붕괴하면서 기아와 전염병이 제국을 휩쓸어 6세기 후반에서 7세기 사이에 인구는 반으로 줄었다.

게르만족을 비롯해 많은 이민족이 로마 땅을 침략했지만, 그들을 야만족이라고 부를 정도로 무자비한 침략이 아니었다.

농민 중심의 이주민 정도였고, 정착해 기독교를 수용했을 정도로 양순했다. 그것은 기독교의 '위대함' 탓이 아니라 이주지에서 먹고살기 위해 어쩔 수 없이 선택한 것이었다. 그리고 도시는 폐허가 되고 상업은 퇴조했다. 일상에서 사용하지 않는 라틴어는 성직자들만 읽고 쓸 수 있었다. 그들이 지배한 수도원에서만 학문이 있었지만 그것들도 유럽의 변경인 아일랜드에 집중되었다.

농업 생산성이 낮은 유럽에서는 농업이 서서히 발전했고, 6세기경에 무거운 쟁기가 발명되고 800년경에 북동 프랑스에서 삼포식농법이 도입되면서 경제가 조금씩 나아졌으나, 영국은 13세기에 와서 이를 도입할 정도로 유럽 전역에서는 경제발전의 차이가 컸다. 그래서 유럽은 11세기 농업혁명을 두고 전기와 후기로 구분되는 것이 보통이다. 그 전기는 목축 중심(이탈리아 제외)이고 농업은 부수였으며 도시와 농촌이 아직 제대로 형성되지 못한 시기였다. 후기인 11~12세기에 농촌이 형성되고 12~13세기에 도시가 형성되었다.

당시 유럽의 도시는 인구가 1만 명을 넘는 정도였지만, 송나라에는 인구 10만 명이 넘는 도시가 다수였고 100만 명이 넘는 도시도 몇 개나 있었을 정도로 발달했으니 유럽에 도시가 발달했다고 보기도 어렵다. 14세기에 와서도 유럽은 재난의 시기를 맞아 1348년에서 1351년까지 페스트로 인구의 4분의 1에서 3분의 1이 사망했다. 다행히도 15세기에 다시 발전기가 찾아오고, 16세기에 대항해기를 맞았다. 그전까지 유럽은 세계의 변경邊境이었다. 게다가 실제로 유럽이 세계를 완전히 주도한 시대는 18세기 이후였다. 그래서 극단적으로 유럽은 18세기까지 암흑시대라고 볼 수도 있다.

이와 반대로 암흑의 중세는 기껏 5세기에서 8세기까지고 그 뒤로는 암흑이 아니라고 주장하는 사람들도 있지만, 적어도 노예노동을 중심으로 한 11세기까지 500년은 암흑기였다고 보는 것이 옳다. 즉, 서기 1000년의 변혁으로 농업 노예제는 끝나고 농노제를 기초로 한 봉건제가 시작되었다. 이러한 구분은 앞에서 본 에코류의 구분과도 일치하고 또 이 책의 주제인 중세 인문의 구분과도 일치한다.

적어도 1000년까지 기독교의 이단 배척으로 중세에는 인문이 없다시피 했다. 철학을 비롯한 인문학도, 건축이나 회화를 비롯한 예술도, 대학을 비롯한 각종 학교도, 도서관도 이단이라는 이유에서 배척되었다. 우리 사회에 떠도는, 지진을 신이 정권에 내린 저주라고 보는 요설妖設은 과학과 의학을 배척한 중세 기독교에서 나왔다. 서양에서도 중세에는 분서갱유가 끊이지 않아 책이 사라졌다. 그래서 히틀러 시대에 유대계를 포함한 반체제 지식인들이 대거 미국으로 이주했듯이 기독교 치하의 지식인들이 아랍권으로 대거 이주해 인문을 이전시켰다. 이슬람국가가 저지른 성상聖像 파괴 운동도 서양 중세에서 시작되었다. 그래서 중세 인문은 서양이 아니라 아랍과 인도와 중국 등에서 꽃을 피웠다.

개방과 관용을 향한 새로운 중세관

우리가 흔히 중세라고 하는 6~16세기에 서양은 그 앞뒤의 시대에 비해 낙후된 반면, 비非서양은 그 어떤 시대보다 앞선 새로운 시대를 맞았다. 중동에서는 이슬람 문명이 탄생했고, 중국에서는 수·당·송의 불교문화 등이 다양하게 꽃을 피웠으며, 아메리카와 아프리카에서도 그 못지않은 찬란한 문명이 개화된 시대였다. 그야말로 개방과 관용의 문화였다. 혹시 아프리카에 찬란한 중세가 있었다는 것이 의심스러운가? 그러나 1331년 이븐 바투타Ibn Battuta가 오늘날의 탄자니아에 있는 킬와Kilwa를 "세계에서 가장 아름답고 잘 건축된 도시 가운데 하나"라고 썼듯이 당시 문명에 대한 많은 기록이 남아 있다. 그뿐만 아니라 중세 아프리카에서 세계 최초의 헌법이 제정되었다.

우리나라에서도 찬란한 문화가 나타났다. 조선시대보다 그 이전 중세에 훨씬 자유롭고 개방적이며, 관용적이고 다양한 문화가 창조되었다. 굳이 비교한다면 조선시대가 더 서양 중세처럼 암흑으로 보인다. 최근 조선을 미화하려는 움직임이 영화나 텔레비전 드라마는 물론 학계에서도 나타나고 있지만, 과연 바람직한 현상인지 의심스럽다. 물론 그전 시대를 좋아한다고 해서, 에코가 서양 중세에 대한 편견을 깨트리려고 노력하면서도 그 시대의 문제점을 비판적으로 보려고 했듯이, 삼국시대나 고려시대로 '돌아가자'고 외쳐서는 안 되고, 당연히 그 시대의 문제점을 들여다보아야 한다. 어떤 과거로도 돌아갈 수 없는 것이 당연하다. 그러나 재조명은 필요하다.

종래 서양에서 세계사를 고대-중세-현대로 구분한 점에는 문제가 많다. 특히 중세만 500년경에서 1500년경으로 획정하고 암흑이라고 한 뒤 그전은 고대, 후는 현대라고 하는 점도 문제다. 앞에서 서양인들은 서양 중세는 1492년 스페인에서 무어인을 추방한 것으로 끝난 것으로 생각한다고 했다. 즉, 서양은 이슬람교도를 추방한 것으로 암흑의 시대가 끝나고 새로운 시대를 맞았다고 생각한다. 이는 새로운 시대를 시작한 단테Alighieri Dante가 이슬람교의 시조인 무함마드Muhammad를 연옥에 빠졌다고 묘사한 『신곡』에서도 같게 표현되었다.

그러나 기독교와 이슬람교의 갈등은 그 뒤 지금까지도 끊이지 않았고, 특히 최근에 그 갈등은 최고조에 이르고 있다. 그래서 지금 인류가 '새로운 중세'로 가는 것이 아닌지 우려하고 있다. 그런 우려는 이슬람과의 단절을 중시한 종래 서양의 역사관에 대한 반성으로 제거될 수 있을지 모른다. 서양이 암흑이라고 한 중세는 사실 서양이 중심이 아니라 이슬람과 인도와 중국이 중심이었던 시대였다.

나는 서양 중심의 아우구스티누스Aurelius Augustinus를 비롯한 가톨릭 신학자들, 중세 건축을 비롯한 예술, 봉건제나 대학 등에 대한 설명은 대폭 줄이고 대신 그동안 거의 다루지 않은 『코란』과 이슬람 사상과 예술, 인도와 중국을 비롯한 동아시아 문명에 대해 쓸 생각이다. 서양 중세 전공자들은 서양 사상사 등에서 중세를 소략하게 다루거나 아예 생략하는 것을 대단히 부당하게 여겨 개탄하지만, 나처럼 사회과학을 공부하는 사람들이 주로 읽는 사회과학서에는 중세에 대한 언급이 거의 없다. 물론 중세에 대해 검토해야 할 점은 결코 적지 않지만, 세계사적 차원의 인문 이야기를 쓴다면 나는 중세에 대한 부분은 고대-중세-현대라는 3분법처럼 3분의 1이 아니라, 10분의 1 정도에 그친다고 본다. 그만큼 중세는 중요한 시대가 아니다. 적어도 미술을 제외하고는 그렇다.

그리고 종래 '중세 인문학'에서 가장 중요한 문헌으로 다루어진 것들에 대해서도 가능한 한 간단하게 다룰 생각이다. 가령 그동안 가장 중요하게 다루어진 책인 아우구스티누스의 『신국론』은 내용도 매우 간략하게 다룰 생각이다. 최근에야 완역되었고 충분히 읽지 못한 탓도 있지만, 솔직히 말해 오랫동안 그 책을 읽기 위해 노력했지만 완독에도 실패했고, 충분히 이해하지도 못했기 때문이다. 이에 대해 변명조로 덧붙인다면 버트런드 러셀Bertrand Russell은 방대한 『서양의 지혜』에서 이 책에 대해 단 서너 줄로 말하면서 그 "내용의 대부분은 오로지 골동품 연구가나 흥미를 느낄 정도의 것"이라고 했다. 러셀의 이 말은 중세 문헌의 대부분에 해당하는 것이라고 해도 과언이 아니다.

반면 종래 무시되었던 중세인이라도 지금 우리가 생각해볼 필요가 있는 사람은 재조명해야 한다. 가령 펠라기우스Pelagius가 있다. 펠라기우스는 원죄설을 부정하고, 누구나 착하게 살면 영혼은 구제를 받는다고 가르쳤다. 아우구스티누스는 펠라기우스를 반박해 바울의 편지에서 숙명론, 즉 예정조화설을 이끌어냈고, 이를 종교개혁 때 장 칼뱅Jean Calvin이 채택했다. 나는 러셀처럼 가톨릭에서 그것을 폐기한 것을 매우 현명한 것이었다고 보고, 마찬가지로 츠베탕 토도로프Tzvetan Todorov처럼 그 둘의 논쟁이 지금까지 우리의 정신세계를 지배하고 있다고 본다.

사실 나는 아우구스티누스의 『고백록』도 읽기에 너무 버거웠다. 어린 시절의 작은 실수를 크게 확대해 엄청난 죄로 보고 그것에 병적인 편집증을 보여주기 때문이다. 그래서 『고백록』은 나의 고전 목록에서 지울 생각이고, 여기에서는 아예 다루지 않으려고 한다. 반면 이 책에서는 무엇보다도 『코란』을 중심으로 한 아랍의 이슬람문화를 비롯한 비서양의 중세 인문을 적극적으로 이야기할 것이다. 이 부분에 무관심한 우리의 관심을 촉구하기 위해서기도 하다. 그 목표는 하나다. 새로운 개방과 관용의 문화를 창조하기 위해서다.

제2장

인도는 지금도 중세인가?

다시 찾은 인도

사랑 영화 한 편에 한 나라가 미치고 있다. 중세의 힌두 왕비와 이슬람 왕의 로맨스를 다룬 영화 〈파드마바트Padmaavat〉(2018) 의 제작 시부터 감독과 배우를 죽이면 수십억 원을 주겠다는 협박이 이어지다가, 개봉하자마자 전국에서 폭동이 터졌다. 영화관들이 공격받고 통학 버스가 파괴되어 여러 학교가 휴교하고, 200여 명의 시위대가 체포되었지만, 그것으로 진정되지 않았다.

앞으로도 유사한 사건이 이어질 것이라 우려하는 것은 인도의 다수 종교인 힌두교도들이 소수 종교인 이슬람교도 수천 명을 살해하고 수십만 명을 추방한 사태가 최근까지 이어져왔기 때문이다. 이런 인도가 신앙의 나라, 영성의 나라인가? 도리어 신앙이니 영성이니 하는 미명하에 집단 학살까지 일삼는 잔인한 야만국이 아닌가? 그것도 권력의 조작이 아니라 사람들 스스로 자행하는 그야말로 본능적 야만의 분출이 아닌가?

인도로 떠난 1월 3일, 나를 맞은 소식도 불가촉천민이라고도 하는 달리트Dalit들의 시위로 주민 1명이 숨지고 차량 150여 대가 파괴되었다는 것이다. 달리트들은 그들의 선조가 200년 전인 1818년 1월 1일, 영국의 동인도회사와 결탁한 브라만 계급과 싸운 것을 기념하던 중 힌두 우익 단체와 충돌했다. 가난한 소수자인 달리트에 대한 힌두 우익의 핍박도 최근 더욱 강화되는 경향이지, 별안간 생겨난 일이 아니다. 또 토착민인 아디바시Adivasi도 댐 건설 때문에 수천만 명이 강제로 이주당했다. 인도 인구의 80퍼센트를 차지하는 힌두교도는 소수 종교는 물론 소수 계급의 사람들을 억압해왔다. 이런 인도를 다양성의 나라니 평화의 나라니 민주주의의 나라라고 하는 것은 거짓말이 아닌가?

2018년 1월에 내가 본 인도는 스모그와 돈과 쓰레기, 배타주의와 신화로 뒤덮인 나라였다. 최근 인도를 경제 발전이 가장 빠른 나라라고 찬양하지만, 간디Mahatma Gandhi의 말처럼 적어도 근대 인도는 경제 발전이라는 미명하에 금전과 물질의 광풍 시대였고, 그로 인해 스모그와 배타주의와 쓰레기도 더욱 극심해졌다. 그야말로 하늘은 스모그, 땅은 쓰레기, 거리는 돈, 인간은 적과 동지의 적대 신화에 사로잡혀 있다.

그러나 나는 오랫동안 인도를 사랑했다. 잔인한 식민지 역사의 고통을 이해하려고 노력했고 그것을 극복하고자 평생을 두고 싸운 간디와 그 후예들을 존경했다. 우리를 지배한 '악독한' 일본과 달리 인도를 지배한 영국은 '젠틀맨의 나라'로 인도에 민주주의와 근대화를 선물했다고 오해한다. 그런 사람들이 영국은 물론 인도와 한국에도 너무나 많기에 더욱 그렇게 노력했다. 1991년, 에드워드 사이드Edward Said의 『오리엔탈리즘』을 번역했을 때도 우리처럼 인도도 식민지 경험을 뼈저리게 했다는 것을 느꼈다.

아베 신조安倍晉三까지 일본 지도자는 대부분 나쁘지만 여왕이나 윈스턴 처칠Winston Churchill을 비롯한 영국 정치인들은 인도까지 훌륭하게 만들었다는 식의 착각이 오리엔탈리즘이 낳은 착각이다. 특히 최근 그런 이야기를 역사학으로 화려하게 장식한 니얼 퍼거슨Niall Ferguson 같은 제국주의 학자의 책들이 번역될 뿐만 아니라 소위 세계 석학이라는 자를 초청해 엄청난 강의료를 주는 코미디도 벌어지는 것을 보면 한국이야말로 19세기 오리엔탈리즘이 기승을 부리는 곳이라고 할 수 있다. 게다가 〈덩케르크〉(2017)니 〈다키스트 아워〉(2017) 같은 전쟁 영화가 상영되고, 전쟁 영웅 처칠을 우상화한 〈다키스트 아워〉를 야당 대표가 대통령에게 추천하기도 했다.

처칠은 1910년 내무부 장관 때부터 죽을 때까지 노동자들을 억압하는 정책을 폈고 파시스트를 지지했다. 더구나 1938년까지도 존경한다고 떠들던 아돌프 히틀러Adolf Hitler와 제2차 세계대전 때 싸운 이유는 대영제국을 수호하기 위해서였지 세계의 평화나 민주주의 수호 따위를 위한 것이 아니었다. 특히 처칠은 간디를 비롯한 식민지 사람들을 열등 인종이라고 경멸했다. 그는 조선을 언급한 적이 없지만 언급했다면 인도처럼 야만 인종으로 철저히 멸시했을 것이다. 그런 인종주의자를 영웅으로 그린 영화를 대통령에게 보라고 야당 대표가 추천했다니 참으로 기가 차다! 차라리 솔직하게 히틀러 찬양

영화를 추천하라!

영국은 물론 프랑스·독일·러시아·미국·중국·일본 등 모든 제국은 악랄한 착취자였다. 그 제국을 닮고자, 그 제국을 찬양하며 제국의 길을 걸어야 한다고 주장하는 자는 모두 악랄한 제국주의자다. 제국주의자는 제국만이 아니라 식민지에도 득실거린다. 식민지 시대는 아직도 끝나지 않았다. 끝나기는커녕 더욱더 기승을 부리고 있다.

인도에서도 제국주의 때문에 배타주의와 계급주의가 더욱 극심해졌다. 그러나 해방이 된 지 70여 년이 지나 야만으로 회귀하다니 도대체 어떻게 된 일인가? 그 원인은 최근 인도의 정치적 보수화다. 1980년대 초까지 이름도 없던 극우 근본주의 정당이 1998년부터 2004년까지 집권했고, 2014년 다시 정권을 잡았다.

2016년에는 이슬람을 혐오하는 도널드 트럼프Donald Trump의 당선을 기원하는 집회가 이어지고 당선 직후에는 트럼프의 생일을 축하하는 성대한 파티가 열리는 등 기괴한 분위기에서 무슬림과 불가촉천민에 대한 무차별 폭행과 강간도 빈발했다. 특히 강간은 세기가 바뀌면서 급속히 늘고 더욱 흉포하게 일상적으로 자행되었다. 인도 사회의 강력한 가족주의·가부장주의·남성주의는 그런 사회악과 여성에 대한 폭력적 차별에 눈감고 있다. 게다가 노동 착취를 비롯한 여성의 일상적 노예화는 오래전부터 행해져온 관행이다. 그것이 고쳐지기는커녕 도리어 더욱 악화하고 있다.

반反인문의 인도

지금 인도는 자유와 평등, 정의와 평화를 위한 기본 원칙을 철저히 무시하고 있다. 특히 여러 사상과 종교의 공존을 위해 주장된 세속주의나 합리주의에 대한 반발이 함께 이루어지고 있어서 그야말로 중세를 방불케 한다. 근대 자본주의가 탈脫중세·탈脫주술의 세속주의와 합리주의에서 나온다는 막스 베버 Max Weber의 명제와 달리, 자본주의가 중세·주술의 신성주의나 비합리주의와 결탁할 수 있음을 적어도 한국에 사는 우리는 이제 누구나 알고 있지만, 인도는 그야말로 그 극단의 사례가 아닐까?

인도에는 신화를 고대 인문의 상징적 해석으로 보는 근대적 인식을 민족 신화의 파괴라고 매도하고, 민족 신화의 보호라는 미명하에 신봉하는 야만의 분위기가 팽배하다. 그 속에서 국가나 돈도 신화의 하나인 양 절대 숭배하는 신화자본주의·신화민족주의가 지금의 인도 사상이라면, 인도는 물론 서구의 신화론자와 자본주의자, 한국을 비롯한 유사 서양의 아류들은 화를 낼 것인가? 인도를 종교의 나라니 영성의 나라니 영혼의 나라니 하며 신비주의로 옹호하던 사람들도 과연 오늘의 인도에 부는 인간 학대의 광풍을 환영할 것인가? 아니면 그 광풍은 진짜 인도를 왜곡한 일순의 오리엔탈리즘이라고 욕하고 스모그와 쓰레기 밑에는 여전히 영원한 영성이 존재한다고 주장할 것인가?

오리엔탈리즘의 색안경을 쓰지 않고 객관적으로 현실 그대로를 보려고 아무리 노력해보아도 인도는 정상적으로 보이

지 않는다. 그래서 대낮에도 어두운 룸비니Lumbinī(부처가 태어난
곳)를 비롯한 불교 성지나 힌두교 성지, 간디 관련 유적지를 다
시 찾아다니면서, 스모그를 만들어내는 차를 타고 돈을 뿌리며
쓰레기를 만드는 나는 도대체 누구이며 지금 무슨 짓을 하고
있는지 회의한 적이 한두 번이 아니다. 게다가 내가 인도를 찾
는 가장 큰 이유인 간디에 대해서도 인도인들의 반감은 더욱
커져만 가서 이제 간디 때문에 인도에 올 필요도 없을 것 같다.
30여 년 전 처음 인도에 왔을 때부터 내가 만난 평범한 인도인
들은 간디를 싫어했다. 아마도 그들은 그전부터 간디를 싫어했
을 것이다. 간디가 살아 있을 때도 경원敬遠했는지 모른다. 이
제는 그 싫어함이 더욱 노골적인 배타주의로 나타난다. 속으로
는 경멸하면서 겉으로 존경하는 위선을 떨 필요도 없어졌다.

　게다가 '다양성 속의 통일성'이라는 인도의 특성도 사라
지고 있다. 여전히 다양한 언어가 있고 생활 습관도 다르지만,
거리의 풍경이나 사람들의 모습과 마음에는 그다지 다른 점이
없다. 인도 어디를 가나 비슷하다. 농촌은 여전히 가난에 찌들
어 있고 길거리는 물론 고속도로 주변에도 거의 똑같은 싸구
려 상품을 파는 구멍가게가 있고 쓰레기들이 널브러져 있다.
그나마 쿠바처럼 모두 비닐봉지를 들고 다니지는 않아서 다행
이라고 해야 할까?

　더는 북쪽의 히말라야에 눈이 내리지 않고 산맥 밑의 검
은 숲은 검은 재로 바뀌어 더욱 더워지고 있다. 히말라야에서
흐르는 강물도 말랐고 북부 펀자브 지방의 화전민들이 숲을
태워내는 연기를 비롯해 인도 전역에서 나오는 각종 매연이
전국을 뒤덮고 있다. 시골은 물론 도시에도 거지나 빈민의 행

렬은 끝이 없다. 그들은 대도시의 빌딩 숲 그늘에서도 잠들지 못한다.

델리나 뭄바이 같은 대도시는 한국이나 일본, 미국이나 유럽과 유사한 풍경으로 바뀌고 있다. 미국·유럽·한국·일본의 공장들이 전국에 들어서 있고 각종 차량이 배기가스를 뿜어내고 있으니 어쩌면 당연한 현상인지도 모른다. 중국과 함께 지구온난화의 주범이라고 해도 과언이 아니다. 여기에 남미나 아프리카까지 가세하면 지구의 미래는 정말 어떻게 될 것인가? 그렇다고 해서 지구온난화에 앞장섰던 서양이나 우리가 그들을 비난할 수 있는가? 도둑놈이 제 자식의 도둑질을 말리는 것이 가능한가?

붓다와 간디의 인도

인도가 돈에 미쳤다는 비판은 간디 이전에 붓다가 내렸다. 붓다가 무소유를 주장한 것은 당시 사회의 불평등을 해소하기 위해서 누구나 스스로 가난해져야 한다는 이유 때문이었다. 그래서 붓다는 카스트로 대표되는 불평등을 합리화하는 힌두 신의 존재를 부정하고, 신이 아니라 자신을 믿고 자신의 이성으로 깨달으라고 했다. 따라서 붓다는 어떤 미신이나 신앙도 거부했다. 특히 희생제犧牲祭를 비롯한 복잡한 제식주의로 타락한 고대 힌두교를 비판했다. 심지어 힌두교의 강력한 가족주의도 비판했다. 그래서 스스로 가족을 버리고 출가했다. 부와 가족을 버리고 무소와 같이 홀로 살라고 가르쳤다.

이러한 붓다의 힌두교 비판은 힌두교를 개혁하는 계기가

되었다. 그래서 희생제에서 살육되던 가축을 보호하고 여성과 천민도 죽어서 천상 세계로 갈 수 있다고 역설하는 정도의 개혁이 이루어졌다. 또 불교의 명상이나 요가를 통한 수행법도 적극적으로 수용했다. 그러나 개혁 힌두교가 카스트를 부정한 것은 아니었다.

인도의 카스트를 플라톤Platon의 계급론과 유사하다며 정당화하는 주장이 있다. 플라톤은 서양 철학의 아버지라고 하니 그의 계급론도 옳은 것이므로 그것과 유사한 인도의 카스트도 옳다는 식으로 말이다. 그러나 이는 카스트는 물론 플라톤의 계급론까지 부정하는 올바른 인문의 태도에서 벗어난 것이다. 본래 카스트는 직업 구별의 제도에 불과했으나 차차 신분 차별의 계급제도로 변했으며 특히 영국 지배하에서 강화되었다고 비판하고 본래의 직업 구분 제도로 돌아가야 한다고 본 간디가 옳았다.

여하튼 플라톤보다 훨씬 빨리 계급을 부정한 붓다는 인류 최초의 계급 부정론자라는 점만으로도 소크라테스 이후 그 어떤 서양 철학자보다 위대했다. 그러나 불교는 붓다의 죽음 이후 붓다가 부정한 힌두교로 서서히 회귀했다. 먼저 붓다가 사용한 민중어인 지방어 대신 상층 지배계급의 표준어인 산스크리트어를 사용하기 시작했다. 기원후 1세기부터 등장한 대승불교 운동은 붓다를 신격화하기 시작했다. 그래서 자신의 노력으로 깨달음을 얻는 종교였던 불교가 절대 신에 의존하는 힌두교와 유사하게 변했다. 이는 불교가 왕과 상인계급의 경제적 도움으로 성장한 것과 궤를 같이한다. 승려들도 붓다가 거부한 형이상학적 논의에 치중했다. 그 결과 서서히 민중과 멀어졌다.

불교의 타락과 힌두교의 득세

기원 전후에 중국에 건너온 대승불교는 붓다를 신으로 숭배하는 체제 옹호의 종교로 더욱 타락했다. 특히 호국불교라는 이름의 한반도와 일본의 불교가 그러했다. 힌두교화한 불교에 국가주의까지 결합한 타락이라고 해도 과언이 아니다. 나는 그 정체를 파악하고자, 현장玄奘이나 혜초慧超가 찾은 대승불교의 길은 체제를 수호하기 위한 불교가 아니었는지 고민하면서 인도를 몇 차례나 방랑했다. 중국이든 한국이든 민중의 종교적 요구 때문에 불교가 들어온 것이 아니라 지배계층의 필요 때문에 들여와 민중에게 강요한 것이 아닌가? 그 결과가 조선의 배불排佛이고 지금의 호국불교가 아닌가? 그 뒤 들어온 조선의 유교도 민중의 요구가 아니라 권력의 필요 때문에 도입된 것이 아닌가?

현장이나 혜초가 인도에 온 7세기 훨씬 이전부터 불교는 변했다. 가령 인도 역사에서 가장 위대한 왕으로 칭송되는 아소카왕은 불교에 귀의한 왕으로 유명하지만, 그의 불교 진흥은 힌두교나 유교와 마찬가지로 가족 중심의 사회질서 유지가 목적이었다. 그래서 누구나 열반에 이를 수 있다는 붓다의 가르침을 부정하고, 법에 맞는 행동을 해야 천상의 행복을 누릴 수 있다고 주장했다. 게다가 아소카왕 이후 이어진 왕조 대부분은 힌두교를 믿고 불교를 탄압했다.

힌두교는 인도 역사의 '황금시대'라고 하는 굽타왕조의 성립(320년)과 함께 더욱 근본적으로 바뀌었다. 굽타왕조가 농업 중심으로 보수화하면서 도시 중심의 불교는 인기를 잃었다.

힌두교의 재흥再興으로 신격화된 왕에 의해 힌두교가 성장하면서 오늘날의 힌두교가 성립되었다. 왕권의 절대화는 불교로는 불가능했기 때문이다. 인도의 힌두교는 중국의 유교처럼 체제 옹호의 종교다. 이에 반해 불교는 중국의 노장老莊처럼 체제와 무관한 종교였으나, 대승불교 이후 힌두교나 유교처럼 변했다. 기원후 3~4세기경 중국을 거쳐 한반도에 온 대승불교는 율령 체제 정비라는 당시의 정치적 요구와 맞아떨어졌다. 현장과 혜초는 그 뒤 3세기가 더 지나 인도에 왔다.

마찬가지로 4세기에 개혁된 힌두교는 그전의 힌두교와는 근본적으로 다른, 새로운 종교라고 볼 수 있다. 힌두교의 개혁은 7세기의 이슬람교 성립과 함께 중세 세계의 가장 중요한 인문 현상이었다. 간디는 인도인의 정신적 토대인 힌두교를 비폭력 종교로 재해석하면서 모든 종교의 일치, 특히 비폭력을 근원으로 하는 일치라고 보고 모든 종교의 상호 존중과 공존을 주장했다. 그러나 지금 인도에서는 그런 간디의 주장이 부정되고 있다.

굽타왕조와 힌두교 문화

인도에서는 흔히 훈족(흉노족)에 의해 굽타왕조가 붕괴된(550년) 이후부터 무굴제국의 등장(1526년)까지 약 1,000년을 중세로 본다. 유럽처럼 중소 국가들이 투쟁한 시기여서 그렇게 보는 듯하다. 그러나 굽타왕조도 인도 북부 일부를 지배한 것에 불과했고, 앞에서 보았듯이 이미 그 시대에 힌두교가 개혁되어 지금과 같아졌으니 그 시기부터를 중세라고 보아야 한다.

특히 이 시기에 계급 위주의 힌두교가 굽타왕조의 후원으로 부활하면서 불교가 급속히 쇠퇴했다. 굽타왕조 이후의 힌두교는 그 이전의 원시 힌두교인 브라흐마니즘Brahmanism과 구별하기도 하지만 나는 그 둘이 기본적으로 다르지 않다고 보기에 모두 힌두교라고 부르겠다. 굳이 구별한다면 고대 힌두교와 중세 힌두교라고 할 수 있다. 개혁 힌두교는 인도식 종교개혁에 의한 것으로, 이미 4세기부터 변화가 시작되었다. 서양의 종교개혁보다 10세기 이상 앞선 것이다. 종교개혁만이 아니라 르네상스와 같은 새로운 문학과 미술의 재흥도 10세기 이상 앞섰다. 그 점에서 서양은 인도를 비롯한 동양과 비교가 되지 않을 정도로 후진이었다.

그런데 새로운 힌두교를 과연 '개혁'이라고 부를 수 있는지 의문이다. 무엇보다도 카스트를 더욱 확고하게 정착시켰기 때문이다. 이후 계급 간의 상호 교섭이 엄격하게 금지된 것과 달리 계급 간의 결혼은 비교적 자유로웠지만 신분제도로는 확고하게 정착했다. 그 결과 특정 계급에 속하면 그 계급의 의무를 최우선으로 완수해야 한다는 신분 윤리가 명백하게 정립되었다. 이러한 힌두교의 변화는 활발한 이민족의 유입과 무역·상업의 발달로 인한 것이기도 했다. 경제적 여건이 향상되면서 카스트 안에서 사제 외의 직업은 자유롭게 선택할 수 있었다. 따라서 후대에 세습제로 굳어진 카스트와는 달랐지만 불가촉천민 차별은 확고했다.

간디의 동상이 거리에 흘러넘치고 모든 지폐에 그의 얼굴이 그려져 있지만, 폭력적인 거리와 지폐는 그를 철저히 배신하고 있다. 민족주의자들은 이슬람을 인도에 남게 했다는 이유로 간디를 공공연히 비난하기도 한다. 그런 분위기에서 아룬다티 로이Arundhati Roy의 간디를 카스트주의자로 비판하거나 남아프리카에서 간디가 흑인들에게 차별적이었다거나 만년에 젊은 여성들에게 성 접대를 요구했다는 등의 이야기는 듣기 괴롭다. 간디는 역사가 오래된 카스트를 부정하면 인도 자체가 부정될 것이라고 우려하면서 직업 분화라는 본래의 성격을 강조해 인도를 통합하고자 했다. 마찬가지로 그에게 남아프리카의 흑인 문제는 관심 밖이었고 만년에 여성들의 봉사를 성 접대라고 비난할 수 있는지에 대해서는 의문이 있다.

나는 특히 굽타시대의 불교에 관심이 있다. 불교가 굽타시대에도 널리 신봉되었음을 당시 인도를 찾은 법현法顯의 『불국기佛國記』로 알 수 있다. 인도 전역에 힌두교가 보편화되었지만 벵골 지방에서는 여전히 불교가 대세였다. 대승불교의 학승인 아상가Asanga(무착無着), 바수반두Vasubandhu(세친世親), 쿠마라지바Kumarajiva, 디그나가Dignaga 등이 저술을 남긴 것도 이 시대였다. 아잔타와 엘로라에 불교 석굴이 건립되고 붓다의 상像이 등장한 것도 이 시대였다. 당시의 간다라 양식 불상은 우리나라에도 전해져 석굴암으로 남았다. 또한 6세기경에 설립된 나란다 불교대학은 아시아에서 가장 훌륭한 교육 기관이었다.

중세 인도를 장악한 이슬람의 관용

이슬람은 8세기 이후 인도에 들어와 1526년 무굴제국 성립 시까지 인도에서 힌두교와 공존했다. 불교도 12세기까지는 공존했다. 그러나 10세기 이후 평등을 주장한 이슬람교가 하층민에게 인기를 끌면서 같은 평등주의를 내세운 불교는 서서히 몰락하다가 12세기 이후 인도에서 자취를 완전히 감추었다.

물론 이슬람 세력은 불교와 힌두교 사원과 성지를 파괴하고 승려들을 학살했다. 특히 나란다 불교대학을 비롯해 수많은 불교 사원을 파괴해 승려 대부분이 네팔과 티베트, 남인도로 떠났다. 티베트에서는 그곳의 고유 종교와 융합해 라마불교가 생겨났다. 그러나 이슬람은 전래 이후 불교나 힌두교와 공존을 모색했다.

막스 베버는 교단 차원에서 불교 쇠퇴를 주장했지만, 소승이니 대승이니 하는 교리 논쟁으로 불교의 평등성이 약화되고 힌두교 흡수를 위한 밀교 등의 주술화나 의례화로 더욱 쇠락한 탓도 있었다. 그러니, 그런 후진 현상을 대단한 이론 투쟁에 의한 심오한 사상으로 믿으며 불교의 고유한 평등성을 구현하지 못한 동아시아 불교는 사상 왜곡이 가장 심하다고 해도 과언이 아니다.

한편 모든 인간의 평등을 주장한 이슬람은 1000~1200년 사이에 인도의 서북부 지역에 본격적으로 진출했다. 특히 수피Sufi들은 유일신에 대한 헌신, 사랑과 믿음의 교리를 전파하는 데 주력했다. 10세기경 페르시아에서 성행한 수피즘Sufism은 이슬람 신비주의로, 재물뿐 아니라 이슬람 제국이 성립한 도덕률에도 반감을 품은 사람들이 만들었다. 인도에 들어온 수피즘은 불교나 요가의 방법 가운데 일부를 수용했다. 조직이나 고행·단식·호흡법 같은 수행법은 요가의 영향을 받은 것이었다. 불교는 이슬람의 진출 이전에 중앙아시아에서 성행했다. 수피즘은 정통 이슬람과는 배치되면서도 힌두교와 밀착했다. 수피들은 계급 차별을 인정하지 않고 낮은 계급 사람들과 어울리면서 금욕하며 단순한 삶을 영위했다.

13세기 델리 술탄시대 이후 인도 문화는 새롭게 변했다. 그전 침략자들은 인도 문화에 동화된 반면 이슬람은 힌두교와 불교의 사원을 파괴한 뒤 아랍과 페르시아 문화를 인도에 심었다. 당시 아프리카의 모로코와 유럽의 스페인, 이란까지 점령한 아랍-페르시아는 과학·항해술·문학 등이 발달했다. 당시의 유럽 문화는 그와는 비교할 수도 없을 정도로 열등했다.

이슬람 지배자들은 힌두 사원을 개조해 모스크로 사용하다가 점차 새로운 사원을 지었다. 이슬람 건축은 커다란 아치와 돔형 지붕이 특징이다. 벽면에 인간과 동물의 형상을 새긴 힌두 건축과 달리 이슬람은 기하학적 도형과 꽃무늬를『코란』구절과 함께 새겨넣은 아라베스크Arabesque 양식이었다. 터키인들은 아랍 양식에 힌두교와 불교의 상징인 스와스티카(卍)나 연꽃 등의 무늬를 새겨넣었다. 그 대표적인 건물이 델리의 쿠트브미나르다. 그 아름다운 공존과 조화의 탑을 인도인들은 왜 잊고 있을까? 힌두 양식과 이슬람 양식이 융합된 최고의 예술인 타지마할을 왜 잊고 있을까?

힌두교주의를 관철한 모디

최근 인도의 종교 갈등이나 신분 갈등은 현재의 인도 총리인 나렌드라 모디Narendra Modi의 등장 이후 심화되었다. 역사학자 이병한은 모디에 대해 "21세기 간디 혹은 인도의 히틀러?"라고 물었으나 그 어느 쪽이라고도 답하지 않았다. 인도의 어느 서

점에 가더라도 히틀러의 『나의 투쟁』을 심심치 않게 볼 수 있다. 그래서 그런지 진보적이라는 지식인들조차 민족이라는 미명으로 파시즘 편을 드는 경향이 있지만, 내가 보기에 모디는 '인도의 박정희'이기도 하다.

경제를 앞세워 무슬림을 차별하고 민족을 내세우지만 미국을 비롯한 자본주의 국가의 투자를 무한히 허용하고, 이슬람과 중국은 군사적으로 적대하며, 이스라엘과 놀아나는 미국의 세계 군사작전을 그대로 수용하는 반공 노선에 충실하기 때문이다. 근대국가의 기본 원리인 민주주의는 물론 정교분리조차 그에게는 무의미하다. 간디는 진실과 정의가 신이라며 모든 종교를 포용했고 자와할랄 네루Jawaharlal Nehru는 힌두교를 비롯한 각종 전통 종교가 사라질 것이라고 보았지만, 모디는 그 모두를 부정하고 힌두교주의를 철저히 관철했다.

힌두교도가 80퍼센트를 넘는 인도에서 힌두교의 종교적 우월성을 내세우며 타종교, 특히 이슬람에 대한 증오심을 선동하면 선거에 승리할 수 있다. 모디는 그렇게 해서 집권했다. 적어도 네루나 그 후예들은 그런 짓을 하지는 않았다. 물론 네루 이후 공직자들이 부패한 것은 사실이지만 그 부패는 모디 집권 이후에도 쉽게 고쳐지지 않고 있다. 이병한은 2014년 선거를 1952년 체제를 마감한 선거 혁명이라고 부르지만 이를 과연 긍정적으로 평가해도 좋은가?

모디가 8세 때부터 참여한 민족봉사단RSS은 1948년 간디를 살해한 단체다. 그러니 모디가 21세기의 간디라고 하는 것은 거짓이다. 2017년 초 인도 정부 기구에서 모디가 간디처럼 물레를 돌리는 사진을 달력에 썼다가 반발을 받은 것도 그런

연유에서다. 1925년에 창설된 힌두교 절대주의 단체인 민족봉
사단은 간디는 물론 네루와 인도의 모든 좌파 세력에 적대적
이었다.

　　2018년 1월의 인도는 절망의 중세였다. 과거의 로맨틱한
공존의 중세보다 훨씬 야만적인 배타排他의 중세다. 미국을 비
롯해 전 세계가 보수화하고 있지만, 카스트 따위를 두고 계급
학살을 하는 나라는 인도뿐이다. 이런 인도를 철학의 나라니,
수학의 나라니, 종교의 나라니, 인문의 나라니 하는 것은 이해
할 수 없는 일이다. 게다가 지금 그곳은 중세보다 암흑이지 않
은가? 그래도 중세에는 힌두교와 무슬림이 공존하고 서로 사
랑하지 않았던가? 기원전 3세기에 아소카왕은 그런 공존을 주
장하지 않았던가? 그러나 지금은 힌두교와 무슬림의 사랑을
영화로 재현하는 것조차 집단 살인의 이유가 되고 있다.

제3장

인도 중세의 사상

자유로운 죽음을 바란다

평생 자율적인 삶, 어떤 권위나 권력에서도 자유로운 개인들이 함께 자치하는 사회를 이루며 자연과 조화롭게 살아가는 자유-자치-자연의 3자주의를 추구한 나는 대학은 물론, 사회 전체가 타율적인 점에 항상 분노해왔다. 특히 내가 공부한 법은 인간의 본성인 자율성을 최대한 보장하기 위해 요구되는 최소한의 필요악이거늘 한국의 법, 그중에서도 헌법이나 노동법이 자율성 보장이 아니라 타율 그 자체로 국가주의적인 점에 분노해왔다. 자율의 삶이 왜 이리도 어려운가?

나는 지금부터라도 자유롭게 살다가 죽고 싶을 뿐이다. 제발 병원 장례식 같은 것 없이, 죽은 자리에서 바로 화장해 재도 화장터에 버리고, 묘나 비석 같은 것 없이, 제사를 포함한 어떤 추모 행사도 없이 깨끗이 잊어주기를 바랄 뿐이다. 자신의 책이 영원히, 널리 읽힐 가치가 있다고 자부하는 사람도 많은 모양이지만, 내 몸과 함께 책들도 태워지기기를 바란다.

그렇게 죽겠다고 굳게 결심한 것은 8년 전 아버지의 장례를 치를 때부터다. 다행히도 내가 바란 대로 매장이 아니라 화장을 했다. 하지만 어쩔 수 없이 3일 동안 있었던 대학 병원 장례식장에서 곡을 하지 않는다고 큰소리로 꾸중하는 노인들을 맞아야 했고, 강요에 의해 묘지를 닦고 비석까지 세우는 유교식 장례를 치러야 했다. 다시 강요에 의해 불교식 화장에 사십구재를 치른다고 매주 몇 시간씩 걸려 절까지 다니며 절할 때마다 돈을 내야 했다. 유불선에 기독교가 섞인 제사까지 끝없이 이어지는 복잡한 의례를 경험했다. 그러나 장례식이나 제사 등은 고인을 추모하는 것과는 아무런 상관이 없었기에 나는 모든 의례에 반발했고 그 허상에 분노했다.

묘지에 비석을 세우고 묘역을 화려하게 꾸미는 것을 망설이자 자식으로서 해야 할 도리를 다하지 않는 몹쓸 놈이라는 꾸중을 들었고, 무엇보다도 화려한 제사를 지내는 것이 효도라고 들었다. 어른들 말에 대꾸하는 것은 불효라고 꾸중을 듣고 자란 나는 내 아이들이나 남의 아이들에게 제발 대꾸하라고, 질문하라고, 토론하라고 평생 가르쳤다. 내 삶은 아버지를 비롯한 어른들이 가르친 것을 배반하는 것이었다. 아침저녁으로 강요당한 큰절부터 모든 유교적인 것을 거부하며 살았다. 어떻게 효도를, 충성을, 도덕을 강요할 수 있는가? 그것이야말로 파시즘이 아닌가? 진짜 유교는 그렇지 않다고, 공자는 그런 말을 하지 않았다는 주장도 있지만 여전히 이해하지 못한다.

나는 남은 삶, 특히 죽음만큼은 자유롭게 맞고 싶다. 죽음 때문에 종교를 찾는다고 하지만 나는 그 어떤 종교도 거부한다. 잘 죽기 위한 예습이 종교라고도 하지만, 종교를 동원해 죽음을 빛내려는 무절조無節操는 무종교보다 못하다. 인간답게 살기 위한 하나의 가치로서 종교를 욕보이는 속물의 짓이다. 그런 종교는 없어도 좋다. 그런 사상은 없어도 좋다. 인간을 구속하는 종교나 사상은 백해무익하다. 아니, 종교도 사상도 아니다.

인도인의 삶과 죽음

어떤 종교적 의례도 없이 홀로 죽어 흔적도 없이 사라지겠다고 처음으로 마음먹은 것은 1990년대 초 인도에서였다. 처음 방문한 인도 바라나시Varanasi에서 가난한 가족 몇 사람이 흰 천으로 덮은 시신을 꽃으로 장식해 경쾌한 음악과 함께 화장터에 와서, 시신을 강물에 적셨다가 나무 위에 조용히 놓아 태운 뒤 그 재를 강물에 버리는 장면을 보고 나서였다. 망자의 머리를 깨야 영혼이 자유로울 수 있다고 머리를 부수는 장면에서는 충격을 받았다. 우리의 '거룩한' 죽음과는 너무나 달랐다.

그런 장례식을 보고 돈이 많을수록 엄청난 허례허식을 일삼는다는 것을 알게 된 후 인도인들의 화려한 성인식이나 결혼식, 제사 이상으로 그런 장례식을 싫어하게 되었지만, 그래도 대부분 가난한 인도인은 소박한 관혼상제를 치르는 점을 여전히 좋아한다. 인도인들만이 아니라 세상 사람 대부분이 그렇다. 내일 다시 인도에 간다고 해도 어느 곳보다 바라나시의 소박한 화장을 보고 싶다.

삶을 10년 단위로 구분하는 중국인과 달리 인도인은 삶을 넷으로 나눈다. 학생기·가장기·은둔기·방랑기다. 나도 50세가 되기 전에 시골에 은둔했고, 이제는 방랑기만 남았다. 내 학생기는 반항의 시기였다. 관혼상제를 비롯한 모든 형식에 반항했지만 항상 거부되었다. 가장기의 시작인 결혼식도 가족들만의 행사로 집에서 간단히 치르고 싶었지만 그렇게 하지 못했다. 다행히 내가 선택할 수 있었던 신혼여행은 주변의 산사를 찾아 조용히 이틀을 보내고 돌아왔고, 셋방에서 수저 두 벌로 시작한 신혼처럼 지금까지 소박하게 살아왔다.

이 좁은 땅에서 나까지 자가용을 굴린다면 '살인 지옥'이 된다고 생각해 평생 걷거나 자전거를 타고, 이 시끄러운 땅에서 나까지 전화기를 들고 거리에서 고함을 친다면 정말 '소음 지옥'이라고 생각해 휴대전화를 사용하지 않고, 이 어지러운 땅에서 나까지 인터넷을 켠다면 '기계 지옥'이라고 생각해 내 집에 끌어들일 생각을 하지 않았다. 흉측한 '아파트 지옥'에서 나까지 그곳에 살아서는 안 된다고 생각해 마당이 있는 작은 집에서 살며, 전체 인구로 땅 넓이로 나누어 그 평균만을 경작해 자급자족해왔다.

아이들의 결혼식도 돈을 받지 않고 예식장을 피해 소박하게 치른 것 외에 내가 해준 것은 아무것도 없고, 남의 관혼상제에는 가능한 한 참석하지 않았다. 그뿐만 아니라 어떤 동창회도 화수회花樹會도 계도 거부하며 살았다. 나는 모든 혈연·학연·지연을 거부했다. 그 결과 예의도 상식도 친척도 친구도 모르는 반사회적인 인간이 되어버렸다. 내게 퇴직은 앞으로 더욱더 반사회적으로 살아도 무방하다는 것을 뜻한다는 점에서 참으로 기쁜 일이다. 이제 학교를 떠났으니 교수라는 직명도 필요 없게 되었다. 이름 앞에 무엇이라고 써도 우스운 일이지만, '전 ○○대 교수'라는 것은 대학을 퇴직한 자가 아니라면 쓰지 않는다. 교수를 했다는 것이 다른 사람보다 자랑스러운 점이 전혀 없고 오히려 부끄러울 뿐이다. 취직 준비 학원으로 타락한 오늘의 대학이 부끄럽다.

인도인은 시골의 은둔 생활을 끝낸 뒤 탁발승으로 세상을 방랑하다가 죽는다. 한국에서는 65세가 되었다고 지하철을 무료로 타게 하지만 이것은 방랑과는 무관하다. 방랑은 그야말로 자유를 뜻한다. 몸에 지닐 것은 배낭 하나에 책 몇 권, 화구뿐이다. 휴대전화도 노트북도 필요 없다. 직장은커녕 집도 절도 없이 걷다가 길에서 죽는 것이다. 이제 내게 남은 것은 오로지 그뿐이다.

인도와 닮은 한국

어린 시절부터 지금까지 내가 정말 이해할 수 없는 것은 제사다. 초등학교에 들어가기 전부터 제사를 이해할 수 없었다. 나이가 들면서 다른 집에서도, 대학교수처럼 많이 배웠다는 사람들도, 보수나 진보나 가리지 않고 제사에 대해서는 절대적인 신념을 가진 것을 이해할 수 없었다. 게다가 봉제사奉祭祀와 대가족제도를 대단한 이상 사회로 미화하는 소위 페미니스트들을 보면 아연하다. 어려서부터 제사는 유교의 가르침이라고 배웠지만 유교의 성인이라는 공자는 영혼을 부정했고, 유교를 국교로 정한 조선에서도 본래는 제사를 엄격히 제한했다.

같은 유교권이라고 하는 일본이나 중국에서도 보지 못한

제사를 외국에서 보게 된 것은 1990년대 초 인도에서였다. 힌두교 가정에서는 매일 아침 조상의 영혼에 물을 올리고, 제사 때 쌀가루나 콩가루로 만든 소박한 떡을 바친다. 한국에서 매일 아침에 망자의 사진 앞에 밥과 국을 올리고, 제사 때는 영혼이 와서 음식을 먹는 것을 가상해 여러 음식과 과일 등을 바치는 것보다는 훨씬 소박하지만, 죽음을 숭상하는 문화라는 점에서 역시 싫었다.

인도인은 가장이 죽어 조상 공양을 계승할 남자가 없는 것을 가장 두려워한다. 그래서 신혼부부의 최대 소원이 빨리 아들을 낳아 죽은 조상이나 가족을 안심시키는 것도 한국과 같다. 그래서 남아 선호가 생기고 결혼 지참금 제도가 성행했다. 불행을 당할 때 "조상을 잘 공양하지 못해서", "묏자리를 잘못 써서"라고 하는 것은 유교나 불교가 아니라 샤머니즘에서 비롯되었다는 이야기도 있지만, 조상숭배는 역시 힌두교화된 불교에서 온 것인지도 모른다.

힌두교는 알게 모르게 우리 생활에 들어와 있다. 가령 독서삼매의 삼매三昧는 사마디Samādhi라는 산스크리트어를 한자음으로 표기한 말인데 본래의 뜻은 무덤이다. 인도에서는 화장을 하기 때문에 묘지가 없지만, 몸에 들어 있던 악마를 불로 태우고 연기와 함께 사자의 영을 천국에 데려갈 필요가 없는 사두(도사)나 영아, 임신부는 죽기 전에 죄를 다 씻었거나 아예 죄가 없다는 이유로 매장을 하므로 아주 예외적으로 무덤이 생긴다. 사두가 요가를 통한 명상으로 마음의 통일에 이른 것을 죽음과 연결해 사마디라고 한 것이고, 이를 한역韓譯해 삼매라 한 것이다. 그렇다면 삼매는 죽음을 이상화한 것일까? 그래서 묘나 제사에 저렇게 많은 시간과 돈을 쓰는 것일까?

어렸을 때부터 할머니들이 "내가 전생에 무슨 죄를 지어서 이런 일을 당할까", "죽은 뒤에는 좀더 나은 집안에 태어나야지"라며 울거나 한숨짓는 모습도 많이 보았다. 자업자득이라는 말도 회자된다. 정말 전생이나 후생이 있다고 믿는지는 알 수 없고, 단순한 말버릇인지도 모르지만, 윤회나 업이라는 개념을 몰라도 그것과 비슷한 생각을 하는 사람이 많다. 덕을 쌓아야 천당에 갈 수 있고, 더 나은 인간으로 부활한다고 믿는 것도 마찬가지다. 이것도 힌두교화된 불교에서 온 것이다. 그런 한탄을 하면서 "내가 한이 많아"라고 붙이는 말을 들으면, '한'이란 불합리한 어떤 것, 가령 전생의 업 같은 것을 뜻하는지도 모른다는 생각이 든다.

2016년 개봉한 〈아수라〉라는 범죄 영화는 살아남기 위해 갖가지 범죄를 저지르는 자들의 그야말로 지옥도 같은 이야기다. 세상이 아수라장이라는 말도 자주 한다. 나라의 대표들이 모여 있다는 국회도 가끔 그렇게 묘사된다. 아수라와 싸운 신이 제석천帝釋天이다. 도리천忉利天의 주인인 제석천의 명을 받아 4주州 후에 내려와 중생의 선악을 살피고 보고하는 신들인 사천왕도 힌두교의 사방 수호신에서 나왔다. 힌두교의 신들은 대승불교가 중국에 전해지면서 장군으로 변했다. 자비의 종교라는 불교의 전당에 들어가면서 이런 힌두-중국식 군신軍神에게 위압을 당하면 기분이 나빠진다. 다른 어떤 종교의 전당에서도 볼 수 없어서 더욱 그렇다. 여하튼 '아수라 조선'이 아니라 '헬조선'이라고 해서 다행이라고 해야 할까? 아니면 그마저도 영어를 사용하기에 유감이라고 해야 할까?

바라나시의 두 얼굴

인도에 갈 때마다 바라나시를 방문했는데, 언제나 그 악취와 소란과 무질서에 정신을 차릴 수 없으면서도 갠지스 강변에서 죽음을 기다리는 노인이나 병자들의 평연平然한 얼굴을 바라보면 형언할 수 없는 감동을 받는다. 그 더러운 강물을 성수라고 믿으며 인도 각지에서 가족과 함께, 또는 홀로 고독하게 그곳에 온 이들이 아침저녁으로 기도하고 노래하고 경전을 읽으며 죽음을 기다리는 모습은 장렬하다는 느낌까지 들게 한다.

그들이 그렇게 태연할 수 있는 것은 인도인들의 윤회 사상 때문이다. 삶과 죽음이 자연의 거대한 바퀴이고 영혼은 사후에도 살아남아, 하늘나라에서 조상의 영혼과 만난 뒤 다시 세상에 내려오는데, 착하게 살았으니 지금보다 행복하게 살게 된다는 기대와 신앙이다. 그래서 바라나시에 갈 때마다 그 분위기가 중세적이라고 착각한다. 그곳의 1,000년 전을 전혀 모르면서도 그렇게 생각한 것은 너무나도 종교적이기 때문이다. 그러나 그 강변을 벗어나 시내에 있는 호텔로 돌아가면서 종교에 대해서는 까맣게 잊게 된다. 그렇게 치열한 생존경쟁은 이 세상 어디에서도 볼 수 없기 때문이다. 그야말로 아수라장이다.

바라나시만이 아니라 인도 어디에서나 만나는 신상 앞에서 기도하는 아낙네의 모습은 성스럽다. 그들이 힌두교의 주신 중 하나인 시바의 남근 석상 링가linga 앞에서 기도하는 모습도 성스럽다. 남자아이를 낳게 해달라고 비는 그들이 바라나시의 성자처럼 진리의 삼매경에 젖어 있지 않다고 해도 간절하게 보이기는 마찬가지다. 그래서 속물적인 기복 신앙이라고 욕할 수 없다. 자식의 시험 합격을 위해 추운 겨울 매일 팔공산 꼭대기 돌부처 앞에서 천 배를 한다는 학부모를 비웃던 심술이 인도에서는 사라진다. 인도인 대부분이 빈곤과 기아와 질병, 남아 선호와 같은 사회적 풍습에 시달리고 있음을 인도 어디에서나 목격하기 때문이다. 그래서 우리와 같은 그들의 즉물적이고 기복적인 신앙조차 인도인은 삶의 전부를 걸고 신을 맞으려 하는 것 같아서 감동을 준다.

기도야 어느 종교나 마찬가지다. 그렇다고 기복 신앙이 무엇이 나쁘냐고 할 수는 없다. 그렇다면 적어도 예수나 붓다 이야기는 하지 말아야 한다. 이기적인 기복 신앙을 갖고 이타적인 예수나 붓다를 들먹인다면 그들을 사기꾼 취급하는 것과 다름이 없다. 힌두교는 그런 교조가 없어 기복 신앙이 유지되는 것일까?

인도 사상을 공부하는 사람들은 힌두교를 기복 신앙이라고 하면 말도 안 되는 매도라고 할 것이다. 『우파니샤드』에 브라만(절대자)과 아트만(자아)의 합일이라는 독특한 사상이 나오고, 참된 지혜에 대한 강조는 업과 윤회라는 심오한 사상과 결합했다는 등 심각하게 말한다. 그러나 몇백 쪽의 두꺼운 책들을 아무리 읽어도 업이니 윤회니 하는 것은 앞에서 말한 우리 할머니들이나 인도인의 삶에서 보는 것 이상이 아니다. 3억 3,000위의 신을 믿는다는 힌두교에서 업과 윤회는 당연한 것이었고, 신을 부정한 붓다가 업과 윤회까지 부정한 것도 당연하다. 그런데도 우리가 불교를 믿는다고 하면서 힌두교를 믿는 것은 문제라고 지적하는 것 외에 달리 할 말이 없다.

네루의 『인도의 발견』으로 읽는 인도 사상

그래도 인도의 중세 사상을 언급하지 않을 수 없어 다시 책을 찾았다. 강성률 교수가 쓴 『이야기 동양철학사』는 같은 제목의 다른 책들과 달리 중국 철학, 한국 철학과 함께 인도 철학을 언급해 반갑다(일본 철학을 뺀 것에는 여러 가지 논의가 가능하지만 생략하자). 그러나 『이야기 동양철학사』는 고대 인도 철학에 대해서만 설명하기에 중세 인도 철학은 물론 근현대 인도 사상에 대해서도 언급이 없다.

인도 철학을 비롯해 인도 문화에 대한 더 상세한 책이 많이 있지만, 나는 그 어떤 책보다 네루의 『인도의 발견』을 권한다. 인도의 초대 수상이었던 네루 사후 그 가문이 인도를 지배하면서 많은 문제가 생겼다. 네루는 자신의 후손들이 그렇게 되리라고 상상도 못했을 것이다. 그러나 인도를 이해하는 데 『인도의 발견』만큼 좋은 책을 나는 아직 읽지 못했다.

1944년에 감옥에서 쓴 책이지만 아직 우리말 완역본이 없다. 2003년에 나온 번역서는 원저의 반도 번역하지 않은 부분 번역서에 불과하다. 그것도 미국에서 1960년에 나온 부분 역서의 번역이어서 사회주의적 서술이 생략되는 등 문제가 많다. 특히 인도를 무조건 힌두교 중심의 종교적인 나라로 보는 일반적 견해를 비판한 네루의 주장이 상당히 생략되어 있다. 힌두교를 설명할 때도 윤회나 범아일여梵我一如 같은 철학적 개념은 언급조차 하지 않고 윤리적인 측면에서 접근한다. 그런 네루의 입장에 찬성하는 나로서는 하루빨리 완역이 나오기를 학수고대한다.

네루는 인도 역사를 고대부터 시작하지만 중세나 근대라는 구분은 사용하지 않는다. 내가 편의상 인도 중세의 시작으로 보는 굽타왕조 때에 힌두교는 국교로 채택되어 불교를 압도했다. 그전에 불교에 자극받은 힌두교는 선주민의 토착 신앙을 『베다』의 주술적 신앙에 흡수해 민중 종교로 변모하며 인도 전역에 전파되었다. 그리하여 마우리아왕조에 이어 통일 왕국을 창립한 굽타왕조는 사회질서 유지의 이론적 근거로 힌두교를 부흥시켰다. 힌두교는 지배자가 일방적으로 제정한 국가 종교가 아니라, 민중의 신앙과 일상생활과 문화를 뒷받침하는 민족종교로 인도에 뿌리내렸다. 그것이 인도 중세 사상의 시작이었다.

왕권을 확립하는 데에는 인도 고전문학인 『마하바라다 Mahābhārata』와 『라마야나Ramayana』가 선호되었고, 오늘과 같은 형태로 완성되었다. 『마하바라다』의 일부인 『바가바드기타 Bhagavad Gītā』는 전사 계급의 의무인 전쟁을 수행해 전생의 업을 해소하고 해탈을 얻는다는 이야기다. 의무는 욕망을 낳지 않는 무욕의 결과로 신의 은총을 받는 가장 효과적인 수단이라고 했다.

『바가바드기타』에 대한 간디의 해석처럼 특이한 고전 재조명도 있었지만, 그로부터 비폭력주의를 끌어내고자 한 간디의 눈물겨운 노력은 그에 대한 힌두 민족주의자의 폭력적 암살처럼 반드시 성공했다고 할 수 없다. 한국의 간디라고 불린 함석헌도 『바가바드기타』는 간디와 달리 국가주의적-의무주의적인 것으로 해석했다.

나는 인도신화를 폄하하지 않는다. 적어도 그리스·로마

신화 정도의 가치는 있다고 생각한다. 흔히 그리스·로마 신화는 인간과 함께하는 인간적인 신들의 세계라고 하면서 다른 신화보다 우월하다고 본다. 그런 면에서는 우리나라의 단군신화도 우월하지만, 인도의 신들도 인간적 존재라는 점에서 마찬가지다. 신은 세계, 혹은 인간과 유리되거나 격리된 비인격적인 존재가 아니라 인간이 신을 구하듯이 신도 인간을 구하는 존재다. 왜냐하면 세계와 인간이 존재하지 않는 곳에는 신도 존재하지 않기 때문이다. 설령 존재한다고 해도 그곳은 인간이 관여하지 않는 무無의 세계다. 따라서 신은 세계와 인간이 관련된 곳에서만 존재할 수 있다. 종교는 여기서 시작하고 끝난다. 그런데 이것이 인도신화나 그리스신화, 단군신화만의 특징일까? 아니다. 모든 신화가 그렇다. 따라서 신화에 차등은 없다. 종교도 마찬가지다. 고등 종교나 열등 종교는 없다. 모든 종교는 같다.

굽타왕조는 종교가 공존하는 시대이자 문학과 예술이 발달한 시대였다. 『라마야나』나 『마하바라다』 외에도 『나라다 스므리티Nāradasmrti』 등 많은 힌두교 경전이 쓰였다. 철학에서도 이슈와라크리슈나Iśvarakrsna가 상키야Sākhya 철학의 경전인 『상키야카리카Sāmkhya Kārikā』(현존하지 않음)에 대한 주석서를 썼고, 바츠야야나Vātsyāyana는 애욕의 경전인 『카마수트라Kāma sūtra』를 만들었다. 영화로 만들어진 〈카마수트라〉(1997)와 달리 이 경전은 섹스만이 아니라 문학과 예술에 불가결한 감정인 라사Rasa에 통하는 미적 감정으로서 에로티시즘을 말한다.

해탈을 향해 가는 삶의 4단계

인도는 중세니 뭐니 하며 시대를 구분하기가 힘들다. 인도에는 고대와 중세와 현대가 공존하기 때문이다. 한국에도 그런 측면이 있지만 인도는 우리가 상상할 수 없을 정도의 다른 시대상이 공존한다. 가령 원자력발전소나 풍력발전기 옆에서 소똥을 말려서 연료로 판다. 제트기와 함께 소달구지가 다닌다. 목욕탕 같은 곳이 없어 연못이나 강에서 속옷을 입고 목욕하고 대부분 집에 화장실이 없어 새벽에 물통을 들고 밖에서 대소변을 보는 것은 고대부터 전혀 변하지 않은 것이다. 그런 시대 초월의 생활상이 곳곳에 있다.

　　종교도 마찬가지다. 힌두교를 아힘사Ahimsā, 즉, 불살생의 종교라고 하지만 고대의 참혹한 동물 살해 의례도 여전히 행해지고 있다. 사실 아힘사는 힌두교가 중세 초기에 불교에서 도입한 것이었다. 그 시기에 편찬된 『마누법전Manusmrti』은 육식을 자연스러운 식생활이라고 규정했으며 희생을 위한 살생만을 인정했다.

　　힌두교도는 채식주의자라고 한다. 채식주의자도 가지가지다. 가장 엄격한 부류는 푸성귀나 과일만 먹는 사람들로, 인삼이나 파 같은 뿌리채소도 먹지 않는다. 뿌리채소를 뽑으면 흙 속의 벌레들이 죽을 수도 있기 때문이다. 고기는 물론 달걀을 비롯한 어떤 알이나 우유도 먹지 않는 사람들, 또는 달걀이나 우유는 먹는 사람도 있다. 인도에서는 카스트가 상위일수록 채식의 정도가 철저하다. 그래서 '이밥에 고깃국'이라는 우리의 이상적 식사는 인도에서는 하위 카스트나 먹는 것이다. 그런데 불교가 도입된 삼국시대나 불교가 성행한 고려시대에 채식을 했다는 기록은 없다. 민중이 나물을 먹고 산 것은 불교 때문이 아니라 가난 때문이었다. 소똥을 깨끗하다고 숭배하는 반면 다른 똥은 물론 시신이나 피를 더럽다고 혐오하는 관념도 상위 카스트일수록 강하다.

힌두교의 에토스Ethos라고 하는 카스트, 소, 강(갠지스강) 숭배 등은 그 역사가 이해되면서도 역시 없어져야 할 것으로 생각하지만, 인도인의 이상적 인생관인 4단계에 대해서는 어느 정도 공감이 간다. 물론 복잡한 유아기의 수많은 통과의례에는 아연해지지만 그 뒤의 학생기·가장기·은둔기·방랑기라는 구분에 따른 사회적 의무 수행과 해탈 추구에는 공감이 간다. 물론 불가촉천민과 여성 등은 더러운 존재라는 이유로 제외되기 때문에 문제가 많다. 이혼과 재혼은 1955년 법으로 인정되었지만 현실적으로는 매우 어렵고 과부의 삶은 정말 비참하다. 그러나 이는 유교식 삼종지의三從之義를 비롯해 다른 문화에도 존재했으므로 인도만의 특징이라고 보기는 힘들다.

학생기는 부모를 떠나 12년(목적과 자질에 따라 자유롭게 조정한다) 동안 스승 밑에서 『베다』를 암송하는 시기다. 스승에게 절대복종해야 하고 스승과 함께 걸식하며 땅바닥에서 잠을 자야 하는 것 등은 인도에서도 거의 지켜지지 않지만, 브라만 자제가 머리와 몸을 흔들며 『베다』를 암송하는 풍경은 지금도 볼 수 있다. 스승은 돈을 받지 않지만, 보통은 마지막에 소 한 마리로 답례를 받는다.

가장기는 20세 전후에 결혼하며 시작된다. 삶의 3대 목적인 법(다르마)과 이익(아르타)과 애욕(카마)을 추구하는 시기다.

힌두교의 법은 우주의 원리이면서 사회의 규범을 뜻하기도 한다. 이익도 국가의 부와 개인 차원의 부를 함께 뜻한다. 법·이익과 함께 애욕을 동시에 추구하고 충족해야 한다는 점에서 종교와 윤리는 일치한다.

학생기와 가장기가 세속기라면 은둔기와 방랑기는 해탈기다. 육체가 쇠약해지고 욕망이 줄어드는 50세 전후에 시작하는 은둔기는 학생기의 입문식이나 가정기의 결혼식과 같은 통과의례 없이 각자의 내적 요구와 결단으로 시작된다. 아들에게 가정을 맡기고 아내와 함께 황야나 숲속에 은둔해 열매를 따 먹으며 명상에 잠긴다. 그리고 마지막 방랑기에는 홀로 정처 없이 방랑하며 걸식으로 살아간다.

인도인은 이를 삶의 완성이라고 본다. 한국에서 그렇게 살기는 지극히 어렵지만 바라나시에서 만난 노인들처럼 인도에서는 흔한 모습이다. 이제 나도 그렇게 홀로 죽음을 향해 즐겁게 떠나야 한다. 늙으면 친구가 필요하니 동창회 같은 데를 찾아야 한다고? 천만에, 혼자일 자신이 없으면, 그리고 누구라도 친구로 삼을 자신이 없으면 늙지도 마라. 완전한 자율의 존재로 홀로 서라. 그리고 홀로 죽어라. 자유롭게 살다가 자연으로 돌아가라. 그리고 후손의 제사 따위에 자신의 죽음을 걸지 마라. 자유로운 삶으로 만족하고 후손도 자유롭게 하라.

제4장

인도 중세의 문학

인도의 친일파, 타고르

'동방의 등불' 운운하며 한국을 예찬했다는 타고르Rabindranath Tagore의 한두 마디로 식민지 시대 이후 찢어진 자존감을 겨우 달래다가, 사실은 그 타고르가 일제를 찬미했다는 사실을 알고 허탈감을 느꼈던 시절이 있었다. 개인적으로는 30세에 처음 가본 외국인 일본에서 타고르가 일본이 조선을 침략하기 훨씬 전부터 일본을 너무 좋아했다는 사실을 알고서 통감한 허무였다.

　어디 그뿐인가? 민주주의와 사회주의를 제대로 공부해보겠다고 간 일본이었지만 식민지 시대 일본 민주주의자들이나 사회주의자들이 제국의 앞잡이였다는 사실을 알고서, 사회주의자인 일본인 지도교수에게 그 사실을 말하고 일본에 간 지 몇 달 만에 돌아가겠다고 짐을 싸기도 했다. 전두환 시대의 한국에 돌아가는 것보다는 일본에서 책이나 읽는 것이 낫겠다고 생각해 결국 주저앉았지만, 그 뒤로 에드워드 사이드의 『오리엔탈리즘』을 읽고 서양의 자유주의자나 민주주의자는 물론이고 마르크스를 비롯한 서양의 사회주의자들도 마찬가지라는 것을 알고 문제는 서양임을 알았다. 그런 비통과 분노로 몇 년 뒤 그 책을 번역했고, 지금까지 그 문제를 탐구해왔다.

　박사논문을 쓴다고 몇 달 동안 일본의 여러 도서관에서 식민지 시대 파업 관련 재판 기록을 뒤졌더니 대부분 민족 독립이나 계급투쟁과는 아무런 관련 없는 지극히 사소한 몇 푼의 임금 인상 투쟁이었다는 것도 알았다. 식민지 시대 민·형사 재판은 문중 재산을 둘러싼 갈등이나 치정 사건 따위가 대부분이었다. 민족이니 사회니 계급이니 투쟁이니 사상이니 하는 것은 어디에도 실존하지 않은 허구에 불과했다. 오로지 처절한 생존 투쟁만이 있었다. 그래서 박사논문 쓰는 것도 포기했다.

　그때 우연히 타고르가 일본을 끔찍하게 좋아했다는 사실을 알고 그의 위대한 시라고 하는 것도 그런 생존 투쟁의 현대판인 아이들 시험 투쟁의 말장난에 불과한 것처럼 생각하게 되었다. 타고르 시의 핵심이라는 범아일여 사상이 너무나도 황당하게 보였다. 그런 것을 교과서에 싣다니, 게다가 그것을 외우며 사춘기를 보냈다니 너무나 허무하다고 생각했다.

　최근 타고르의 일본 찬양을 비판하는 글을 읽었지만, 식민지 시대에 일본을 찾은 타고르에게 어렵게 한국을 위한 글을 부탁해 '동방의 등불' 운운한 메모 한 귀퉁이를 얻었던 자들이 타고르의 일본 예찬을 몰랐을까? 당시 타고르는 일본에서 유명했고 특히 그 어떤 외국인보다 일본 문화에 탐닉했기 때문에 환영을 받았다. 그러니 당시 일본에서 그를 찾은 조선 지식인들이 그 사실을 몰랐을 리 없다. 어쩌면 타고르에게 시를 부탁한 식민지 시대 조선인들도 일본을 예찬한 친일 분자였을지 모른다. 결국 똑같은 사람들이었다.

타고르만이 아니라 네루도, 간디도, 아니 인도인 모두, 아니 동양인 모두 러일전쟁에서 승리한 일본에 놀라고 동양이 서양을 이긴 그 전쟁을 찬양했다. 물론 간디나 타고르나 네루도 일본의 군국주의 침략은 비판했다. 조선과 중국에 이어 인도를 침략할지도 모른다는 우려 때문이었을 것이다. 실제로 제2차 세계대전 말기에 일본은 당시 영국의 식민지였던 미얀마까지 침략했다. 그때 일본을 도와 영국과 싸워 인도를 독립시키고자 했던 인도인도 있었다. 그들에게 일본은 태평양전쟁에서 주장했던 것처럼, 서양 제국에서 해방시켜줄 동양의 해방자였던 것이다. 물론 허망한 관념에 불과했지만 말이다.

타고르가 스스로 쓴 시가 아니라 한국인이 부탁해 억지로 내갈긴 메모 한 귀퉁이를 해방 후에 교과서에 실었던 이유는 그것이 소위 저명한 외국인 작가가 한국에 대해 쓴 유일한 글이기 때문일 것이다. 그래서 '친일 분자'인데도 2011년 서울에 그의 흉상까지 세운 것이리라. 그가 인도인이 아니라 서양인이었더라면 얼마나 좋았을까 하고 생각하는 사람도 많을지 모른다. 그러나 불행히도 서양인 중에는 그런 사람이 없었다. 식민지를 지배한 제국 출신이니 당연하다. 우리가 아는 서양인 대부분이 그렇다. 진보적이라고 하는 자들도 예외가 아니다. 마르크스도 예외가 아니었다. 내가 최근 번역하고 소개한 영국 사회민주주의자인 비어트리스 웨브Beatrice Webb와 시드니 웨브Sidney Webb 부부도 예외가 아니었다. 그들이 19세기 사람이었기 때문만도 아니었다. 20세기는 물론 21세기 서양인도 대부분 마찬가지다. 그동안 서양인 사이에서도 약간의 반성이 있었던 것은 사실이지만, 쉽게 고쳐질 것이 아니다. 그러나 오로지 그런 이유만으로 우리가 마르크스나 웨브 부부, 간디나 타고르를 완전히 무시할 수 있을까?

타고르는 정말 위대한가?

타고르가 일본을 좋아했다는 이유만으로 그를 싫어한다고 한다면 참으로 어이없는 이야기지만, 오랫동안 그의 작품을 읽어오면서, 그것도 큰마음을 먹고 일부러 열심히 읽어보고자 한데 비해 항상 실망만 했음을 고백하지 않을 수 없다. 흔히들 타고르 문학의 핵심은 힌두교의 핵심인 범아일여고 그것이『기탄잘리Gitanjali』를 비롯한 그의 모든 작품의 주제라고 하는데 그것이 도대체 무엇인지, 또 그것이 왜 비참한 식민지 인도에서 그렇게도 중요한 문학의 주제인지 도저히 이해할 수 없었기 때문이다.

　　내가 읽은 타고르의 삶이나 작품은 식민지 인도의 비통한 현실과는 너무나도 무관하게 보였다. 그가 만든 학교에서 공부한 아마르티아 센Amartya Sen 같은 인도 출신 지식인들이 동양과 서양의 융합을 강조한 타고르를 높이 평가하면서, 식민지 시대 교육을 철저히 비판한 간디를 비판하지만(최근 한국에도 그런 견해에 동조하는 사람이 꽤 많아졌지만) 내게는 여전히 엘리트 교육을 강조한 타고르보다 그것을 식민 지배의 원용으로 본 간디가 훨씬 훌륭한 교육자로 보인다. 한때 나는 타고르가 과연 인도의 독립을 바랐는지 의심하기도 했다. 그의 동서양 융합

사상은 일제하의 일본과 조선 융합 사상과 얼마나 다를까 하는 생각도 들었다.

흔히들 인도의 특징을 '다양성'이라고 이야기하지만, 그러면서도 인도의 문학을 비롯한 모든 것이 힌두교, 특히 그 범아일여에서 나온다는 식의 이야기에 질려서 인도 문화는 힌두교 또는 범아일여에 사로잡혀 있는 너무나도 획일적인 것이 아닌지 생각한 적도 있다. 물론 그것을 '다양성 속의 통일성'이라고 표현하기도 하지만, 사실 다양성을 가장한 획일성이 아닐까 하는 의문이었다. 그 획일성이란 바로 절대자에 대한 찬양이기 때문이다.

고대 인도 문화에서 타고르를 거쳐 현대 인도 문화까지의 중심 주제는 오로지 절대자인 신에 대한 예찬이고, 그것은 서양 문화에서도 마찬가지이기 때문에, 서양인은 인도 문화를 그다지 어색하게 여기지 않았다고 생각한다. 인도 문학의 기원이자 대표작으로 알려진 『마하바라다』와 『라마야나』도 식민지 시대 영국인의 소개로 널리 알려졌다. 중세 문학의 대표작인 『샤쿤딸라Sakuntala』도 인도 오리엔탈리즘의 창시자인 제국의 판사 윌리엄 존스William Jones의 번역으로 18세기 서양에 처음 알려졌다.

타고르의 『기탄잘리』가 1913년 노벨상을 받을 수 있었던 이유도 거기에 있는 것이 아닐까? 가령 『기탄잘리』에 신에 대한 예찬과 함께 "두 사람의 완전한 결합 가운데, 비로소 님의 모습 보입니다"(56번)라는 구절은 범아일여를 표현한 것이라고 하지만, 그것은 두 문화 혹은 두 나라로 바꾸어볼 수도 있는 것이 아닐까? 타고르는 영국과 인도의 완전한 결합을 상상한 것이 아닐까? 그렇다면 그가 우리의 친일 문학가들과 무엇이 다를까?

다행인지 불행인지 인도는 우리와 달리 영국에 반감이 그리 크지 않아 민족 반역자라는 논의도, '친영인명사전' 같은 책도 없고, 영국을 위해 수많은 전쟁에서 죽은 인도인 병사들을 위한 보상이나 인도에서 훔쳐간 수많은 보물에 대한 반환 요구도 없다. 우리보다 훨씬 긴 300년 넘게 식민지 지배를 경험했으면서도 영국을 증오하기는커녕 도리어 사랑한다.

인도 상류층은 여전히 영어를 쓰고 그 점을 전혀 부끄러워하지 않는다. 우리가 지금까지 일본어를 공용어로 쓰는 셈인데, 인도에서 공부하는 한국 학자들도 인도어보다 영어가 유창하다. 아마 인도에서 영어가 사용되지 않았더라면 인도에 유학가는 사람이나 인도를 소개하는 문헌도 더욱 적었을 것이다. 여하튼 타고르의 작품을 비롯한 인도 문학작품을 읽을 때마다 범아일여라는 상투어에 지쳤다고 말하지 않을 수 없다.

인도 영화의 범아일여

인도 문학은 고대 연극에서 비롯해 영화로 끝나고 있다고 해도 과언이 아니다. 인도에서는 고대 그리스보다 먼저 연극이 발달했으니 세계 최초라고 해도 과언이 아니다. 그런데도 서양인들은 그리스 연극이 최초라고 주장하면서 인도 연극은 그리스 연극의 영향을 받았다고 주장한다. 그러나 이미 1944년 네루가 『인도의 발견』에서도 밝혔듯이 고대 인도 연극은 그리스 연극과 무관한 독자적인 것이다. 특히 인도 연극에는 비극이 없다고 한다.

인도 영화에도 비극이 없다. 인도 영화를 보고 있노라면, 노래와 춤으로 엮어낸 왕이나 영웅과 여인의 사랑 이야기에 눈물과 웃음으로 심취하는 인도인들을 보고 있노라면 역시 인도는 고대나 중세의 범아일여라는 생각을 하게 된다. 인도 문학의 기원이자 대표작이라는 고대 문학작품인 『라마야나』나 『마하바라다』 이래의 전통이다. 한마디로 막장 드라마인데 언제나 범아일여여서 모든 갈등이 한순간에 해결된다.

이 두 작품을 『일리아스Ilias』와 『오디세이Odyssey』처럼 대단한 고전으로 보는 것에는 주의가 필요하다. 전쟁을 찬양한 배타주의의 기원이라고 해도 과언이 아닌 호메로스Homeros의 두 고전과 마찬가지로, 기원전 8세기경에 벌어진 전쟁과 사랑을 다룬 이 두 편의 인도 고전은 왕권 절대화를 위해 전쟁을 정당화하는 이야기에 불과하다. 그 전통을 이어받은 현대 예술이 바로 영화다. 대부분의 대중 영화는 그런 지배 문화의 절대화에 기여한다.

아주 예외적으로 나타나는 '사회' 영화는 불가촉천민의 신분 문제, 매매춘, 중매결혼, 신부 지참금, 여성 억압, 범죄와 부패, 종교적 독단과 함께 가장 흔한 주제인 빈부 갈등을 다루지만, 그것도 남녀의 사랑 이야기가 중심이다. 게다가 그런 영화조차 실제의 빈곤은 묘사하지 않고 도리어 고급 주택이나 궁궐, 세련된 카바레나 깨끗하게 꾸며진 정원에서 사건이 일어난다.

영화 주인공은 대부분 왕이나 영주 같은 권력자나 부자다. 예외적으로 부유한 하얀 피부의 미남자에게 사랑받는 여주인공이 가난한 시골집 딸이기도 하지만, 역시 하얀 피부에 공주 같은 옷차림에 매니큐어를 칠하고 등장한다. 반면 대다수 영화에서 가난한 사람들은 단역으로만 등장하고 매우 경멸스럽게 다루어진다. 카스트 구분의 기본인 피부색은 영화의 등장인물에도 그대로 반영된다. 즉, 부자는 피부가 희고 빈민은 검다. 한국이나 일본의 마네킹처럼 인도의 마네킹도 백인이다. 물론 인도에는 백인과 같은 골격의 사람들이 있으니 우리와는 다르지만, 그런 인도인도 피부는 검은 편이다.

인도 영화는 인도의 민속극 전통과 마찬가지로 대사·노래·춤이 하나로 통합되어 있지만, 그 각각이 조화롭기보다 황당무계하게 연결되는 경우가 많다. 가령 주인공이 도시의 아파트에서 노래하다가 곧바로 히말라야의 폭포 밑에서 수많은 목욕 인파와 함께 합창하는 식이다. 게다가 극단적으로 갈등하던 주인공들이 노래 한 곡에 마음이 통해 갑자기 사랑에 빠지고, 곤장을 맞던 가난한 남자가 별안간 탄원의 노래를 부르고 포악했던 공무원도 별안간 성인이 되어 그를 용서하며 서로 껴안고 눈물을 흘린다.

인도 영화에는 섹스는 물론 키스 장면도 검열로 제한되지만 춤은 노골적인 에로티시즘을 보여준다. 그래서 『카마수트라』나 자이푸르Jaipur의 노골적인 섹스 조각 전통이 살아 있다는 느낌을 준다. 인도 영화는 대중의 현실 도피 욕구에 대한 반응일 뿐이다. 즉, 부르주아 계층의 흥청망청한 소비주의 이데올로기를 반영할 뿐이다. 그들이 조작한 영화 이데올로기에 젖은 대부분의 하층민은 현실에서는 가질 수 없는 것들을 꿈꾸며 몇 시간을 소비한다. 영화의 내용이 자신의 현실이 될 수 없지만, 내세에는 이루어질 수 있다고 착각하는 윤회 사상에 젖어 있는 것이다. 인도의 윤회 사상이란 그런 점에서 그야말로 인민의 아편이 아닐까? 영화는 그런 윤회 사상 이데올로기를 더욱더 확고하게 보여주는 것이 아닐까?

칼리다사의 『샤쿤딸라』와 『메가두따』

인도인들이 인도의 셰익스피어라고 자랑하는 칼리다사Kalidasa 의 걸작 희곡 『샤쿤딸라』를 읽어보아도 인도 영화 한 편을 보는 기분이 든다. 인도 왕의 사랑 이야기를 쓴 칼리다사를 영국인을 비롯한 세계인이 모두 셰익스피어와 같이 보는지 의문이고, 굳이 셰익스피어와 비교하는 것도 열등감의 소산인 것 같다. 나는 셰익스피어를 제국주의자로 비판했지만, 그렇다고 그의 작품이 주는 재미까지 부정한 것은 아니다. 그러나 『샤쿤딸라』를 몇 번이나 읽어보아도 재미를 느끼기는 쉽지 않았다. 인도 문학을 전공한 그 책의 번역자도 아무런 느낌이 없다가 10년을 인도에서 산 뒤에야 비로소 재미를 느꼈다고 했다. 외국 문학을 이해하기란 그만큼 어렵다.

　인도 문학은 우리와 너무나도 멀었다. 1,500여 년 전, 중세가 시작될 무렵에 살았던 칼리다사의 『샤쿤딸라』를 비롯한 몇 작품이 우리말로 처음 번역된 것은 1,500년 뒤인 2000년대에 들어와서다. 내가 재직한 대학교 도서관에는 그의 작품이 전혀 없어 인근 대학교 도서관을 찾아 읽었던 기억이 새롭다. 도서관 사이의 대차 제도가 생긴 최근에는 굳이 다른 대학교 도서관까지 갈 필요가 없지만, 고전을 제대로 소장한 대학교 도서관이 몇 안 되는 것이 우리 현실이다. 여러 출판사에서 고전을 번역하고 있지만 수백 종을 내는 경우에도 인도를 비롯한 비서양의 고전문학은 포함되어 있지 않다.

『샤쿤딸라』를 비롯한 희곡과 서정시를 쓴 시인이자 극작가인 칼리다사는 중세 초의 가장 위대한 문학인이자 인도 문학사 전체에서도 가장 유명한 작가다(칼리다사를 5세기 전후 사람이라고 보는 것이 통설이지만, 기원전 50~60년대 사람이라고 보는 견해도 있다). 나는 인도 영화나 인도 관련 서적 또는 인도인들과의 대화에서 그의 이름을 자주 들었다. 네루가 딸에게 쓴 『세계사편력』에서도 인도 문학인으로는 유일하게 그의 이름을 거론했다(1932년 4월 29일 편지). 전설에 의하면 칼리다사는 왕의 궁궐에서 살다가 스리랑카에서 죽었다. 네루는 『인도의 발견』에서 괴테가 『샤쿤딸라』를 극찬하고 그 서장을 모방해 『파우스트』에 서장을 붙였다고 말한다. 고대 그리스 연극보다 고대 인도 연극이 뛰어난 것은 여배우들도 참여했다는 점이다.

칼리다사의 삶에 대해 알려진 바는 거의 없지만, 그의 서정시 『메가두따Meghaduta』(이는 박경숙의 번역서 제목이고 임근동은 『메가두땀』이라고 번역한다. 이 책에서는 박경숙의 번역에 따라 인용한다)에서 보듯이 인도 전역을 방랑하면서 각 지역의 자연과 문화와 풍습을 정확하게 기록했다. 번역자는 칼리다사의 작품에 나오는 지역들을 최근 헬리콥터로 답사했더니 작품의 묘사와 거의 같았다는 점에서 그 묘사의 정확성을 알 수 있다고 하는데, 이는 그만큼 인도가 세월이 지나도 변하지 않은 곳임을 증명하는 이야기이기도 하다.

인도의 최고 희곡으로 평가받는 『샤쿤딸라』는 『마하바라다』의 일부 내용인 왕과 샤쿤딸라의 애절한 사랑을 다룬 7막의 희곡이다. 왕은 성자의 숲인 아슈람으로 사냥을 나왔다가 요정의 딸인 샤쿤딸라를 만나 첫눈에 사랑을 느낀다. 사랑에 빠진 두 사람은 은밀하게 결혼하지만 왕은 샤쿤딸라에게 사자를 보내겠다고 약속하고 그 정표로 자신의 반지를 주고 궁궐이 있는 도시로 돌아간다.

사랑에 빠져 초조해진 샤쿤딸라는 성자에게 갖추어야 할 예의를 지키지 못해 저주를 받는다. 그래서 그녀는 도시에서 왕을 만나지만 왕은 그녀를 알지 못한다. 그녀는 왕의 기억을 되살리려고 노력하지만 실패하고 반지도 분실한다. 그때 그녀의 어머니가 하늘에서 내려와 그녀를 하늘로 이끈다. 그 직후 어부가 반지를 발견하고 그것으로 왕은 기억을 되살려 샤쿤딸라를 찾지만 헛수고다. 오랜 시간이 지난 뒤 왕은 우연히 소년을 만나 그가 샤쿤딸라가 낳은 자기 아들임을 알게 된다. 그리고 샤쿤딸라도 왕에게 돌아간다.

『샤쿤딸라』를 읽으면서 내가 유일하게 밑줄 친 부분은 왕이 샤쿤딸라를 기억하지 못하는 장면에서 숲속 성자의 제자 한 사람이 왕을 다음과 같이 비난하는 말이다.

권력을 쥐었다는 자만으로
우쭐거리는 자에게
이런 일은 늘 일어나리라.

산스크리트어 고전문학 최초의 서정시라고 하는 『메가두따』는 "옛날 옛적 / 자기 일 게을리했다 하여 주인에게 저주받아 / 일 년씩이나 초인적인 힘 빼앗기고 / 사랑하는 아내와 헤어지는 모진 설움 당해야 했던 / 어떤 약사"가 숲속 오두막에서 살기 시작하고 몇 달 뒤에 구름을 보고서 "잘살고 있다는 기별 / 구름이 좀 날라다주었으면 하여" 아내가 사는 곳까지의 여정을 노래한 것이다. 그러나 반신半神을 뜻하는 약사나 그 아내의 고된 삶에 대한 이야기는 전혀 없다. 칼리다사는 힌두교의 모범적인 신자이자 작가였다.

네루의 『인도의 발견』을 보면 칼리다사 시대에 수많은 희곡작품이 있었다. 네루는 특히 비샤카다타Vishakadatta의 정치극인 〈무드라 라크샤사Mudra Rakshasa〉에 주목한다. 또 하나의 리얼리즘 연극인 슈드라카Shudraka의 〈므리차카티카Mricckatika〉는 폭군의 폭정에서 나라를 해방시키는 혁명으로 끝나는데, 네루는 그 공연을 본 미국인의 평을 인용했다.

이런 연극은 안정에 이른 문명에서만 만들어질 수 있다. 한 문명이 스스로 부딪히는 모든 문제를 통해 나갈 길을 찾으려고 했을 때, 그 문명은 이처럼 고요하고 순진한 그 무엇에 분명히 의존하게 되었을 것이다. 그러나 『맥베스』와 『오셀로』는 그들이 아무리 위대하고 독자를 감동시킨다 하더라도 야만적인 주인공이었다.……유럽의 과거 어디에서도 우리는 고전의 이런 측면, 즉, 보다 완전하게 문명화된 작품을 발견하지 못한다.

그러나 9세기 이후에는 산스크리트어 연극의 질이 떨어졌다. 이슬람교가 연극을 예술로 인정하지 않아서가 아니라 산스크리트어와 일상 생활어의 간격이 벌어진 탓이었다.

굽타왕조 시대에는 산스크리트어의 위대한 문학작품이 희곡 외에도 우화, 동화, 서정시 등 다양한 형식으로 등장했다. 특히『아라비안나이트』편찬에 중요한 역할을 한 우화집『판차탄트라』가 재편되었다. 동물이 인간처럼 행동하고 말하는 이야기로 바그다드, 비잔티움, 카이로에서 널리 읽혔고 유럽에도 소개되었다. 60여 개 언어로 번역되고 200편 이상의 번역본이 나와『성경』다음으로 세계에 널리 알려진 작품이다.

『아라비안나이트』중에서 선원 신드바드 이야기 등은 인도에서 기원했다. 제프리 초서Geoffrey Chaucer, 조반니 보카치오Giovanni Boccaccio, 장 드 라 퐁텐Jean de La Fontaine, 그림 형제Brüder Grimm, 한스 크리스티안 안데르센Hans Christian Andersen 같은 서양 작가들은 인도 우화에서 주제나 줄거리를 구했다. 반면 궁정 시는 외국에 소개되지 못했다. 복잡한 기법과 기교 때문에 번역이 쉽지 않고 그 기본인 힌두 사상을 서양인이 이해하기 어렵기 때문이었다.

산스크리트어로 쓰인 소설이 6세기 이후 나타났다. 세계 문학사 최초의 소설로 기록된 단딘Dandin의『다샤쿠마라차리타Dashakumaracarita』는 세계 정복 과정에서 악당을 제재하는 등의 모험담을 들려준다.

인도의 반대자 전통

인도에서 인도 전통에 대한 비판적 논의를 보기는 어렵다. 인도 문학을 논의하는 경우에도 종교의 영향 내에서 '다양성 속의 통일성' 등 진부한 이야기만 쏟아져나온다. 인도인도 그렇고 한국인도 그렇다. 토론하는 민주주의가 발달한 나라라고 하지만 '이의를 제기하는 반대자'의 전통을 찾기란 쉽지 않다. 나는 붓다와 간디를 그런 반대자로 보지만 붓다는 물론 간디조차 인도에서는 전통에 매몰되어 3억 3,000위 신의 하나로 추앙된다. 불가촉천민 출신으로 카스트 철폐 운동에 관해 간디와 맞선 빔라오 람지 암베드카르Bhimrao Ramji Ambedkar도 마찬가지다.

　　그러나 지극히 당연하지만, 인도에도 반대자의 오랜 전통이 있었다. 중세 최초의 반대자는 6~7세기의 불교 철학자인 다르마키르티Dharmakirti다. 그는 인식과 추론이 지식의 2가지 근원이라고 믿었기 때문에 모든 경전을 거부하고 이성과 논리적 사고를 숭상했다.

　　　　베다가 완벽하고 성스럽다고 믿고
　　　　우주의 창조자를 믿고
　　　　공덕을 얻고자 성수에 목욕하고
　　　　자기 카스트를 자부하고
　　　　죄를 용서해달라고 속죄하고
　　　　이것이 제정신을 잃는 다섯 가지 징조다.
　　　　누구도 내 앞에 가지 못하고
　　　　누구도 나를 따르지 않는다.
　　　　그러나 신선한 모두의 발자국에 의해 길은 짓밟히지 않는다.
　　　　그러니 왜 내가 외롭다고 하는가?
　　　　그들에게 알게 하라.

　　　　이 길은

더 빨리 다녀서

지금은 황폐해질 수도

나는 솔직하게 힘을 내어

다른 길로

다르지만 잠재력이 있네.

　또 하나의 반대자 전통은 인도 남부에서 사용하는 타밀어 문학에서 볼 수 있다. 그 전통은 기원 전후까지 소급되지만 인도의 다른 지역 문학이 종교적인 것과 달리, 사랑과 영웅주의와 정치를 소재로 하는 점이 이색적이다. 신에 대한 사랑을 읊은 노래가 없지는 않지만 신에 대한 증오와 함께 나타났다. 상하 카스트에서 나온 시인들이 정통 교의教義와 가부장주의에 강력한 반대를 표현했다. 특히 안달Andal과 같은 여성 시인도 있었다. 14세기 카슈미르 시인인 랄 데드Lal Ded도 여성이었다. 12세에 결혼한 그녀는 26세 때 가족을 버리고 방랑하는 구걸 여승으로 살면서 시를 썼다.

　인도 문학사에서 가장 위대한 반대자는 15세기 신비주의 시인인 카비르Kabir다. 신과 개인의 직접적 관계를 강조한 그는 힌두교와 이슬람교의 도그마를 비판했고, 인류에 대한 사랑과 세속에서 해방을 노래했다. 카비르의 자유로운 모방자인 나나크Nanak는 유일신 사상을 강조하고 사랑과 평등과 공감을 중시해 시크교를 창시했다. 아미르 쿠스로Amir Khusro 같은 수피 시인도 정통 이슬람교에 반대하는 시를 썼다.

　타고르도 반대자였다. 그는 그가 살았던 시대의 민족주의를 반대했다. 그는 민족이라는 개념을 대중심리를 조장하고 개성과 창조성을 부정하는 하나의 컬트Cult로 보았다. 타고르는 민족이 단순한 사회적·정치적 구조물이라고 믿으며 애국주의라는 개념을 거부했다. 그는 「제물Naivedya」(1900)에서 "민족주의는 죽음을 찾아 달려가네 / 숨겨진 바위를 향한 이기심 가득한 배와 같이"라고 노래했다.

타고르의 이러한 태도는 간디와 대조된다. 그러나 제국이 지배하는 식민지 시대에 그런 반민족주의가 진정한 반대일까? 아니면 민족주의가 진정한 반대일까? 적어도 타고르는 그런 주장으로 감옥에 가지는 않았지만 식민 지배에 반대했다는 이유로 간디와 네루는 감옥에 갇혔다. 그것도 한두 번이 아니라 여러 번, 십수 년에 걸쳐서 말이다.

제**5**장
인도 중세의 예술

인도 음악의 매력

타고르는 시인으로만 알려진 것과 달리 뛰어난 소설가이자 희곡작가일 뿐 아니라 화가이자 작곡가이고 자유 교육가이며 사상가이기도 했다. 그야말로 전형적인 르네상스인이다. 나는 그의 모든 것을 좋아한다. 그의 음악과 미술도 좋아한다. 유튜브에 '타고르'를 검색하면 바로 그의 음악이 나올 정도로 유명하다. 그는 방글라데시와 인도의 국가國歌를 만들었다. 스리랑카국가의 가사도 스리랑카 학생이 타고르에게서 받아간 시였다. 타고르는 자기가 쓴 시를 바로 노래로 불렀다. 그의 예술에는 독립이니 민족이니 하는 관념이 없지만 내 것처럼, 우리 것처럼 들리는 것은 무슨 연유일까?

〈영산회상〉을 비롯한 우리 음악이나 거문고 등의 악기가 인도에서 유래했다는 이야기는 오래전부터 있었지만, 그런 탓으로 인도 음악이 친숙한 것만은 아닐 것이다. 도리어 인도 음악의 자유로움이 친숙한 느낌을 주는 것이 아닐까? 반면 서양 음악은 엄격한 외적 형식에 규제받기에 친숙하지 못한 것이 아닐까? 인도 음악은 자유로운 음악이어서 좋은 것이 아닐까? 형식에 매이지 않는 즉흥연주여서 서양 음악에서 느끼지 못하는 즐거움을 주는 것이 아닐까? 음악이란 본래 이런 자유의 예술이지 않았던가? 서양 음악처럼 화성和聲이나 전위轉位로 갑작스러운 분위기 전환이나 다양한 감각을 주지는 않지만, 종교적인 정적의 조화에서 맛보는 새로운 감동을 느끼게 하는 것이 아닐까?

타고르의 음악을 우리 식으로 말하면 소위 '전통음악'이다. 그의 예술이나 사상이 다 '전통적'인 것이지만 특히 그의 음악이 '전통적'이다. 그의 문학이나 미술에는 현대적 또는 서양적인 요소가 섞여 있음이 쉽게 느껴지지만, 그의 음악은 현대적·서양적 요소의 인식이 불가능하다. 물론 그는 새로운 장단과 선율을 사용했다고 평가되지만 전통적인 것과 구별할 정도로 내 귀가 발달해 있지 않다.

타고르의 음악만이 아니라 인도 음악 자체가 전통적이라는 느낌이다. 무엇보다 인도에서는 서양 음악을 들을 수 없다. 클래식도 팝도 힙합도 없다. J팝도 K팝도 없다. 한국 대사관에서 거대한 K팝 잔치를 열어도 신통찮다. 인도에는 오로지 인도 음악뿐이기 때문이다. 조그만 도道나 시는 물론이고 세계적인 규모의 델리나 뭄바이에도 그 흔한 시향市響이나 국향國響이나 합창단 따위가 없다.

예술을 시립이니 국립이니 하며 한다는 것은 얼마나 웃기는가? 게다가 똑같이 노래하는데 서양 고전음악을 하면 성악가고 대중음악을 하면 가수며 국악을 하면 국악인이라는 구별은 도대체 어디에서 온 것인가? 인도에는 서양 고전음악이 없으니 그런 구별도 없다. 텔레비전에도 서양 음악은 나오지 않는다. 볼리우드Bollywood 영화에도 서양 음악은 없다. 인도에서는 기독교도 거의 볼 수 없다. 물론 영어가 공용어지만 대부분의 인도인은 영어와 무관하게 살아간다.

이는 인도가 1633년 벵골이 영국 지배를 받으면서 1947년 독립할 때까지 300년이 넘도록 영국의 식민지였던 것을 생각해보면 참으로 기이한 일이다. 그 10분의 1밖에 안 되는 식민지 시대를 경험했으면서도, 그것도 서양이 아니라 그 아류인 일본의 지배를 받았으면서도, 그 짧은 시기에 기독교를 비롯해 서양 문화가 폭발적으로 도입되었고, 지금도 그 시절의 연장으로 살고 있는 우리의 형편과 비교해보면 참으로 놀랍다.

최근 '월드 뮤직'이라는 이름으로 비서양 음악이 조금씩 소개되고 있지만, 그것도 서양에서 시작된 것의 모방에 불과하다. 인도 음악도 그중 하나지만 월드 뮤직에서도 주류가 아니다. 우리에게 인도 음악은 그만큼 멀다. 그러나 외국에서는 다르다. 서양에서 월드 뮤직의 대종大宗은 단연코 인도 음악이다. 거기에 비하면 일본 음악이나 중국 음악은 그야말로 조족지혈이고 한국 음악은 거의 없다.

전통이라 불리지 않는 전통음악

인도를 다니다 보면 우리 음악이라는 착각이 들 정도로 친숙한 음악이 들려온다. 그것도 특별한 연주회장이 아니라 거리나 공원, 또는 사원이나 극장에서다. 인도인들은 서양 음악을 모른다. 우리나라에서는 아무리 무식해도 베토벤을 알지만 인도에서는 음악대학 교수도 베토벤을 이름 정도 아는 수준이고 그 밖의 서양 음악에는 그야말로 무식하다. 마이클 잭슨이 누군지 아무도 모른다.

비틀스를 비롯한 많은 서양 음악인이 인도를 찾아 인도 음악에 심취했지만, 인도인은 서양의 음악을 받아들이지 않았다. 서양 음악은 인도에서 발을 붙이지 못한다. 반면 우리나라에는 서양 음악 일색이다. 텔레비전·방송·영화·오락 등 어디에나 서양 음악이 흘러넘친다. 한국 '전통'음악의 출발인 동양 '전통'음악을 들을 기회는 그야말로 전무하고, 한국 '전통'음악도 설날이나 추석 때 가끔 입는 한복처럼 특집으로 텔레비전에서나 볼 수 있는 특별한 것이다.

반면 인도에는 '전통'음악뿐이다. '전통' 악기에 '전통' 리듬에 '전통' 가수에 '전통' 춤뿐이다. 대부분의 악기는 인도 '전통' 악기고, 심지어 바이올린이나 기타도 인도식으로 '전통'음악을 연주하는 인도 '전통' 악기와 같은 것이 되었다. 우리는 바이올린이나 기타로 〈영산회상〉이나 산조를 연주하지 않지만 인도에서는 그렇게 한다. 게다가 바이올린 지판指板을 아래쪽으로 향하도록 숙이고 연주해 서양인이 보면 거꾸로 들고 연주하는 꼴이다. 인도에 들어오는 외국 문화는 다 인도식이 된다는 이야기가 정말 실감이 난다.

나는 '전통'이라는 말을 강조했지만 정작 인도에는 '전통'이라는 말이 없다. 그냥 인도 음악이지 인도 '전통'음악이라고 하지 않는다. 반면 우리에게 음악이란 '서양' 음악이지 '전통'

음악이 아니다. 그런 현상을 반성하고 우리의 '전통'을 새롭게 보자는 움직임이 오래전부터 있었지만 전혀 고쳐지고 있지 않다. 어쩌면 우리의 삶이 철저히 '전통'에 반反하는 것이기 때문일지도 모른다.

대부분의 인도인이 양복이 아니라 인도 '전통' 의복을 입고, 인도 '전통' 음식을 먹고, 인도 '전통' 집에 살고, 인도 '전통'음악을 듣고, 인도 '전통' 종교를 믿고, 인도 '전통' 계급으로 산다는 것을 어떻게 이해해야 할까? 지역에 따라 판이한 20여 개의 '전통' 언어를 사용하고 '전통' 문화 속에서 살아가는 것을 어떻게 이해해야 할까? 이를 후진이라고 해야 할까? 반면 서양을 무조건 추종한다고 해도 과언이 아닌 우리는 선진일까? '전통'을 버렸기에 우리는 잘살고 '전통'을 지키기에 인도는 잘살지 못하는 것일까?

인도에 인도 음악만 존재하는 것은 인도인이 천성적으로 전통을 사랑해서가 아니라, 그렇게 되도록 노력했기 때문이다. 가령 학교에서도 우리처럼 서양 음악이 아니라 인도 음악만을 가르친다. 우리처럼 국악인이 성악가니 피아니스트니 바이올리니스트니 하는 음악가들에게 비음악인 취급당하기는커녕 사회적으로 위대한 스승이라는 뜻의 구루guru, 특히 신에게 우리를 데리고 가는 브라만으로 존경받은 지 오래다. 아마도 삼국시대나 고려시대의 우리 음악인도 그러했으리라. 그런 예술가들의 기일忌日은 국가 기념일로 공연이 열리고, 돈으로 거래될 수 없기에 옛날부터 음악회는 대부분 무료였다. 누구나 듣고 즐긴다. 카스트와 관계없이 음악을 즐긴다. 연주비나 경비는 정부나 기업에서 댄 공연비에서 충당한다. 그래서 그 가난한 인도에서도 예술가는 돈 걱정 없이 예술을 한다.

인도 음악은 중세 음악이다

나는 인도의 중세를 비판했지만, 종교와 사회의 차원에서였지 예술이나 문화의 차원에서는 아니었다. 종교와 사회의 차원에서도 실제 중세에는 종교의 공존과 계급의 조화가 가능했으나, 식민지 이후 종교와 계급의 갈등이 심해져 오늘에 이르렀고, 특히 최근의 근본주의 정당의 대두 이후 극심해졌다고 보았다. 적어도 중세에 인도는 모든 것이 나름으로 조화로웠다. 간디나 네루의 말처럼 중세에는 카스트도 직업 제도로 정착했을지도 모른다.

인도의 예술과 문화는 중세적이다. 특히 인도 음악은 인도 중세 음악이다. 아니 어쩌면 인도 음악에는 고대도 근대도 없는 중세 음악뿐인지 모른다. 중세라는 말이 종교적이라는 일반적인 의미에서도 그렇다. 인도 음악은 종교음악이라고 단정해도 과장이 아니다. 인도 음악의 내용은 신을 찬양하고 신에게 자기 뜻을 전하며 신의 목소리를 듣는 것이 주류를 이룬다. 그래서 즐겁다. 인도인은 음악으로 몸과 마음을 닦는다고 생각한다. 인도인은, 음악의 즐거움과 이로움은 음악을 신앙의 하나로 보기 때문에 가능한 것이지 음악 자체에서 나오는 것이 아니라고 생각하는 듯하다.

인더스문명에서 비롯된 인도 고대 음악을 들을 수는 없다. 하지만 당시의 악기는 알려져 있고, 그중 하프를 제외한 다른 악기들은 지금도 인도 시골에서 사용하고 있다. 하프는 인도 중세 음악의 중심 악기로 의례용이나 종교용으로 사용했으나, 류트lute와 치터zither가 그 자리를 차지했다. 중세에는 무역을 통해 외국 문화와 활발한 교섭이 있었으나, 인도 음악의 중심인 선율 구조는 변하지 않았다. 서양 음악도 본래 선율 중심이었으나 중세가 끝나는 15세기부터 화성음악으로 바뀌었다. 즉, 화음을 사용해 관현악처럼 입체적으로 표현하게 되었다. 중·고등학교 음악 시간에 배운 것 중에 유일하게 기억에 남은 것은 음악의 3대 요소가 선율·리듬·화성이라는 것인데, 그만큼 화성은 서양 음악의 핵심이다.

반면 인도 음악은 관현악이나 화음에 전혀 관심이 없고 지금까지도 선율 중심이다. 화성이 없는 단성음악은 무엇보다도 인도 음악의 특징인데, 이는 중세에 형성되었다고 할 수 있다. 인도 음악의 선율에 대한 개념으로 사용된 라가raga는 고대부터 존재했지만, 5세기경에 틀이 잡히고 13세기에 재탄생했기 때문이다. 물론 라가를 서양 음악의 선율과 반드시 같다고 볼 수는 없다.

라가에는 엄격한 제한이 있지만 연주가가 자유롭게 창작할 수 있어 즉흥연주에 매우 유리하다. 그래서 무반주의 알랍alap으로 시작해 타악기 장단으로 이어지는 라가에 다양한 표현법이 있고 다양한 음악이 가능하다. 인도 음악의 즉흥성은 음악을 배울 때 우리처럼 악보로 배우지 않고 악보 없이 배우는 것에서 비롯된다. 악보 없이 가르치다 보니 오늘 배우는 것이 어제 배운 것과 다를 수 있지만 이를 선생이나 학생이나 당연하게 받아들인다. 그런 배움 속에서 즉흥연주의 능력이 길러진다.

이런 즉흥성은 연주에서도 그대로 드러난다. 인도 음악에 정확한 연주란 없다. 청중이 좋아하면 얼마든지 더 길게 연주하고 청중이 지루해하면 얼마든지 줄여서 연주한다. 그야말로 자유자재다. 이는 판소리 같은 우리의 전통음악에서도 마찬가지지만 우리 전통음악이 새로운 변화의 요구에 적극적인지는 의문이다. 반면 인도 음악은 그 즉흥성 때문에 적극적으로 변화한다. 가령 라가는 500여 종이지만 끊임없이 변화한다. 인기 없는 라가는 사라지고 새로운 라가가 계속 생겨난다.

인도의 중세 미학

인도 중세의 예술과 연관된 미학적 개념으로 라사rasa가 있다. 이는 일반적인 감정인 바하바bahaba와 구분된 정서다. 즉, 라사는 바하바를 곱씹은 뒤에 나오는 액즙과 같은 생산물이다. 라사는 일상적 경험으로는 얻을 수 없는 독특한 것으로, 특정한 마음 상태에서만 가능한 정서다. 그러나 라사는 바하바와 별개의 것이 아니라 모든 인간에게 이미 존재하는 것인데, 바하바에 가려져 있을 뿐이다. 이는 절대적 존재가 거짓인 현상세계에 가려져 있는 것과 같다. 진리를 획득하기 위해서는 그것을 깨달아야 하듯이 미를 추구하기 위해서는 라사를 깨달아야 한다. 라사는 개별적인 바하바와 달리 보편적 경험으로 모든 인간에게 존재한다. 인간에게는 정서를 함께하는 공감이 있기 때문인데, 그런 공감이 라사의 핵심이다.

　　예술을 느끼고 경험하는 데서 나오는 환희인 라사는 관람자의 역할을 중심에 둔 예술론이자 미학이다. 즉, 미적 체험은 예술가나 작품이 아니라 관람자에게 있다고 본 것이다. 비유하자면 포도주의 맛은 포도주가 담긴 병이나 생산자에게 달린 게 아니라, 포도주를 마시는 사람에게 달린 것이다. 이는 서양 미학이 예술가나 예술 작품을 중심으로 하는 것과 다른 점이다. 이를 아리스토텔레스의 카타르시스catharsis와 비교하기도 하지만, 카타르시스는 감정에 의한 변화인 반면 라사는 일반적 감정 안에 잠재하던 미학적 정서가 일어나는 것이다.

중세 작가인 바라타Bharata가 4세기경에 쓴 『연극론 Natyasastra』에 8개의 감정 상태를 나타내는 라사에 대해 쓴 뒤로 라사에 관한 이론은 9세기까지 발전했고, 지금도 라사는 음악이나 미술에서 중요한 사고의 기반이다. 바라타는 슈링가라 shringara라는 연정戀情(관능)의 라사를 경험하는 데는 연인의 환기적인 표현 행위가 필요하다고 보았다. 즉, 몸짓·포옹·곁눈질 등으로 강화되고 질투·고뇌·예감 같은 보충적인 감정도 중요하며 의상이나 화장이나 무대장치도 나름의 역할을 한다.

슈링가라 외에도 익살hasha·자애karuna·격정raundra·용맹vira· 공포bhayanaka·혐오bibhatasa·경이adbhuta·정적shanta의 라사가 있다. 인도 음악에서 라사는 음과 연결될 뿐만 아니라 우주·신·카스트·색깔·동물 소리·현인과도 연결되어 복잡한 체계가 만들어진다. 그리고 라가를 비롯한 인도 음악의 모든 구성 요소는 라사를 함의하며 연주로 드러난다. 즉, 연주자와 관객의 마음속에 있던 라사가 보편적인 정서로 깨어난다.

미술에서도 마찬가지다. 공공 건축물은 모든 라사를 보여준다. 반면 가정을 장식하는 회화나 조각은 연정·익살·정적 같은 일부의 라사만 보여준다. 라사는 음과 연결되듯이 색깔과도 연결된다. 가령 인도의 전형적인 연인이자 영웅인 크리슈나 신은 연정을 뜻하는 진한 남빛 피부에 용맹을 뜻하는 노란 옷을 입는다.

압도적인 인도 미술

인도는 아름답다. 비록 스모그로 더럽혀져 있지만 인도의 자연은 아름답다. 추악한 인도의 현실과 달리 인도의 미술작품은 아름답다. 남루한 생활의 구석구석도 아름답다. 비닐에 담아주지만, 장터의 수십 가지 양념은 수십 가지 파스텔처럼 색조가 다양하고 아름다워 그 맛보다 색에 먼저 취한다. 아무리 작은 책방에 들러도 갖가지 형태로 책을 진열하는 솜씨가 눈길을 빼앗는다. 아무리 초라한 호텔이나 식당에 들러도 전통적인 색채의 커튼이나 장식이나 세밀화가 걸려 있다. 무엇보다도 수만 가지 색조의 사리sari가 아름답다. 장터의 가난한 아주머니가 입은 싸구려 사리부터 고급 호텔의 여장부가 입은 사리까지 색조가 너무나도 조화로워 완벽한 작품 같다. 인도는 그야말로 색의 나라, 미의 나라다.

델리박물관은 소박하지만 소장품은 세계 최고 수준이다. 그중 내가 제일 좋아하는 것은 5,000여 년 전 모헨조다로 시대에 만들어진 청동제 〈춤추는 소녀〉다. 그 날렵한 모습에 비해 같은 시대의 이집트나 그리스 미술은 둔탁하기 짝이 없다. 오귀스트 로댕Auguste Rodin은 10세기에 만들어진 〈춤추는 시바〉를 '율동감의 완벽한 표현'이라고 찬양했지만, 내가 보기에는 이미 〈춤추는 소녀〉부터 완벽하다. 그런데도 인도 미술품이 세계 미술사에 등장하지 않는 것은, 그것이 서양 미술과 관련이 없기 때문이다. 그러니 세계 미술사는 정말 다시 쓰여야 한다. 한국에서 널리 읽히는 언스트 곰브리치Ernst Gombrich나 호르스트 W. 잰슨Horst W. Janson의 책에도 인도 미술은 전혀 언급되지 않는다.

나는 인도 미술에 대해서도 어떤 전문가의 책보다도 네루의 『인도의 발견』에서 시작하고 싶다. 네루는 인도 문명의 시작인 인더스문명은 종교의 영향이 거의 없는 세속적 문명으로, 가장 훌륭한 건축은 시민을 위해 세워졌다고 했다. 고대 이집트나 메소포타미아 또는 서부 아시아 기타 지역의 거대한 왕궁이나 왕릉과 달리 6,000~7,000년 전의 모헨조다로에는 훌륭한 시민용 목욕탕과 편리한 개인 주택과 탁월한 하수도 시설이 있었다. 심지어 구운 벽돌을 사용한 2층의 개인 주택에는 욕실과 수위실과 창고도 있어서 상인이 많았음을 보여준다. 게다가 철저한 도시계획으로 수해 등의 자연재해를 예방했다.

나는 그곳에서 나무와 흙으로 지은 왕궁이 거의 전부였다는 조선의 한양을 생각했다. 실학자들이 중국에서 본 벽돌집을 보고 우리도 그렇게 집을 짓자고 한 것이 불과 200년 전의 일이 아니었던가? 사농공상이라는 신분 차별이 없어진 것은 몇십 년 전의 일이 아니었던가?

모든 예술의 중심은 가장 오래된 예술인 조각이다. 신에 대한 신앙이 신상 숭배로 표현되기 때문이다. 선사시대부터 조그만 상이나 동물 인장印章이 새겨졌다. 고대의 불교미술은 신앙 전파의 가장 중요한 수단이었다. 탑은 붓다의 사리를 보관하는 곳으로 서양의 종교 건축과 달리 보여주기 위한 것이 아니었다. 사리를 붓다의 살아 있는 본질이라고 믿고 붓다와의 친교를 경험하고자 탑에 모여들었다.

탑에는 붓다의 일생이 묘사되지만, 초기의 탑에서는 붓다의 모습을 볼 수 없다. 육체를 벗어던진 붓다를 다시 가두어 표현하는 것이 부당하다고 생각한 탓이었다. 그래서 붓다는 발자국이라는 상징으로만 표현되었다. 그러나 인도의 불교미술은 인도 외 지역의 엄격한 불교미술과 달리 다분히 힌두교적이다. 즉, 육감적이고 율동적이다. 이는 인도 불교가 일찍부터 힌두교와 접합했음을 보여준다. 1세기경부터 붓다의 의인화가 시작되었다. 이는 붓다를 깨달음의 길을 발견한 자로 보지 않고 예배 대상인 신으로 삼았음을 뜻한다.

종래 영국인을 중심으로 간다라미술이 헬레니즘 또는 그리스-로마 조각의 영향을 받았다는 점이 강조되었고, 우리나라 세계사 책에도 그렇게 쓰였으나, 네루의 『인도의 발견』에서 이미 이를 부정하고 인도 고유의 마투라mathura 조각술과 결합해 발달했다고 했다. 네루는 영국인이 그리스-로마의 영향을 특별히 강조한 것은 제국주의적이라고 비판했다.

석굴암의 붓다상도 간다라에서 부드러운 법의를, 마투라에서 풍만한 몸을 빌려왔다고 볼 수 있다. 석굴은 8세기에 힌두교가 재흥할 때까지 1,000년 동안 인도에서 가장 성행한 예술 표현이었다. 석굴을 만든 것은 더운 인도에서 살았던 붓다가 더위를 피해 석굴에서 명상했기 때문이다.

인도 중세 미술의 주류는 불교가 아니라 힌두교 사원이다. 고대부터 힌두교도들은 신을 '보기' 위해 사원에 간다고 했다. 여기서 '본다'는 것은 단지 눈으로 보는 것이 아니라, 감지한다는 능동적인 행위를 뜻한다. 이러한 '보기'는 예언자나 성자를 '보는 사람'이라고 부르는 것과 연관된다. 즉, 신은 예배자의 '보는' 행위를 위해 스스로 모습을 드러내 그들을 축복한다. 따라서 힌두교는 처음부터 신상 표현에 적극적이었다. 유대교-기독교-이슬람교에서 신상을 우상이라고 보는 전통과는 전혀 다르다.

인도인들이 일 년 내내 벌이는 축제도 사원을 중심으로 한다. 사람들이 축제에 즐겁게 참여해 신의 존재를 시각화하고 축복을 받기 때문에, 축제는 인도인의 삶과 직결된다. 매일 저녁 사람들은 사원에 모여 꽃이나 향과 함께 노래로 예배하는 푸자puja를 벌인다. 그리고 저수지에서 인사를 나누고 편히 휴식한다.

타지마할이 보여주는 천국과 지옥

짧은 인도 여행이나, 인도를 소개하는 책이나 텔레비전 프로그램에서 보는 인도 예술은 대부분 타지마할을 비롯한 이슬람 미술이다. 타고르는 타지마할을 '시간의 뺨 위에 떨어진 한 방울의 눈물'이라고 했다. 타지마할 입구에는 『코란』에 나오는 시가 새겨져 있다.

> 오, 조용하게 쉬는 혼이여
> 너의 주 곁으로 돌아가 기뻐하고 기뻐하여
> 나 알라의 종들과 친하게 지내고
> 나의 낙원에 들어오라.

타지마할은 '천국의 낙원'으로 지어졌다. 중앙의 대리석 정원은 천상의 저수지를 표현한 것이다. 타지마할에 새겨진 대리석 조각이나 보석 상감으로 장식된 꽃들도 천국과 관련된 것이다. 그러나 건물 자체는 낙원이 아니라 이슬람교나 기독교에서 말하는 '최후의 심판'을 내리는 신의 옥좌이고, 첨탑 4개는 옥좌를 덮는 차양의 받침대다. 이는 서쪽 문 위에 새겨진 『코란』의 시로 알 수 있다.

> 하늘이 갈라질 때
> 별들이 흩어질 때
> 사방의 바다가 흘러 모일 때
> 모든 묘가 파헤쳐질 때.

사랑하는 아내를 위한 무덤인 타지마할이 세상의 종말을 뜻한다고 하면 믿기 어려울지 모르지만, 그 무덤을 만든 샤자한Shāh Jahān은 세상의 종말처럼 느꼈을 수도 있을 것이다. 천국이라는 말은 타지마할 맞은편에 지은 샤자한의 궁전에 있는 개인 알현실 벽에도 새겨져 있지만, 샤자한의 무식한 아들은 그를 그곳에 감금했다. 그 아들 아우랑제브Aurangzeb에 의해 인도는 영국에 망했다. 그 패망에 타지마할을 지은 샤자한은 과연 책임이 없을까?

감금된 샤자한을 보고 건축에 동원되었던 민중은 무슨 생각을 했을까? 베르사유궁전을 비롯한 서양의 모든 왕궁처럼 델리의 궁정과 타지마할도 가난에 찌들고 착취당한 민중의 힘으로 세워진 것이 아닌가? 당시 민중에게 그곳은 천국이기는커녕 지옥이지 않았을까? 지금도 민중의 삶은 마찬가지가 아닐까? 그들이 평생 한 번도 보기 어려운 타지마할은 그림의 떡과 같은, 또는 아편과 같은 천국이 아닐까? 그것을 세계 7대 불가사의니 세계 최고의 예술 작품이라고 하는 것이 과연 옳은 일일까?

인도 중세의 이슬람 예술

타지마할에는 힌두교나 불교 미술에서 볼 수 있는 신상이 없다. 이슬람교도는 11세기에 처음 인도에 왔을 때 신상에 충격을 받았다. 3억 3,000위의 힌두교 신은 일신교도인 그들에게 큰 충격이었다. 이슬람교에서는 창조자 알라가 유일한 예술가다. 『코란』이 신들의 삶을 대신했고, 신상의 기능은 문자와 기하 도형과 아라비아풍 장식무늬로 대체되었다.

힌두교도와 이슬람교도는 그 밖에도 차이가 컸다. 힌두교도에게 전쟁이란 통치자의 오락으로, 해가 지면 무기를 내려놓아야 하는 규칙에 따라 경기하는 스포츠였다. 반면 이슬람교도에게 전쟁은 죽느냐 사느냐의 사활이 걸린 문제였다. 인도의 코끼리 부대는 날쌘 말을 탄 전쟁술의 달인 부대를 이길 수 없었다. 그래서 인도는 쉽게 정복당했다. 정복 후 그들은 모스크를 지었다. 최초의 모스크가 델리에 있는 '이슬람의 힘'이라는 뜻의 '쿠와트 알 이슬람'이다. 인도 관광은 보통 이 모스크 옆에 세워진 72미터의 첨탑인 '쿠트브미나르'에서 시작해 대부분 이슬람 건축물들을 보는 것이다. 그런데도 최근 반反이슬람 정서가 높아지는 것을 이해하기가 쉽지 않다.

간디나 네루를 비롯한 위대한 인도의 현자들은 항상 인도의 문화가 힌두교적이지도 이슬람교적이지도 않은, 모든 것의 융합이라고 했다. 특히 간디는 모든 땅의 문화가 자유롭게 자기 집 주위로 날아오기 바라지만, 그 어떤 문화에 의해서도 자기 말이 땅에서 떨어져 나가는 것을 거부하면서, 자신이 간섭자나 거지나 노예로 다른 사람의 집에서 살기를 거부한다고 했다. 그리고 굶주린 민족에는 종교도 예술도 없다고 했다. 그들에게는 쓸모 있는 것이라면 모두 아름답게 비치니 무엇보다도 생활에 필요한 것을 주어야 하고, 예술은 그다음이어야 한다며 만민에게 통할 수 있는 예술과 문학이 필요하다고 했다.

인도인들은 인도만큼 예술이 삶의 방식을 결정하는 곳은 세계 어디에도 없다고 말한다. 인도에서는 전통적으로 음악과 문학과 미술을 모르는 자는 꼬리만 없을 뿐이지 짐승과 다르지 않다고 한다. 그러나 그런 예술 사랑이 인도인 전체의 것이라고는 보기 어렵다. 만민의 예술이라는 간디의 꿈은 아직도 인도에서도 우리 땅에서도 요원한 것이 아닐까?

제**6**장
이슬람 중세 이야기

어느 독재자

인도 영화 중에도 좋은 작품이 많지만 아랍 영화, 특히 이란 영화 중에 내가 좋아하는 작품이 많다. 우리에게 가장 잘 알려진 이란 영화감독인 아바스 키아로스타미Abbas Kiarostami의 영화도 모든 경계를 해체한다는 주제를 다루는 점에서 좋아하지만, 비참한 현실을 순수한 아이들의 눈망울로 가린다는 느낌을 받기도 한다. 그래서 내가 그의 서정적인 어린이 영화보다 좋아하는 것은 아랍권의 정치적·사회적 문제를 정면으로 다루는 영화들이다.

최근에 본 영화로는 모센 마흐말바프Mohsen Makhmalbaf 감독의 〈어느 독재자〉가 있다. 찰리 채플린Charlie Chaplin의 〈위대한 독재자〉를 비롯해 독재자를 다룬 영화가 대부분 독재 행태 자체에 초점을 맞추는 반면, 이 영화는 독재자가 권좌에서 쫓겨난 이후 자신의 독재가 남긴 상처를 스스로 되돌아본다는 이야기여서 흥미롭다.

〈어느 독재자〉는 2014년에 만든 영화지만 우리나라에서는 2017년 4월 박근혜 구속 시기에 개봉되어 기가 막히는 타이밍이라는 말을 듣기도 했다. 그렇지만 범죄자로 감옥에 갇혀 만화나 본다는 우리의 독재자와 달리 영화 속의 독재자는 혁명으로 쫓겨나 처참하게 도망을 다닌다. 그런 비통한 도망은 한국과 달리 인적이 드문 중동에서나 가능한 이야기겠지만, 독재자에게 자신이 초래한 갖가지 인간성 파괴의 비참한 모습을 보여주어 독재를 반성하게 하고 민주주의를 열망하게 한다는 점에서 우리에게도 절실한 이야기라는 느낌을 준다.

물론 그런 독재자가 아랍권에도 존재할 수 있을지는 의문이지만, 독재 권력이 몰락한 뒤에도 여전히 비극이 계속되고 있는 아랍의 현실이 안타까워 그 영화를 제작했다는 감독의 동기에 공감하면서 독재자가 그렇게라도 반성해 다시 인간이 되기를 비는 마음으로 영화에 공감했다. 물론 독재자들은 감옥에서도 전혀 반성하지 않음에도 남들과 달리 특별 대우를 받지만 말이다. 독재자와 그 수하들이 보아야 할 〈어느 독재자〉를 정작 그들은 전혀 보지 않았다.

반면 독재자가 아니라 그 영화를 만든 감독은 조국에서 쫓겨나 2005년 이후 해외에 살면서 영화를 제작해야 했다. 그가 국내에 있었다면 〈오프사이드〉(2005)을 만든 그의 후배인 자파르 파나히Jafar Panahi 감독이 2009년에 체포되어 6년 징역형을 받은 것처럼 고초를 겪었을 것이다. 파나히가 최후진술에서 다음과 같이 말한 것은 그들의 심정을 대변한다.

나는 사람들이 서로 다를 권리가 있다고 믿는다. 관용과 상
호 이해와 존중의 가치를 믿는다.……우리나라는 매우 위태
로운 상태이고, 나는 진실로 관용이야말로 임박한 위험을 해
결할 수 있는 유일한 현실적이고 명예로운 해결책이라고 믿
는다.

　　참된 예술가는 독재자를 욕하지 않고 관용을 강조한다.
파나히가 만든 〈오프사이드〉는 남녀 경계의 해체와 관용에 대
한 영화다. 흔히 아이들의 순수함을 표현했다고 평가받는 키아
로스타미 감독도 민주주의를 파괴하는 경계 중 하나인 성인과
미성년의 경계 해체를 다루었다. 그는 경계를 만드는 것은 경
찰과 이민국의 업무지만, 그것을 무마시키고 없애는 것은 예술
가의 업무라고 했다. 관용은 경계의 반대다. 경계를 해체해야
관용할 수 있다. 키아로스타미는 영화는 문제를 제기할 뿐이고
메시지를 전하려면 우체국에 가서 전보를 치라고 했지만, 우체
국도 독재자에 의해 문이 닫힐 수 있고 특히 전보는 독재자의
검열에 철저히 규제될 수 있다.

　　〈어느 독재자〉의 마지막 장면은 독재자의 처벌에 대해 논
쟁하던 정치범들이 독재자를 죽이면 폭력의 악순환을 초래하
기 때문에 그를 죽이지 말고 독재자에게 민주주의를 열망하는
춤을 추게 하는 것이다. 늙은 독재자는 화면에 나오지 않고 어
린 손자가 춤을 추는 것으로 영화는 끝나지만, 나는 늙은 독재
자가 눈물을 흘리면서 춤을 추는 모습을 상상했다. 아이가 춤
을 추는 장면은 〈칸다하르〉(2001)의 마지막 장면에서 의족이
낙하산에 매달려 하늘에서 떨어지는 것을 보고 맹렬히 달려가

는 의족을 단 남자들이 격렬한 춤곡에 맞추어 춤을 추는 것처럼 보여 눈물을 흘렸던 것을 돌이키게 했다. 여동생의 자살을 막기 위해 목숨을 걸고 탈레반이 지배하는 칸다하르로 잠입하는 여주인공은 아이들의 순수를 마지막 희망으로 믿지만, 정작 여주인공을 칸다하르에 데려다주겠다고 나선 아이는 돈에 미쳐 있다. 그러나 그 아이 역시 『코란』을 암송하게 하고 폭력적 전사를 양성하는 미친 교육과 정치의 희생자일 뿐이다.

영화에서 말하듯이 아프가니스탄에서 현대적인 것은 총기뿐이고 다른 모든 것은 전근대의 야만이다. 지뢰와 전투와 기아와 기근으로 5분에 1명씩 죽어간 탈레반 치하의 아프가니스탄은 오사마 빈 라덴Osama bin Laden을 숨겨주었다는 이유로 2001년 서방 연합군의 공격을 받아 탈레반의 지배에서 벗어났지만 반군의 테러 준동은 아직도 이어지고 있다. 탈레반은 그 공격 직전에 자행한 바미안Bamyan의 간다라 불상 파괴로도 악명이 높았다. 아프가니스탄은 간다라미술이 찬란하게 꽃피웠던 곳이다. '이슬람 신학생'이라는 뜻의 탈레반은 이슬람의 우상 혐오에 근거해 불상을 파괴한다고 주장했다. 이슬람교를 세운 무함마드는 메카를 정복했을 때 다신교 신전의 우상을 파괴했고, 『코란』에는 우상을 섬기지 말라는 이야기가 분명히 나온다. 그렇다고 해서 1,400년이 지난 지금 간다라 불상 파괴는 어떤 이유로도 정당화될 수 없다. 도대체 그 옛날 옛적의 『코란』을 절대적인 부적으로 숭배하는 것 자체가 우스울 뿐이다.

탈레반이나 빈 라덴을 미국이 키웠다고 하면서 탈레반 등의 이슬람 극단주의 또는 원리주의를 옹호하는 자들도 이슬람 안팎에 있지만(심지어 지구 반대편인 한국에도 있다), 〈칸다하르〉

나 〈어느 독재자〉에도 외세 이야기는 없다. 나는 어떤 이유로도 그들을 옹호하지 않는다. 물론 아프가니스탄을 비롯한 중동의 비극이 미국과 러시아의 정치적 목적, 이에 앞서서는 영국과 프랑스 등의 제국주의적 정책에 의해 잉태되었다는 역사적 사실을 무시할 수는 없지만, 그것이 문제의 전부는 아니다.

오리엔탈리즘과 이슬람

이슬람과 서양의 갈등은 십자군전쟁으로 시작되었다. 그전에는 갈등이 거의 없었다. 그러나 11세기부터 13세기까지 근 200년 동안 지속된 그 전쟁은 이슬람과 서구의 중세를 끝장냈다. 그 시작은 이슬람의 예루살렘 장악이었다. 그 뒤 지금까지, 트럼프가 미국 대사관을 예루살렘으로 옮겨 그곳을 이스라엘의 수도로 인정한 후 예루살렘은 이슬람과 서구 사이 갈등의 핵이다. 최초의 십자군부터 유대인과 무슬림을 무참하게 학살했지만 결국은 실패했다. 그러나 그 기억은 이슬람에 대한 서양인의 증오를 결정했다. 서양인에게 이슬람은 사악하고 폭력적인 종교라는 한 가지 이미지만 뿌리내렸다. 지금까지도 그것은 변함이 없다. 세계의 비극은 그렇게 시작되어 지금까지 이어지고 있다.

십자군은 최초의 식민주의로 그 뒤 유럽 제국의 이데올로기로 작용했다. 그 뒤 새뮤얼 헌팅턴Samuel Huntington의 『문명의 충돌』까지 서구인에게 그 이데올로기는 절대적인 것이 되었다. 그러나 유럽이 이슬람을 지배하게 된 것은 기술과 산업의 우월성 때문이 아니라 이슬람문명에서 받아들인 지식의 결과

이며, 이미 이슬람이 구축한 방대한 세계 무역권에 서양을 받아들인 결과다. 그런데도 유럽은 일찍부터 이슬람문명을 퇴폐와 미신, 여성 차별의 종교로 비난하면서 이슬람에 대한 침략을 정당화했지만 그 침략은 산업혁명 이후에야 비로소 가능했다. 유럽 경제를 철저히 보호하면서 식민지 산업은 파괴해 유럽의 자원 생산 기지로 전환하면서 이루어진 산업혁명으로 유럽은 세계를 지배했다. 그 뒤 이슬람권을 비롯한 비서양권은 모두 서양의 식민지나 준식민지로 타락했다. 그것이 소위 근현대 세계다.

식민 권력은 정치·경제·사회만이 아니라 이슬람의 학문과 교육도 파괴했다. 서양보다 훨씬 빨리 시작된 대학을 비롯한 모든 학교를 폐쇄하고 이슬람 의료를 법으로 금지했으며 의사들을 처형했다. 이슬람 과학은 미신과 독단에 불과하다고 선전했다. 그 대신 식민 권력과 피지배층 사이에서 지배를 원활하게 할 중간 매체를 만들기 위한 식민지 교육체계를 수립했다. 그 중간 매체란 몸은 원주민이되 머리는 식민지인인 통역·경찰·군인·교사 등이다. 그들을 통해 소수의 식민 권력은 다수의 피지배자를 효율적으로 통제하고 억압했다. 이는 당연히 전통 지배계급의 반발을 야기했다. 전통적인 법과 문화가 개인과 가정사로 축소되자 현대의 삶에 절박한 문제를 전통으로 해결할 힘은 더욱 축소되었다. 이에 전통적 지식인은 즉각 반발해 전통으로 돌아가야 한다고 외쳤으나, 현실과 전통의 괴리를 더욱 촉진하고 결국은 전통의 화석화를 초래했을 뿐이다.

십자군 시대 이래 식민지를 더욱 확고하게 굳히는 이데올로기로 오리엔탈리즘이 학문과 예술의 이름으로 군림했다.

이를 에드워드 사이드는 비서양인 동양을 지배하고 개조하며 억압하는 특정한 서양의 양식으로 정의한다. 그것은 십자군전쟁 이전부터 나타났다. 가령 8세기의 다마스쿠스 존John of Damascus은 이슬람이 이단 종교이고 그 선지자 무함마드는 타락하고 방탕한 인간이라고 했다. 그 후 수많은 문헌으로 무함마드는 사기꾼, 무슬림은 호전적이고 야만적인 미치광이이자 타락하고 나약한 색정광, 이슬람 땅은 오로지 서양인의 성적 모험의 안식처라는 스테레오타입의 이미지가 더욱 확고하게 굳어졌다. 이슬람 연구자만이 아니라 볼테르Voltaire·몽테스키외Montesquieu·파스칼Blaise Pascal·헤겔Georg Wilhelm Friedrich Hegel·랑케Leopold von Ranke·르낭Ernest Renan·마르크스·슈펭글러Oswald Spengler 등도 마찬가지였다.

무슬림이 싫어하는 『아라비안나이트』를 번역한 리처드 버턴Richard Burton을 비롯한 근대 이슬람학자들이 만들어낸 이슬람 이미지도 마술과 비술로 가득 찬 보물의 나라, 초자연적 신앙과 천문학과 연금술의 신비가 가득한 곳, 대마초와 아편과 코브라, 곡예사와 매춘부, 댄서와 동성애자와 범죄인의 천국 등이었다. 그것을 앵그르Jean-Auguste-Dominique Ingres와 들라크루아Eugène Delacroix는 그림으로, 모차르트Wolfgang Amadeus Mozart와 베르디Giuseppe Verdi는 음악으로 표현했다. 게다가 영화 〈아라비아의 로렌스〉(1962)로 영웅화된 영국 스파이는 그런 이미지를 정책에 반영했다.

이처럼 오리엔탈리즘은 중세부터 지금까지 식민지 삶의 모든 부분에 침투했고, 식민지가 해방된 뒤에도 여전히 뿌리 깊게 박혀 있다. 식민지를 지배하는 제국을 정당화하고 피식민지 사람들의 무능과 불법 등을 내세워 합리화한 오리엔탈리즘은 식민지 해방 이후에도 그대로 남았다. 특히 수많은 할리우드 영화는 무슬림을 테러리스트를 넘어 인간성이라고는 찾아볼 수 없는 악당으로 묘사해 오리엔탈리즘을 더욱더 강화했다. 나아가 이스라엘을 비롯한 서양은 선량한 반면 이슬람은 폭력적인 악당이라고 매일 보도하는 뉴스부터 살만 루슈디Salman Rushdie의 『악마의 시』 같은 소설에 이르기까지 오리엔탈리즘은 끝없이 반복된다.

또 하나의 오리엔탈리즘

한국의 '최고 지성'이라는 평을 받는 분이 에드워드 사이드의 『오리엔탈리즘』은 서양인에 대한 동양인의 열등감을 드러내는 책이어서 싫어한다고 한 말을 들은 적이 있다. 그때 그가 그 책을 마조히즘에서 비롯된 것이라고 했는지 아닌지는 분명하게 기억나지 않지만, 그 비슷한 이야기였다는 느낌을 지금도 갖고 있다. 그런 말을 나에게 한 뒤 그는 도연명陶淵明을 생태 시인으로 극찬하는 강연을 했는데, 벼슬에서 쫓겨나 낙향한 도연명이 시골 생활을 읊은 시가 과연 생태 사상에서 나온 것인지 나로서는 알 수 없다.

그가 윤선도尹善道나 정철鄭澈의 시도 그렇게 평가하는지 모르지만, 귀양을 가서도 수많은 노비는 물론 양민까지도 수족으로 거느리고 살면서 그런 시를 지었던 그들을 두고 생태 운운하는 것이 과연 적절한지는 아직도 의문을 갖고 있다. 그리고 그 '최고 지성'을 비롯한 그 학맥學脈의 지적인 환경주의에도 여전히 의문을 가지고 있다. 같은 학맥의 지적인 사회주의에도 마찬가지다. 그 학맥을 도연명에서부터 끌어내는 점에도 의문이 있지만, 권력에서 제외된 탓에 문단 권력이라도 갖고자 그런 족보 타령을 한 것이 아닌지 모르겠다.

에드워드 사이드의 『오리엔탈리즘』에 대해서는 수많은 비판이 있지만 열등감이나 마조히즘에서 비롯된, 조금은 변태적인 것이라는 비판은 특이하게 느껴져 수십 년이 지난 지금까지도 기억난다. 그 책이 오랫동안 우리말로 번역되지 못한 것은 그런 비판 탓이었는지도 모른다. 나는 그 뒤『오리엔탈리즘』을 확장한 『셰익스피어는 제국주의자다』 등을 썼는데, 셰익스피어 전문가는커녕 영문학자도 아니면서 그런 책을 썼다고 엄청난 비난을 받았다. 감히 셰익스피어를! 감히 영문학을! 감히 영국을! 감히 '최고 지성'을! 감히 서양을! 감히 서양 문화를! D. H. 로런스D. H. Lawrence나 알베르 카뮈Albert Camus를 제국주의자라고 비판했을 때도 마찬가지였다. 플라톤이나 프리드리히 니체Friedrich Nietzsche를 반민주주의자라고 비판했을 때도 마찬가지였다. 그럴 때마다 '최고 지성'이라는 권력에 대한 비판만큼 어려운 것은 없다는 생각이 들었다. 지성에는 민주주의가 없다. 대학에는 어떠한 비판도 없다. 단적으로 대학의 선거나 도제제도를 보라! 그러니 학문적 비판이란 상상할 수도 없다. 우리의 대학은 죽었다. 학문도 죽었다.

『오리엔탈리즘』이라는 책 제목을 '동양론'으로 번역하지 않고 원서 제목 그대로 옮긴 것을 두고 그 책을 이해하지 못했다는, 이해하기 어려운 '꾸중'을 비롯해 그 책을 비판하는 글을 쓰지 못했다는 등 숱한 비판 아닌 비난을 들었다. 그러나 그 책에서 비판한 오리엔탈리즘의 대안을 말하지 못한다는 비판만큼 아픈 비판은 없었다. 좋게 보면 일개 번역자에게 너무 많은 기대를 한 것이고 나쁘게 보면 비판을 위한 비판에 불과한 비판의 스테레오타입을 그대로 보여준 것이다. 하지만 서구가 왜곡한 오리엔트로, 이슬람문명의 올바른 모습을 사이드는 물론 나 역시 제대로 연구하지 못한 것은 부끄럽다. 그래서 젊어서 한때 아랍에 가서 아랍어도 익히고 아랍문명이나 이슬람문명의 참모습을 연구해보겠다는 결심을 한 적도 있었다.

　다행히 『오리엔탈리즘』이 출간된 1991년만 해도 보기 드물었던 이슬람에 대한 책이 2000년대 전후에 많이 쏟아져 나의 부끄러움을 조금은 덜어주었다. 소위 대중서나 계몽서부터 학술서에 이르기까지 다양한 책은 물론 이슬람 여행이나 관광에 대한 책이나 텔레비전 프로그램까지 붐을 이루었다. 그러나 제대로 된 시각을 가진 것은 그다지 많지 않았다. 특히 사이드가 오리엔탈리즘이라고 비판한 책이나 영상물이 그대로 유행하고 있어서 문제다. 그중에서도 가장 위험하게 보이는 것은 이슬람이야말로 단 하나의 새로운 대안이라는 주장이다. 사이드는 서구 제국주의의 오리엔탈리즘에 대항해 나타나는 '오리엔트 제국주의'를 새로운 오리엔탈리즘이라고 비판했다. 중국의 중화주의나 한반도의 소중화주의, 최남선류의 불함문화론不咸文化論이나 야사 수준의 공자 한국인론을 비롯한 유교 중심의 대륙주의나 제국주의를 유일 대안으로 내세우는 풍조 같은 것들이다.

　이슬람문명을 새로운 대안 문명으로 처음 주장한 사람은 이슬람학자 정수일일 것이다. 그 이유는 이상적인 문명의 평균

수명인 1,000년보다 400년이나 오래 유지되어온 끈질긴 생명력이라고 한다. 그러나 서양문명이나 중국문명이나 인도문명이 생명력은 더 강하고 수명도 더 길지 않을까? 또 이슬람 대안 문명론을 주장한 사람은 『프레시안』에 「유라시아 견문」을 쓰는 이병한인데 그런 주장을 하는 이유는 분명하지 않다.

나는 그런 이슬람 대안론에 동의하지 않는다. 이슬람문명은 이슬람문명이지 다른 문명의 대안일 수가 없다. 사실 영원한 불변의 실체를 가진 이슬람문명이라는 것이 과연 존재하는지도 의문이다. 모든 문명처럼 이슬람문명도 그 시대와 지역의 산물로 가변적인 것이고 장단점이 있다. 그러니 다른 문명의 대안일 수가 없다. 다른 문명도 마찬가지다. 모두 고유한 저마다의 문명이지, 어떤 문명이 다른 문명을 대체하는 우월성을 가진 것일 수가 없다.

거시적인 문명 대안론이 아니라, 가령 최근의 금융 위기를 극복하기 위해 이슬람식 은행 제도를 채택해 이자를 금지하자고 주장하는 등의 미시적인 제도 대안론도 마찬가지다. 이슬람만의 정교일치주의에서 나온 제도를 정교분리주의에 입각하는 비非이슬람 세계에서 채택할 수 있을지, 이자를 금지한 서양의 중세로 돌아가자고 하는 것이 서양에서는 더 설득력이 있는 것이 아닐지 모르겠다. 그런다고 과연 중세의 정교일치로 돌아갈 수 있을지, 이자를 없앤다고 암흑의 중세로 돌아가는 것이 과연 옳은 일인지도 의문이다. 물론 우리의 전근대는 이자를 부인한 것도 아니니 그런 전근대로 돌아가자는 주장보다는 나을지 모르지만 말이다.

나의 슬픈 이슬람 이야기

유럽의 중세가 몽매의 암흑기고 그것이 끝나면서 계몽의 근대가 시작되었다는 이야기와는 반대로 이슬람의 중세는 유럽의 계몽 이상의 계몽으로 유럽의 근대를 시작하도록 자극했을 정도로 근대적이었는데, 이슬람의 근대는 도리어 암흑기가 되어 지금까지 무지몽매에 빠져 있다는 게 이슬람에 대한 내 생각이다. 그것이 슬픈 이유는 이슬람의 근대가 서구 제국주의와 오리엔탈리즘으로 타락한 점도 있지만, 그 못지않게 이슬람 근본주의에도 몽매의 원인이 있다. 나는 어떤 이유에서도 지금의 동양을 찬양할 생각이 없다. 세계에서 가장 긴 왕조였다는 500년 조선을 찬양할 생각도 없다. 그 왕들 중에서도 최고였다는 세종조차 찬양할 생각이 없다. 왕조나 왕은 다 독재다. 어떤 독재도 찬양할 생각이 없다.

무엇보다도 경계해야 할 점은 이슬람이 서양식 중세에 머물러 있다는 잘못된 비판이다. 민주주의와 인권의 부재가 서양 중세의 특징이라면 이슬람의 중세는 그 반대였기 때문이다. 이슬람은 처음 정의와 평등, 인간 존엄성과 법의 지배를 옹호하는 세력으로 나타났다. 문화·부족·인종의 차이를 넘어선 형제애를 창출했고, 사회에서 소외된 사람들을 예우하고 존중했다. 세습 통치가 아닌 선거 체제가 도입되기도 했고, 열린 논쟁을 통해 합의에 도달하는 민주적 방식으로 사회를 운영하기도 했다. 관용과 정의와 공공선에 근거해 지식과 배움과 창조성을 강조했다. 그 결과 학문과 겸양을 갖춘 거대한 이슬람문명을 건설했다.

오늘날 우리가 말하는 수준의 민주주의와 인권은 아니었지만, 서구의 중세 1,000년에 해당하는 시대에 이슬람은 서구보다는 훨씬 민주주의와 인권이 발달한 진보적인 모습이었다. 이슬람이 그 탄생 이래 세계 종교로 급속하게 성장한 배경에는 그런 진보성이 있었다. 단적으로 힌두교의 카스트와 달리 이슬람은 만민 평등을 주장했기에 인도에 쉽게 정착했다. 따라서 이슬람이 무력으로만 다른 민족들을 정복했다고 보는 것은 잘못이다. 이슬람이 다른 나라에 『코란』이나 항복이냐를 요구했다는 것은 서구 제국주의 침략 방식을 이슬람에 대입한 것일 뿐이다.

나는 무엇보다도 중세 이슬람이 예술과 과학의 꽃을 피워 인류의 사상적 유산에 중요한 공헌을 했다는 점을 주목한다. 8세기부터 16세기까지 바그다드·다마스쿠스·카이로·사마르칸트(지금의 우즈베키스탄에 있다)·통북투(지금의 아프리카 말리에 있다) 등은 도서관·책방·공중목욕탕·병원들이 광대하고도 정교한 그물망을 형성한 도시로, 그 시대 세계의 어느 나라 도시보다도 선진적이었다. 반면 한반도에는 그런 도시가 19세기 말까지도 거의 없었다. 중세 이슬람에서 과학과 실험적 방법이 시작되었고, 철학이 확장되고 진보했으며, 문학과 미술과 음악이 찬란하게 꽃피웠다. 물론 근대 이후 모든 것은 후퇴했다.

그러나 오늘날 이슬람의 모든 문제를 서구 제국주의 탓으로 돌리는 것은 한반도의 모든 문제를 일본 제국주의나 친일파 탓으로 돌리는 것 이상으로 황당무계한 책임 전가다. 이슬람 사람들의 이슬람 최고성에 대한 이야기도 황당무계하기는 마찬가지다. 자기들은 다른 나라나 민족과는 다르다는 이야기는 어느 나라나 민족에서나 들을 수 있지만, 그것이 결국은 평화 공존을 해치는 것임을 알아야 한다.

　　무엇보다도 문제인 것은 민주주의가 근대 이후 이슬람에서 쇠퇴했다는 점이다. 그래서 서구의 중세가 끝날 무렵 이슬람에서는 중세가 시작되었다. 그 결과 사상과 교육과 이성을 존중하던 이슬람의 전통은 파괴되었다. 그 단적인 증거가 기계적인 암기 교육과 편협한 사고방식이고, 광신만 가르치는 학교와 그곳에서 배출되는 로봇 같은 인간들이다. 나는 이처럼 이슬람의 슬픈 이야기를 한반도의 역사에서도 읽는다. 한반도에서도 조선 이전 시대에는 불교와 유교와 전통 종교가 공존하고 다양성이 존중되었지만 조선에서는 유교, 그것도 성리학만이 강요되었다. 게다가 소중화주의라는 쇼비니즘chauvinism이 아큐식 정신 승리법으로 지배했다. 이슬람도 마찬가지였다.

이슬람의 코미디

이슬람에 코미디가 있을까? 물론 웃기는 연기로서 코미디야 있을 것이다. 그러나 정치와 종교를 주제로 한 코미디가 있을까? 없다. 그런데 정치와 종교를 풍자하는 것을 진짜 코미디라고 한다면, 그런 코미디가 있는 나라는 얼마나 될까? 정치와 종교의 수준이 그것을 소재로 한 코미디의 수준을 결정한다. 코미디만이 아니다. 문화가 정치와 종교를 비판하는 수준을 결정한다. 정치와 종교에 대한 비판이 인권의 수준을 결정한다. 그러나 그것이 자국이나 자기 문명에 대한 풍자가 아니라 타국이나 타 문명을 폄하하는 것이면 문제가 된다. 최근 유럽에서는 특히 이슬람에 대해 그런 폄하를 보인다.

이슬람 사회라고 해서 다 같은 것도 아니다. 분명 정도의 차이가 있다. 그나마 유럽에 가까운 이집트나 터키, 레바논은 조금 다르지만, 다른 지역에서는 숨을 쉬기도 어렵다. 이집트나 터키에서 온 사람들과 친구로 지낸 적이 있지만 다른 이슬람 나라에서 온 사람들과는 그렇지 못했다. 내가 미국 하버드 대학에서 사귄 이집트에서 온 판사는 항상 정장 차림에 근엄했지만, 이슬람의 정치나 종교에 대한 비판을 듣고도 수줍게 웃을 뿐 나를 크게 비난하지는 않았다. 영국에서 만난 터키 교수나 인도네시아 변호사나 모로코 화가도 그랬다.

나는 대학 기숙사에서 그들과 함께 메카를 향해 하루 5번 기도를 올리며『코란』을 같이 읽었다. 내가 처음 읽은『코란』은 놀랍게도 무조건적인 절대 '계율'의 법이 아니라 언제나 생각하고 성찰하고 질문하고 반성하라고 가르치는 '지혜'의 책이었다. 물론『코란』은 절대자인 알라를 전제하지만 알라에 대한 인식과 믿음에 도달하는 유효한 방법으로 지식과 이성을 강조한다. 그런『코란』이 코미디를 부정할 리 없다고 생각했다.

오늘의 이슬람 사회에 코미디는 없지만 그렇다고 해서 정치와 종교가 궁극적으로 문제 삼아야 할 삶에 대한 성찰이 없는 것은 아니다. 도리어 극단의 섹스와 폭력으로 얼룩진 상업 문화가 지배하는 소위 '자유' 세계, 아니 '자본' 세계보다는 그것을 철저히 경계하는 이슬람의 '자본의 횡포가 제한된' 세계가 도리어 바람직할 수 있는 것이 아닐까? 그렇지만 나는 언젠가 이슬람 사회에서도 정치와 종교를 풍자하는 코미디다운 코미디가 나오기를 학수고대한다. 물론 우리나라도 그렇게 되기를 기대한다. 코미디 자체인 박근혜나 최순실이나 홍준표는 물론 문재인 대통령이나 북한의 김정은 위원장도 코미디로 풍자해야 민주주의다.

　이슬람 영화는 평범한 일상 속에서 진실을 찾고 삶의 철학을 깨닫는 페르시아의 문화 전통, 특히 아랍 전통시의 간결하고 단순한 특징에서 비롯되었다. 마흐말바프는 이란에만 시인 2만 명과 가베(카펫 제조공) 15만 명이 있다고 했다. 게다가 그의 영화나 다른 아랍 영화에 나오는 배우가 대부분 일반인이듯이 모든 아랍인이 예술가다. 그런 점에서 영화나 시나 생활이나 민주적인 예술이다. 그런데도 가장 민주적인 예술인 코미디가 없다는 것이 비극이다. 물론 거대 자본이 만드는 할리우드식의 스타 중심 영웅담이나 폭력과 섹스의 말초적인 계급 영화보다는 훨씬 낫지만 말이다.

제7장

이슬람 중세의 사상

이슬람 혐오와 난민 혐오

지하철에서 얼굴이 검은 외국인에게 "너 이슬람 놈이지?"라고
묻는 노인을 보았다. 외국인이 답을 못하고 머뭇거리자 "너거
나라로 가라, 이놈아! 왜 여기서 지랄이야!"라는 욕지거리가
이어졌다. 외국인이 그 말을 알아들었는지 알 수 없지만, 다음
역에서 부리나케 내렸다. 노인은 다른 노인들과 함께 계속 이
슬람을 욕했다. 처음 보는 것은 아니지만 6월 20일, 세계 난민
의 날에 본 그 일은 너무 참담했다. 지하철에서 내려 대학교 앞
에서는 동성애 혐오 집회를 보았다. 이번에는 젊은 기독교인들
이었다.

　난민 혐오 운동이 반동성애 운동과 함께 거세게 벌어지고
있다. 언제 어디서나 외부의 적을 만드는 비열한 가짜 보수의
방식이 정치판과 똑같이 득세한다. 이슬람 혐오는 이슬람의 역
사만큼 오래되었다. 한국에서는 특히 지난 10여 년, 이슬람 음

식을 구입하면 그 수익금이 이슬람국가의 테러 자금으로 들어간다든지, 무슬림 인구가 한국 인구의 5퍼센트를 넘으면 한국이 이슬람화가 된다든지 등 온갖 가짜 뉴스가 성조기와 이스라엘 국기, 태극기가 함께 휘날리는 집회에서 외쳐졌다. 개성공단 근로자 임금이 핵무기 개발 자금이 되었다느니 김정일이 우리의 다음 대통령이 된다느니 하는 소리와 함께.

　난민 문제가 범세계적으로 심각하다. 2015년 80만 명의 난민이 유입된 독일에서마저 그렇다. 30여 년 전 독일 공원에서 스킨헤드에게 독일을 떠나라는 소리를 들었던 적이 있다. 그러나 우리의 난민 감각은 참으로 참담하다. 지금까지 접수된 약 4만 건의 난민 신청 중 2퍼센트가량인 825명만 난민으로 인정되었다. 유엔난민기구UNHCR가 밝힌 전 세계 난민 인정률인 37퍼센트에 비하면 터무니없이 낮다. 그러니 유럽 등의 난민 규제와 비교하기도 창피하다. 게다가 1인당 40만 원 정도 지급되는 생계비도 전체 신청자 중 3퍼센트 정도만 받았다. 그것도 못 받는 난민은 한국에서 다시 난민일 수밖에 없다. 물론 난민 인정도 못 받는 사람은 아예 죽으라는 것이다. 4만 명이라는 난민 유입 수도 전 세계 난민 6,600만 명 중 165분의 1에 불과하다.

　게다가 입만 벌리면 인권 운운하는 현 정부가 앞장서서 이런 작태를 벌이고 있다. 2018년 4월 갑자기 예멘인의 육지 출도를 금지하는 반인권적 조치를 한 뒤 6월 1일에는 예멘을 '무사증 입국 허가국'에서 제외하고, 난민의 추가 입국을 막았다. 게다가 난민 신청자에게 아무 지원도 하지 않으면서 6개월 동안 취업도 불허했다. 한국에서는 난민 지위 인정을 기다리는 기간이 너무나 긴데도 말이다. 한국의 난민법은 그야말로 악법이고 행정은 저질이다. 세계인권선언과 난민협약의 가치를 명백히 위반하는 처사다. 그런데도 난민법 악용 운운하는 비난은 참으로 터무니없다.

30여 년 전에 내가 한국의 인종차별에 대해 쓴 글을 보고 미국 하버드대학의 어느 교수가 한국에 무슨 인종차별이 있느냐며 웃었다. 하버드대학 출신의 한국 여성과 결혼한 백인 교수인 그에게, 흑인 혼혈이나 일본인, 중국인에 대한 태도 등에서 인종차별이 나타난다고 했더니 처음 듣는 이야기라고 놀라워했다. 그 뒤 가난한 동남아시아 사람들이 노동자나 신부로 대거 이주하면서 한국의 인종차별은 더욱 노골적으로 나타났다. 그래도 이 정도로 노골적이지는 않았다. 예멘 난민 유입을 반대하는 이유 중 하나는 그들이 '중동에서 온 무슬림 테러리스트'라는 것이다. 너무나도 터무니없는 이야기지만 그런 의식의 뿌리는 깊다.

우리의 이슬람 인식 수준

우리의 세계사 교과서를 읽어보면 중국을 제외한 비서양에 대한 설명은 대단히 적고, 그마저도 잘못된 경우가 많다. 가령 인도는 고대부터 지금까지 카스트제도를 가진 힌두교 나라로만 설명하면서 부정적인 평가를 내린다. 특히 이슬람은 16억 명이 넘는 인구에 유엔 회원국이 57개국이나 되는 최대 단일 문화권인데도 교과서에서는 철저히 무시된다. 중남미나 아프리카처럼 등장하지도 않는 것보다는 낫다고 해야 할지 모르지만,

서양에 대한 상세한 설명에 비해서는 너무나도 소략하다.

소위 세계사학의 석학들이 저술했다는 책에도 "부족 단위의 우상 숭배 때문에 아랍인의 분규가 그치지 않는다고 생각한 메카의 무함마드는 그리스도교와 유대교를 모방해 이슬람교를 창시했"고 "신앙의 다섯 기둥, 즉, 고백·예배·단식·종교세·성지순례를 중시하며", "성전(지하드)의 의무를 진다"고 기술되어 있다. 특히 '성전'에 대한 설명은 아랍을 호전적으로 보게 한다. 성전은 본래 '노력하다, 힘쓰다'라는 뜻으로, 이교도에 대한 군사 공격을 정당화하는 것으로 설명하는 것은 심각한 곡해라고 할 수 있다.

이처럼 이슬람은 서양 종교의 모방에 불과하고, 예배나 순례나 성전 등 몸과 전쟁을 중시한다는 식의 설명은 '사랑'의 기독교나 '자비'의 불교에 대한 상세한 설명과 명백히 차원이 다르다. 이는 이슬람을 전쟁의 종교로 오해하고 멸시하게 만드는 사상 차별이다. 또한 기독교의 성장에 대해서는 베드로와 바울, 아우구스티누스나 토마스 아퀴나스Thomas Aquinas 등의 사상가가 몇 쪽에 걸쳐 상세히 언급하는 반면, 이슬람에 대해서는 그런 설명이 전혀 없어서 이슬람교에는 사상가조차 없는 것처럼 보이게 한다. 그러나 이슬람 사상사는 동서양의 어떤 문명권보다 찬란하다.

우리의 교과서부터 이런 수준이어서야 우리가 아는 세계사란 제대로 된 것이라고 할 수도 없고, 학생들에게 올바른 시야를 갖게 할 수도 없다. 세계사만이 아니라 도덕이나 윤리 등 여타 교과서에서도 이슬람이 거의 제외된다는 것 이상의 지적 차별과 무지의 소산이 없다. 그래도 21세기에 들어와 새로 만들어진 교과서에 조금이라도 언급된 것은 다행이라면 다행이다. 그전에는 아예 언급조차 되지 않았던 점에 비하면 그렇다는 말이다.

이슬람에 대한 가장 큰 오해는 이슬람교는 '한 손에는 칼, 한 손에는 『코란』'이라는 식으로, 오로지 무력으로 전파되었다는 것이다. 이는 중세 기독교를 대표하는 신학자 토마스 아퀴나스가 십자군전쟁에서 싸운 적인 이슬람을 폄훼하기 위해 퍼뜨린 과장된 선전으로, 단테가 연옥에 빠진 악당의 우두머리로 무함마드를 묘사한 선전으로 이어졌다. 그 후 700년 이상이 지난 지금까지도 그런 선전이 고전이라는 이름으로 받들어진다니 너무나도 이상하다. 특히 한국에서는 대단한 진리인 양 통용되고 있다니 더욱 황당한 일이다. 교과서만이 아니라 책이나 미디어 등 여러 곳에서 오랫동안 그 한마디로 이슬람을 말하는 것을 들어왔다. 기독교인은 물론 지식인이라고 하는 사람들도 그렇게 말하는 것을 자주 본다.

이슬람 읽기의 어려움

나는 무신론자이지만 어려서부터 60세가 넘은 지금까지 각종 종교의 경전을 읽는 데에 꽤나 많은 시간을 보내왔다. 인류사에서 가장 중요한 책, 중요한 사상서라고 생각하기 때문이다. 그래서 나는 종교 경전을 플라톤이나 그리스 드라마를 읽는 것처럼 즐겨 읽는다. 그러나 경전을 신의 말이라고는 생각하지 않고 어디까지나 인간이 만든 것으로, 그 인간이 살았던 시대와 장소의 소산이라고 본다. 가령 『구약성서』는 플라톤이 살았던 시절에 쓰였다. 따라서 그것을 종교나 신앙으로 믿기는커녕 이성에 입각해 자유롭게 비판적으로 읽는다. 나는 종교가 문화의 중요한 요소이기는 하지만 종교가 없어도 문화는 얼마든지 가능하다고 본다. 인간이 도덕적으로 살기 위해서 종교가 반드시 필요하다고 생각하지 않는다. 종교인 중에도 비도덕적인 인간이 너무 많다. 신의 이름으로 서로 죽이는 일도 너무 많다.

그런데 다른 종교의 경전들과 달리 『코란』은 『신약성서』 정도의 짧은 길이에도 번번이 완독에 실패했다. 그 책을 최초로 한국어로 번역했다고 말하는 김용선도 그 책이 "사막의 모래처럼 무미건조"하다고 했다. 내가 가장 싫어하는 암기 공부가 동아시아에서도 오랫동안 행해졌지만 이슬람권에서 아직도 『코란』 암기가 어려서부터 이루어지는 것은, 암기로라도 익히지 않으면 읽기가 너무 어려운 탓이 아닐지 모른다.

게다가 『코란』이나 이슬람 사상에 대한 책이 많지 않고, 그것들을 찾아 읽어도 도움이 되지 않는다. 그런 책은 대부분 기독교인이 이슬람교와 무함마드를 비판하고 결론으로 이슬람교에 대한 기독교의 우월, 무함마드에 대한 예수의 우월을 주장한다. 주로 이슬람 지역에 가는 기독교 선교사들을 정신 무장시키기 위한 것으로 보인다. 그렇지 않은 책도 조금은 있지만, 그런 책들은 이슬람교가 알라나 무함마드의 위대성을 강조하면서 그런 알라에 대한 절대 헌신이니 순명順命이니 하는 이야기만으로 가득한 것처럼 설명하는 등 무장 자살을 하러 가는 병사를 정신 무장시키기 위한 수단으로 보고 있다. 그래서 제정신으로 소위 교양인 차원의 이슬람교나 이슬람 사상을 알기 위한 독서가 한국에서는 매우 어렵다.

그처럼 편견으로 가득한 기독교인이 쓴 책 말고 그나마 객관적이라고 평가받는 것은 미국에서 최고의 이슬람학자라는 평을 받는 브루스 로런스Bruce Lawrence가 쓴 『꾸란 이펙트』 정도다. 2013년에 우리말 번역으로 나온 그 책도 『코란』을 설명하기보다 알라의 위대함을 강조하는 내용으로 가득해서 무슬림이 아닌 사람들에게는 그다지 도움이 되지 않는다. 저자는 자신이 사는 미국의 헌법에 나오는 인간 존엄 정신이 『코란』의 정신과 일치한다고 주장하지만, 다른 어떤 종교의 경전도 인간 존엄을 부정하지는 않는다. 물론 300여 쪽에 이르는 책이니 『코란』에서는 노예제도나 인종차별이나 일처다부제 등을 부정했다는 사상가들의 이야기도 나오지만, 이에 대해서는 얼마든지 반론이 가능하다. 설령 『코란』에서 그렇게 주장했다고 해도 실제로는 그 반대가 횡행하고 있으니 당혹스럽다.

그러나 『코란』을 읽고 이슬람의 역사를 살펴보면, 이슬람교가 다른 종교와 크게 다르지 않게 사랑과 평화를 가르쳤다는 것을 알 수 있다. 또한 기독교 세계에서는 오랫동안 이슬람교를 비롯해 다른 종교를 거의 허용하지 않았지만, 이슬람 땅에서는 기독교 공동체나 유대교 공동체가 계속 존재했다. 특히 이베리아반도에서는 711년부터 1492년까지 무려 800여 년 동안 유대교·기독교와 공존했으므로 이슬람은 기독교나 유대교보다는 훨씬 관용적이고 종교의 자유를 인정했다고 할 수 있다.

그런 점에서 본다면 오늘날 이스라엘이 무슬림인 팔레스타인 사람들과의 공존을 거부하고 이웃 아랍 국가들과도 계속 분쟁 중인 것은 이해하기 쉽지 않다. 자신들이 소수민족으로 2,000년 이상 그 땅에서 무슬림과 함께 평화롭게 살아왔으면서, 왜 지금 와서 무슬림을 몰아내지 못해 저렇게 야단인가? 게다가 한국에서까지 무슬림들을 기독교로 개종시키기 위해 선교를 하러 간다고? 한국에서 기독교인이 해야 할 일이 그렇게도 없는가? 도리어 기독교인들을 『성경』을 제대로 따르는 참된 기독교인으로 개종시켜야 하지 않는가? 21세기야말로 인류 역사상 최대의 암흑 중세가 아닌가? 지금 우리가 어떻게 과거를 암흑 중세니 하며 욕할 수 있는가?

전쟁과 평화

최근 통계를 보면 전 세계에 기독교인이 23억 명, 이슬람교인이 16억 명, 힌두교인이 10억 명, 불교인이 5억 명, 중국 민간교인이 5억 명, 신종교인이 6,000만 명, 유대교인이 1,500만 명이다. 이 중에 뿌리가 같은 일신교인 기독교와 이슬람교와 유대교 신자를 합치면 약 40억 명으로 세계 인구의 반을 훨씬 넘는다. 그런데 같은 뿌리인 그 세 종교의 갈등이 인류 역사를 피로 물들였다. 가장 최근의 갈등이 팔레스타인을 중심으로 한 이슬람교와 유대교의 전쟁이다. 인구수로 보면 16억 명 대 1,500만 명, 즉, 100대 1의 대립이지만 유대교를 지원하는 기독교 세력을 합치면 신자 수는 이슬람교도를 훨씬 능가한다.

　시대순으로 보면 유대교, 기독교, 이슬람교 순으로 세 종교가 태어났지만 유대교와 이슬람교는 기독교와 달리 삼위일체를 인정하지 않는 점에서 같다. 그래서 이슬람교는 기독교의 삼위일체설, 즉, 예수가 그리스도, 신이라는 것에 불만을 느낀 중동 사람들이 기독교가 시작된 지 600년이 지나서 만들어낸 종교라고 보는 견해도 있다. 이슬람교에서는 무함마드를 예수와 같이 예언자로 존중하지만 신의 아들로 보지는 않는다. 어디까지나 인간으로 본다.

이슬람교에는 성직자가 없다. 중세 가톨릭의 권력적이고 위계적이고 물질주의적인 타락에 대한 반항으로 종교개혁이 일어났는데, 이슬람은 그런 종교개혁을 서양보다 7~8세기나 앞서서 확보했다고 해도 과언이 아니다. 가톨릭 교리를 철저히 탈신비화하고 간결하게 한 점도 마찬가지다. 그런데 지금은 그 어느 종교보다 이슬람이 권력적이어서 마음이 아프다. 그 점은 한국의 종교에 대해서도 마찬가지다.

『코란』 읽기가 어렵다고 한 이유에는 평화와 같은 좋은 이야기만 있는 것이 아니라, 전쟁 이야기도 많기 때문이다. 탈레반이나 이슬람국가 같은 과격한 원리주의자나 근본주의자는 이슬람교와 무관하다는 주장도 있지만, 그들이 누구보다도 『코란』에 입각해 있다는 것을 부정할 수 없을 정도로 『코란』에는 전투적이고 투쟁적인 이야기가 많다. 그러나 주의할 것은 『코란』만 그런 것이 아니라는 점이다. 유대교의 『구약성서』나 기독교의 『신약성서』도 마찬가지다. 그런 점은 이 세 가지 일신교의 특징이기도 하지만 그렇다고 해서 힌두교와 같은 다신교에 그런 점이 없는 것은 아니다. 가령 『바가바드기타』는 전쟁담이다. 간디는 그 책에서 비폭력주의를 이끌어냈지만 사실은 대단히 폭력적인 책이다. 경전 자체에서 그런 점을 볼 수 없는 것은 불교가 유일하지 않을까?

예를 들어보자. 『코란』에는 이교도와 싸우고 학살하라는 구절이 자주 나온다. "믿지 않는 자들은 마지막 한 사람까지 처단하라"(8장 7절), "그들의 목을 쳐라, 그들의 모든 관절을 부셔버려라"(8장 12절)는 식으로 이슬람의 이름으로 자행하는 폭력을 정당화한다. 사실 무함마드를 학살을 일삼은 전쟁의 인간으로 볼 만큼 『코란』에는 처참한 이야기가 많이 나온다. 물론 사랑과 자비를 호소하고 속박을 거부하라는 가르침도 나온다. 가령 "한 사람의 생명을 구하는 것은 세상 사람 모두의 생명을 구한 것과 같다"(5장 32절)고 한다. 내가 특히 좋아하는 말은 "종교에는 구속이 있으면 안 된다"(2장 256절)다. 이는 사상의 자유를 선언하고 평화와 관용과 사상을 말한 것으로 『코란』에서 가장 빛나는 부분이다.

한편 흔히 기독교를 사랑의 종교라고 하지만, 「마태복음」의 예수는 "내가 세상에 화평을 주러 온 줄로 생각하지 말라 화평이 아니요 검을 주러 왔노라"(10장 34절)고도 한다. 「누가복음」에서 예수는 예루살렘의 멸망을 예언한다. 그것을 "이 날들은 기록된 모든 것을 이루는 징벌의 날"이라고 하면서 "그들이 칼날에 죽임을 당하며 모든 이방에 사로잡혀 가겠고 예루살렘은 이방인의 때가 차기까지 이방인들에게 밟히리라"고 한다(21장 22, 24절). 예수 시대에 무슬림은 아직 존재하지 않았으니 이방인이 무슬림을 가리키는 것은 아니지만, 그 뒤의 역사를 보아도 무슬림이 예루살렘을 짓밟았다고 하기는 힘들다. 오늘의 이스라엘은 사실 무슬림이 세운 것이라고 해도 과언이 아니기 때문이다.

반면 『코란』에서는 유대인을 "책의 사람들"이라고 부른다(9장 5절). 무슬림은 기독교에 대해서 그러했듯이 이슬람에 의지하는 종교, 보호받아야 하는 고대의 성스러운 신앙이라는 이유에서 유대교를 존중했다. 물론 유대교만이 아니라 모든 이교도나 불신자, 무신론자의 학살도 정당화한다(5장 33절, 8장 7절, 9장 30절, 17장 58절). 유대교도 만만치 않다. 『구약성서』에는 유대인들이 가나안 사람들(지금의 팔레스타인 사람들)을 학살한 것이 정당하다고 주장하는 부분이 너무나 많다(가령 「신명기」 20장 16절, 「민수기」 31장 17절).

이처럼 『코란』을 비롯한 경전에는 모순되는 두 가지 사상이 나온다. 이 두 가지의 공존과 조화를 추구하는 이중진리론 같은 주장도 있지만, 결국은 선택 문제가 된다. 왜냐하면 이중진리론도 그 둘 중 하나를 믿는 사람들로 구분되기 때문이다. 이슬람 사상사에서도 그런 구분이 지속되어왔다. 폭력주의는 암살자assassin라는 단어를 낳게 되는 아사신파로 나아가고 평화주의는 수피즘으로 나아간다. 이라크에서 생긴 수피즘은 명상·예술·문화를 중시한다.

나는 어떤 이유에서든 전쟁이나 폭력을 찬성할 수 없다. 그래서 우파는 물론 좌파, 가령 장 폴 사르트르Jean-Paul Sartre나 장 주네Jean Genêt, 미셸 푸코Michel Foucault나 자크 데리다Jacques Derrida 등이 팔레스타인 민중을 옹호한다는 이유로 그들의 폭력을 지지한 것에 반대한다. 주네는 히틀러도 찬양했는데 히틀러가 자본주의를 파괴한다고 생각해서였다. 팔레스타인 종교지도자들도 전쟁과 전우애의 찬양, 지도자의 탁월성, 질서의 이상이라는 점에서 이슬람과 나치가 일치한다고 하면서 히틀러와 손을 잡고 유대인 학살을 지지했다.

이슬람의 진보와 보수

『코란』은 무함마드가 들은 신(알라)의 소리를 적은 것이라는 점에서 유대인의 역사를 적은『구약성서』나 예수 등의 행적을 적은『신약성서』보다 절대적인 권위를 주장할 가능성이 있지만, 모든 사상사와 마찬가지로 이슬람 사상사에도 진보와 보수, 자유주의와 교조주의는 대립했다. 『코란』을 인간이 만들었다고 보는 견해(무타질리파)와 신이 만들었다는 견해(아샤리파)의 대립이다. 전자는 인간의 자유의지와『코란』의 오류를 인정하면서 상대화한다. 후자는 전자를 부정하고『코란』에 대한 절대 신앙을 강조한다. 전자는 8세기에 성행하다가 10세기에 서서히 등장한 후자에 밀려났지만 13세기까지 유지된 반면 후자는 19세기까지 이슬람을 지배했다.

　　이슬람 문명이 서양 중세에 해당하는 8세기부터 13세기까지 최첨단을 달릴 수 있었고, 그 결과 유럽에 전한 문명으로 유럽의 르네상스를 열게 할 수 있었던 것은 무타질리파가 있었던 탓인 반면, 13세기 이후 정체된 것은 아샤리파가 득세한 탓이었다. 이러한 경향은 이슬람만이 아니라 비서양의 사상사에 나타나는 일반적인 현상으로 보이기도 해서 안타깝다. 한반도 역사에서는 조선시대가 그렇다.

　　이슬람에서 진보와 보수가 존재한 것은 그 두 가지의 근거가 될 수 있는 구절을『코란』에서 찾을 수 있기 때문이다. 가령 진보는 "계시가 너에게 완성되기도 전에 암송부터 서둘지 말라. '나의 주님이시여! 나의 지혜를 키워주소서'라고 말하여라"(20장 114절) 또는 "지식이 있는 자와 없는 자가 같을 수 있느냐"(39장 9절) 등의 구절에 의지한다. 반면 보수는 "여기 책 속에는 어떤 의혹도 없다"(2장 2절)는 구절에 의지한다. 어느 쪽이 우세한지를 객관적으로 말할 수는 없지만, 『코란』은 그 내용의 8분의 1에 해당하는 750개 절에서 "남녀를 포함한 신자들에게 자연을 연구하고……과학을 통한 지식 획득과 이해 증폭을 공동체 삶의 한 요소로 만들 것을 권하"고 있다.

무함마드도 자신의 언행록인 『하디스Hadith』에서 제자들에게 "지식을 탐구하려면 중국의 오지라도 가서 배워라", "지식의 탐구는 남녀 무슬림의 의무다", "학자의 잉크는 순교자의 피보다 성스럽다", "식자는 예언자들의 진정한 후계자"라고 했다. 이 점은 다른 종교와 특별히 구별되는 이슬람교의 특징이다. 이는 1979년 노벨물리학상을 받은 압두스 살람Abdus Salam이 한 말을 폴 발타Paul Balta가 『이슬람』에서 인용한 것을 재확인한 것이니 믿어도 좋을 것이다.

『코란』의 지식 강조로 이슬람의 위대한 중세가 가능했다. 무슬림의 5대 의무 중 하나인 성지순례도 다양한 사고와 학문 예술을 교류하는 중요한 통로였다. 이슬람의 세계화도 그런 지적 교류를 넓히는 계기가 되어 이슬람 제국은 지식의 제국이었다고 해도 과언이 아니었다. 게다가 메소포타미아, 이집트, 페르시아, 인도, 그리스와 같은 고대 문명의 땅이었으므로 이슬람은 고대 문명을 기반으로 꽃피운 위대한 중세 문화였다. 특히 8세기 중엽부터 시작된 그리스 문헌 중심의 고전 번역 사업은 뒤에 르네상스를 낳은 가장 중요한 계기가 되었다. 이러한 이슬람의 찬란한 문화에 비해 교회만을 강조한 서양의 중세란 얼마나 빈약한 것인가! '한 손에는 칼, 한 손에는 『코란』'

이라는 유럽 중세의 신학자 아퀴나스의 말이 얼마나 잘못된 것인지를 알 수 있다. 어쩌면 그것은 중세 기독교의 눈으로 잘못 본 이슬람의 모습이 아닐까?

이슬람을 적대시한 아퀴나스 시대에 지식과 문화는 이슬람에서 유럽으로 전해졌다. 유럽은 이성이라는 개념과 이성을 사용해 추론하는 방법도 이슬람에서 배웠다. 그리스철학·경험적 방법론·수학·대학·도서관·병원도 이슬람에서 유럽으로 건너갔다. 심지어 근대 유럽의 자유주의적 휴머니즘도 이슬람에서 왔다. 내가 무슬림과 사귀는 데 아무런 문제가 없었듯이 무슬림 스페인은 서양과 무슬림의 800년 공존을 보여주는 빛나는 사례로 수많은 공존의 사상가와 예술가를 낳았다. 그러나 그 역사를 유럽은 삭제했다. 더욱더 안타까운 점은 그런 『코란』의 지식과 이성의 강조가 이슬람 중세와 함께 사라졌다는 점이다. 그다음에 온 것은 무지와 반反이성의 절대 신앙이었다.

사상의 정치화

문제는 종교가 정치가 될 때 생긴다. 이슬람교의 특징 중 하나는 정교일치다. 무슬림은 물론이고 한국의 이슬람학자인 정수일이나 이중한은 기독교가 정교분리 원칙으로 타락했다고 보고, 이슬람의 정교일치를 높이 평가한다. 하지만 나는 정교일치를 이슬람교의 가장 중요한 후진적 문제점으로, 하루빨리 극복해야 할 것이라고 주장한다. 사실 유럽 기독교도 정교일치였다가 르네상스 이래, 특히 18세기 계몽주의 이후의 노력으로 그것을 겨우 극복했다.

물론 예수는 카이사르의 것과 하느님의 것을 구별하라고 해서 처음부터 정교분리를 주장했지만(「마태복음」 22장 21절, 「누가복음」 20장 25절) 동시에 그에 반해 유대인의 성전에서 분노했고, 나아가 바울은 "모든 권세는 다 하나님께서 정하신 바라"(「로마서」 13장 1절)며 정교일치를 기독교의 전통으로 삼아 중세 1,000년을 암흑으로 만들었다. 정교일치는 왕정과 함께하고 정교분리는 민주주의와 함께한다. 따라서 정교일치 찬양은 왕정의 찬양이고 민주주의의 거부다.

이슬람 사상사에서 진보는 이미 8세기에 불완전하지만 민주주의를 실현했고, 그것이 계속되었더라면 서양보다 빠르게 중세에 민주주의를 발전시킬 수 있었을 것이다. 하지만 서양과 반대로 중세가 끝나면서 이슬람에서 민주주의의 가능성은 사라지고 종교의 정치화로 신정神政의 그늘이 드리워졌다.

나는 근대 서양에서 종교가 비정치화되는 과정을 겪으면서 결국 20세기에 와서 서양이 세속화되었듯이 이슬람도 그렇게 변할 것이라고 본다. 물론 그렇다고 해서 종교가 정치화된 지금의 이슬람을 부정하는 것은 옳지 않고, 그들이 그들 나름의 종교를 갖는 자유는 충분히 인정되어야 한다. 그러나 그것이 민주주의의 자유와 평등과 평화라는 원칙에 어긋나는 종교여서는 안 된다. 그런 의미에서 어떤 폭력적 종교도 인정할 수 없다. 따라서 『코란』에 등장하는 전투적인 구절들은 그것이 성립되었던 8세기에 불가피하게 필요했던 것으로 보고, 21세기 현실에 더는 원용해서는 안 된다.

종교가 재앙으로 변하는 것은 그것이 정치화될 때라기보다 권력화될 때라고 보는 것이 옳다. 종교가 권력을 비판하고 저항하는 것은 재앙이 아니라, 필요한 일이라고 볼 수 있는 경우가 많다. 종교가 제국주의에 반대하고 식민주의에 저항하는 것도 마찬가지로 필요한 일이지만, 제국 권력은 물론 그것에 저항하는 민족 권력에 참여하는 것도 바람직한 일은 아니다. 특히 민족주의가 제국주의에 저항하기 위해 종교를 이용하는 것은 그 의도가 아무리 좋다고 해도 재앙일 수 있다. 종교만이 아니라 학문이나 예술과 마찬가지로 사상 전반이 그렇다. 사상은 철저히 반反권력이고 비非권력이고 무無권력이어야 한다.

제8장

이슬람 중세의 문학

이슬람 문학에 대한 무관심

레이놀드 A. 니컬슨Reynold A. Nicholson이 쓴 『아랍 문학사』라는 책을 보고 깜짝 놀랐다. '대우학술총서'의 하나로 민음사에서 낸 책인데, 1907년에 나온 원저를 1995년에 번역·출판했기 때 문이다. 그래서 책의 내용도 19세기 초엽을 설명하는 데서 그 친다. 그 뒤에 벌어진 제국주의의 아랍 침략에 대해서는 전 혀 언급이 없고, 아랍인들이 서양 문학을 읽게 되었다면서 서 양 문학이 "무슬림들의 정서에 깊이 뿌리박혀 있는 형식적 규 율과 문학 전통의 내적 장애를 뚫고 보다 깊이 침투할 것인지" 묻는 것으로 끝난다.

　　이는 전형적인 서양 오리엔탈리스트의 태도인데 그것을 철저히 비판한 에드워드 사이드의 『오리엔탈리즘』이 번역된 것이 1991년이다. 그 이후에도 한국의 아랍이나 이슬람에 대 한 이해는 여전히 오리엔탈리즘 일색이었음을 니컬슨의 책이

웅변한다. 지금도 그렇다. 가령 사이드가 비판한 버나드 루이스Bernard Lewis나 해밀턴 A. R. 기브Hamilton A. R. Gibb 같은 오리엔탈리스트들의 책이 계속 번역되어왔다.

니컬슨은 아랍 문인 중에서도 특히 "역사상 가장 위대한 시인이자 영적 스승"이니 "현대 문학계와 영성계에 가장 인기 있는 목소리"라는 13세기의 루미Jalal ud-din Muhammad Rumi를 연구하고 시집도 번역했는데, 의외로 『아랍 문학사』에서는 루미를 언급하지 않았다. 김능우 교수가 쓴 『아랍 시의 세계』에서도 루미는 다루지 않았다. 그러나 한국에서 루미의 인기는 하늘을 치솟아 그의 시집이나 잠언집이나 우화집, 심지어 평전까지 각각 몇 종이나 나와 있어서 이슬람 중세 문인에 대한 소개로는 거의 완벽하다고 해도 좋을 것 같다.

비록 국내에 소개된 루미의 작품 대부분이 아라비아어가 아닌 영어 번역을 통한 중역이고 그 내용은 영성적 사랑에 치중되어 있다고 해도 "무지는 신의 감옥, 앎은 신의 궁전"이라고 한 그의 말은 이슬람교의 진수를 보여준다. 그러나 나는 "나는 동양 출신도 서양 출신도 아니다. 내 가슴 안에는 그 어떤 경계도 없다"라며 세상의 모든 종교를 수용한 그의 자세를 가장 좋아한다. 그리고 "하늘이 되어라. 감옥 벽을 도끼로 쳐내라. 탈출하라"고 한 구절을 항상 마음에 새긴다.

루미보다는 덜하지만 한국어판 시집까지 몇 종이나 나온 아랍 중세의 시인으로 『루바이야트Rubáiyát』를 쓴 오마르 하이얌Omar Khayyām이 있다. 그는 60권의 민음사 '세계 시인선'에 포함된 유일한 아랍 시인이지만, 그 시를 처음 영역英譯한 18세기 영국의 에드워드 피츠제럴드Edward Fitzgerald가 그 시집의 저자로 소개될 정도로 이미 영문학에 편입되어 있다. 그 역시 니컬슨이나 김능우 교수의 책에서는 언급되지 않는다. 우리에게 너무나 잘 알려진 이슬람 산문문학인 『아라비안나이트』도 서양 문학에 편입되었다고 해도 좋을 정도다.

아랍이 없는 『아라비안나이트』

이슬람 문명을 새로운 대안 문명이라고 주장하는 어느 교수가 아라비아어를 배우기 위해 『아라비안나이트』를 읽기 시작했다고 해서 놀란 적이 있다. 단순히 말을 배우기 위한 수단으로 그 책을 택했다면 할 말은 없지만, 서울대학교 서양사학과 주경철 교수처럼 중세 이슬람 문명을 가장 잘 보여주는 유일무이한 역사적 텍스트로 보고 그 책을 택했다면 유감이다. 주경철 교수는 『문학으로 역사 읽기, 역사로 문학 읽기』에서 에로틱 판타지나 섹슈얼 픽션이 아니라 신드바드의 모험을 통한 아랍 상업 세계를 『아라비안나이트』에서 찾았다. 하지만 신드바드의 이야기는 원본인 시리아 필사본에 있는 내용이 아니라, 그 책의 최초 서양판인 프랑스어판을 낸 앙투안 갈랑Antoine Galland이 다른 곳에서 수집했거나 자신이 쓴 부분으로 알려져 있으므로, 아랍 사회를 그대로 보여준다고 하는 데는 의문이 있다.

신드바드의 이야기는 『일리아스』와 『오디세이』를 연상시키는 점이 많다. 그런 면에서 그리스의 영향을 받았거나, 그리스 문학에 심취한 갈랑이 창작했을 가능성이 높다. 「알라딘과 마술 램프」, 「알리바바와 40인의 도적」은 갈랑의 창작임이 더욱 분명하다는 이유에서 『아라비안나이트』에서 제외되기도 한다. 따라서 알라딘을 다룬 영화나 애니메이션은 후대의 창작이 대부분이다.

그래서 『아라비안나이트』를 '아랍적 이야기'가 아니라 '번안된 이야기'로 보는 것이 옳다는 생각도 든다. 『아라비안나이트』에 포함된 이야기 중에서 초기 작품에 속하는 것은 인도와 페르시아에서 온 것이지만 여타의 작품은 반드시 그렇지는 않다. 가령 책의 앞부분에 나오는 세헤라자데의 아버지가 말하는 동물 설화와 유사한 이야기는 불교 설화집 『샤타카Sataka』에서 찾을 수 있다. 책 전체의 여성 혐오가 인도적인 것이라고 보는 견해도 있지만, 여성 혐오는 당시 사회의 일반적인 경향이라고 볼 수 있다. 책 전체의 주제인 권선징악이나 흑인 차별, 타종교 멸시도 마찬가지다.

우리가 아는 유일한 이슬람 문학작품인 『아라비안나이트』의 원형은 약 1,000년 전, 당시 세계 최대의 도시였던 바그다드에서 만들어졌다. 바그다드는 750년부터 1258년까지 약 500년간 이어진 아바스Abbas왕조의 수도로 세계 최고의 문명을 자랑했다. 그것은 이슬람교가 이룩한 이슬람 제국이 그 앞의 메소포타미아, 이집트, 페르시아, 헬레니즘, 인도의 문명을 집대성한 인류 역사 최대의 융합이었다.

중국 문명은 제외되었으나 이슬람 문명 발전에 가장 중요한 종이를 전해주었다는 점에서 무시할 수 없다. 751년 탈라스Talas 전투에서 당나라군이 이슬람군에 패하면서 포로로 잡힌 병사 중 제지 기술자가 제지술을 이슬람 세계에 전했고, 그것은 유럽까지 전해졌다. 그래서 당시 당나라군을 지휘한 고구려의 고선지高仙芝 장군을 '유럽 문명의 아버지'라고 하는 한국인이 있지만, 유럽에서는 그렇게 생각하지 않는다. 바그다드가 망하자 『아라비안나이트』의 무대는 카이로로 옮겨졌다. 그러나 『아라비안나이트』는 아랍에서 잊혔고, 그것을 재발견한 것은 근세 유럽이었다. 그리고 오리엔탈리즘이라는 허상이 조작되었다.

『아라비안나이트』의 번역과 오해

『아라비안나이트』가 유럽에 소개된 것은 제국주의가 시작되면서다. 영국과 프랑스에서 아랍 세계를 식민지화한다는 정치적 목적에 부응해 『아라비안나이트』가 번역되었다. 호색문학이나 성애문학 측면이 강조된 것은, 아랍 세계를 음란한 비도덕적 사회로 오해하도록 해서 식민지 침략을 정당화하려고 했기 때문이다. 포르노 전문 배우들이 등장하는 각종 〈아라비안나이트〉는 지금도 '야동'의 가장 인기 있는 프로그램이다. 소위 '명화극장'에 등장하는 〈아라비안나이트〉도 내용이 엉뚱하기는 마찬가지다. 가령 유튜브에서 한국어 자막으로 볼 수 있는 존 롤린스John Rawlins 감독의 1942년 영화는 엉뚱하게도 세헤라자데를 권력욕의 화신으로 그린다. 수많은 〈아라비안나이트〉 영화 중 하필이면 그 영화가 우리나라에 소개되었는지 그 이유를 도저히 알 수 없다.

갈랑이 번역한 프랑스어판은 리처드 버턴의 영어판과 달리 외설적이지 않아서 가치가 더 높다고 프랑스어판 한국어 번역자는 주장한다. 하지만 두 책의 외설성은 정도의 문제고, 그것이 번역의 가치를 결정하는 요소도 아니므로 그다지 설득력 있는 이야기는 아니다. 원래의 아랍어판 『아라비안나이트』
는 없고 지금 나와 있는 것은 프랑스어판이나 영어판을 번역
한 것이니, 한국어 번역은 당연히 프랑스어판이나 영어판의 번
역일 수밖에 없다. 물론 갈랑이 번역 대상으로 삼았다는 시리
아어판이 있지만, 그 내용은 프랑스어판의 3분의 1 정도에 불
과하고 이야기도 흥미롭지 못하다.

　　여하튼 최초의 한국어 번역인 이동의 『유옥역전』(유옥역은
세헤라자데의 한국식 표기다)이 1886년, 즉, 버턴의 영어판이 나온
다음 해에 나왔고, 전역全譯이 아니라 최초 일본어판의 일부분
을 초역한 것이기는 했어도 한국의 최초 번역문학이었음은 특
기할 만하다. 『아라비안나이트』의 일본어판은 1875년 나가미
네 히데키永峯秀樹가 번역한 『놀랍고도 기이한 아라비아 이야기
책』이다. 중국어 번역이 1903년에 나온 것과 비교하면 한국어
번역은 상당히 이른 것이었으나, 그 뒤에는 해방 후까지 오랫동
안 한국어판이 나오지 못했다. 일제강점기에는 일본어 번역판
을 읽었고 미국에서 나온 많은 아라비안나이트 영화를 보았다.

　　그 영화 중 가장 유명한 것은 우리나라를 비롯해 세계적
인 인기를 끈 1992년 월트디즈니 애니메이션 〈알라딘Aladdin〉
이다. 이 애니메이션이 극장에서 개봉했을 때 첫 노래인 〈아라
비안나이트Arabian Nights〉에 "얼굴이 마음에 안 들면 귀를 자르
는 그곳은 야만이지만 내 고향이라네Where they cut off your ear. If
they don't like your face. It's barbaric, but hey, it's home"라는 부분이 있
었는데, 비디오판에서는 "사막이 넓고 지독하고 뜨거운Where
it's flat and immense. And the heat is intense"으로 바뀌었다. 아랍을 야
만시하는 할리우드식 아라비안나이트 전통은 영화 전체에 그

대로 남았다. 특히 악당은 당시 이라크의 사담 후세인 대통령을 연상시키는 모습으로 묘사되었다.

영화의 주제곡인 〈새로운 세계A Whole New World〉는 그 전해인 1991년 미국 조지 H. W. 부시George H. W. Bush 대통령이 연두교서 「새로운 세계 질서A New World Order」에서 후세인과의 전쟁을 승리로 이끌고자 주장한 내용과 완전히 일치했다. 영화에 나오는 마법의 램프는 핵을 상징하는 것으로 미국이 가져야 하는 것이지 이라크가 가지면 안 되는 것이었다. 그 뒤에 나온 아라비안나이트 영화나 애니메이션들도 이러한 흐름과 일치했다. 어디 그뿐인가? 2001년 9·11 사건이 터지자 조지 W. 부시George W. Bush 대통령은 '십자군전쟁'을 선포하면서 '성지 탈환'과 '이교도 몰살'을 주장했다.

십자군전쟁 문학

이란 출신 영화감독 모센 마흐말바프는 이란에 시인 2만 명과 가베 15만 명이 있다고 했다. 가베는 카펫 제조공인데, 그들이 예술가인 이유는 각자 자신의 디자인으로 카펫을 짜기 때문이라고 했다. 이란이 그러한데 아랍 전체에는 시인과 카펫 제조공이 얼마나 많을까? 게다가 아랍의 역사에는 또 얼마나 많을까? 한국에도 시인이 많다고 하지만 예술가로 인정받는 카펫 제조공과 같은 존재는 없는 것 같다. 아랍의 카펫 제조공과 같은 존재가 인도에서는 사리 제작공이라고 한다. 흰옷이나 색동옷 정도인 한복은 삼천리 방방곡곡의 기와집처럼 예술로 인정받기는 어려울지 모른다.

한국에 시인이 많아도 한국인이 시를 좋아하는지는 의문이지만, 『코란』은 다른 종교의 경전과 달리 시적인 언어로 낭송되는 것으로 유명하다. 게다가 아랍의 전통적인 장시(카시다)에서 비롯되어 이슬람의 승리를 언어의 승리로 볼 정도다. 우리가 볼 수 있는 유일한 무함마드 전기 영화인 〈예언자 마호메트〉(1976) 마지막 부분에 음악 없이 4분간 이어지는 『코란』 낭송은 아라비아어를 전혀 모르는 내게도 감동 그 자체였다. 그 뒤 이슬람권을 여행하면서 들은 『코란』 낭송은 모스크의 아라베스크 문양과 함께 항상 가슴 뭉클한 감동을 주었다.

우리는 아랍 시의 전부를 알 수 없지만 다행히도, 김능우 교수가 번역하고 주해한 아랍 중세의 시를 읽을 수 있다. 『무알라까트』와 『중세 아랍 시로 본 이슬람 진영의 대 십자군전쟁』 등이다. 『무알라까트』는 이슬람 이전의 아랍 시인데 그 시대에 대한 특별한 흥미가 없으면 읽기가 쉽지 않지만, 십자군전쟁 시대의 시는 흥미롭다.

김능우 교수가 말하듯이 그동안 국내에 소개된 십자군전쟁 관련 자료는 서양 것 일색이고 아랍 측 자료가 전무한 상황에서 아랍 측 자료가 처음 소개된 것은 대단히 중요하다. 어디 역사적 자료뿐인가? 십자군전쟁을 다룬 서양의 영화나 소설, 만화나 애니메이션은 또 얼마나 많은가? 가령 어린 시절에 읽고 영화로도 보았던 『아이반호』나 『로빈 후드』도 모두 십자군의 참전 용사를 영웅화한 것이 아니었던가? 아서 왕이니 원탁의 기사니 하는 이야기에 환호하지 않았던가? 『아라비안나이트』의 퇴폐적 관능과 대조되는 서양의 고상한 귀족 정신에 반색하지 않았던가? 게다가 그 두 가지는 할리우드 100년을 지배한 가장 뿌리 깊은 전통이 아닌가?

서부극도, 탐정극도 모두 거기에서 나온 것이 아닌가? 그 원조라고 할 만한 영화는 내가 어린 시절에 보았던 영화 중 가장 오래 기억에 남았던 〈엘 시드El Cid〉(1961)다. 스페인을 침략한 아랍군을 물리친 장군의 이야기는 애국심의 표상으로 어린 마음을 눈물로 적셨지만 어른이 되어 다시 보니, 첫 장면부터 광신적으로 이슬람의 침략을 비난하는 것이었다. 어디 그뿐인가? 「롤랑의 노래」를 비롯해 이슬람군을 이긴 기독교군의 무훈武勳을 노래하는 시문학은 서양 문학의 중요한 전통 중 하나다. 〈엘 시드〉도 그 영향으로 지어진 시 「나의 시드의 노래」에 근거했다.

반면 십자군전쟁을 다룬 아랍 시를 읽어내기란 여간 재미없는 일이 아니다. 적어도 내게는 그러했다. 그래서 그런 문제에 흥미를 갖는다면 차라리 소설처럼 쓰인 타리크 알리Tariq Ali의 『술탄 살라딘』이나 아민 말루프Amin Maalouf의 『아랍인의 눈으로 본 십자군전쟁』을 읽는 것이 더 재미있다. 김능우 교수는 말루프의 책을 "학술서라기보다는 아랍어 사료를 활용해 사건을 재구성한 역사소설"이라고 평가하지만 그가 번역한 아랍 시보다 역사를 이해하는 데에, 특히 십자군전쟁이 유럽인의 침략으로 시작되어 대학살과 약탈로 얼룩진 역사상 가장 치욕적이고 반문명적인 전쟁이었음을 알기에 더 적합하다. 특히 알리의 책이 압권이다.

십자군전쟁의 목표인 예루살렘은 오랫동안 그 이름처럼 평화의 도시였다. 기독교인도 유대인도 무슬림과 함께 평화롭게 오랫동안 살았고, 기독교인의 성지순례도 보호되었으며 그

수는 해마다 늘어났을 정도로 평화로웠다. 따라서 기독교 순례자의 박해를 이유로 성전을 벌인다고 한 기독교 측의 주장은 야만적인 침략을 위한 구실에 불과했다. 게다가 십자군이 성지 탈환의 흉내라도 낸 것은 1차와 5차의 침략 때뿐이었고 그것도 성전 참전을 면죄부로 받은 병사들이 저지른 피비린내 나는 학살과 약탈과 파괴에 불과했다. 심지어 원정로의 기독교인들까지도 무참하게 학살했다.

십자군전쟁은 최초의 팔레스타인 난민을 낳기도 했다. 그러나 예루살렘을 해방한 살라딘Saladin은 그곳을 다시 다종교 도시로 만들었고 십자군이 불태운 유대교 시너고그synagogue(유대교 회당)의 재건을 지원했다. 알리나 말루프의 책은 서양의 만행을 고발하는 것에 그치지 않고 이슬람의 문제점도 지적한다. 지배계급의 무능과 부패와 억압으로 인해 결국 전쟁에 패배했음을 솔직히 인정한다.

이븐 바투타의 『여행기』

이슬람에서는 '문학'의 범주에 역사나 지리 심지어 철학까지 포함되지만, 『아라비안나이트』처럼 아랍의 역사나 지리 등도 19세기에 유럽인이 재발견한 뒤에 유명해졌다. 우리는 마르코 폴로Marco Polo의 『동방견문록』은 알지만 이븐 바투타의 『여행기』는 모른다. 오도리크Odoric의 『동유기』는 더더욱 모른다. 특히 그 셋과 함께 세계 4대 여행기에 든다는 신라의 스님 혜초慧超의 『왕오천축국전往五天竺國傳』도 잘 모른다. 모두 중세 사람이다. 나는 네 사람 모두 이 책에서 언급할 것이다. 그 어떤 문학작품보다도 역사적으로 중요하기 때문이다. 특히 이들은 "중세는 역동하는 세상"이라는 말이 맞다는 생각을 일깨워준다. 14세기 영국의 제프리 초서Geoffrey Chaucer가 쓴 『캔터베리 이야기』도 '길 닿는 대로 방랑한다'는 여행담이다. 모두 세상을 구경하려고 세계 여행에 나섰기 때문이다. 그래서 정체停滯로 특징지어지는 중세에 대한 새로운 인식이 가능해진다.

『이븐 바투타 여행기』는 정수일의 번역으로 출판되었다. 정수일이 번역하기 전에 15개국에서 번역·출판되었다고 하니 한국어 번역이 그리 늦은 편은 아니다. 22세 나이로 고향인 탕헤르를 떠나 메카와 메디나 성지순례를 비롯해 시리아에서 중국에 이르는 약 12만 킬로미터를 30년간 여행한 그 기록을 읽기란 쉽지 않다. 지루할 정도로 길기 때문이다. 한국어 번역도 1,000쪽이 훨씬 넘는다. 바투타가 직접 쓴 여행기는 더 길지만 전해지지 않고, 지금의 여행기로 전해지는 것은 이븐 주자이Ibn Juzai가 요약한 것이다. 그래도 읽기가 여간 힘들지 않은데 다행히도 중세 이슬람 전문가인 데이비드 웨인스David Waines 교수의 『이븐 바투타의 오디세이』가 번역·출판되어서 훌륭한 안내가 되어준다.

정수일은 1997년 『라이프Life』가 지난 1,000년을 빛낸 위인 100명을 선정하면서 여행가로는 바투타(44위)와 마르코 폴로(49위)를 꼽았지만, 여행이나 여행기의 내용으로 보면 바투타가 훨씬 압도적이라면서 독후감도 그럴 것이라고 했지만, 불행히도 나는 그런 압도적 느낌을 받지 못했다. 나는 내가 다녔던 곳이 14세기에는 어떠했을까 하는 호기심 정도로 듬성듬성 읽으면서 지금의 모습과 비교했다. 가령 그 당시에 거대한 도시였던 델리의 쿠트브미나르는 이슬람 세계 최고의 첨탑이라는 기록에 근거해 그곳을 떠올리며 부서진 모스크의 잔재를 추억했다. 인도 왕이 전쟁을 시작할 때 모든 백성에게 6개월치 식량을 주었고, 전쟁이 끝나면 그들에게 돈 꾸러미를 던져주었다는 부분은 사실과 다르다고 하지만, 대체로 마르코 폴로의 여행기보다는 정확하다는 것이 중평이다.

바투타의 여행기가 번역되자 매우 많이 팔렸다고 한다. 나도 당시 그 책을 읽고 바투타의 여행 경로를 따라가보고 싶다는 생각을 했다. 그러나 그 6년 뒤에 나온 한국인 최초의 북아프리카 여행기를 비롯해 바투타의 여행기를 언급한 여행기를 찾기는 어려웠다. 바투타의 30년과 비교할 수 없게 짧은 여행 기간 때문일까? 그 차이를 항상 시간에 쫓기며 살아온 한국인의 '빨리빨리'에서 찾을 수 있을지 모르지만, 우리에게는 긴 호흡과 사색의 여행이 불가능한 것일까? 법정 스님을 비롯한 여러 사람의 불교 성지 여행기를 읽으면서 스님들은 『왕오천축국전』을 그대로 따라 혜초처럼 걸어서 몇 년의 구도求道 여행을 할 수 있지 않을까 생각해본 적이 있다. 어쩔 수 없이 방학을 이용해 바쁘게 돌아보아야 했던 나의 짧은 여행이 그렇게 아쉬웠다. 물론 여행과는 아무런 상관없는 패키지 관광이나 그보다 못한 텔레비전 촬영용 예능 관광은 아니었지만 말이다.

이븐 할둔의 『역사서설』

몇 년 전 모로코에 갔을 때, 바투타처럼 모로코 출신이 아니라 튀니지 출신인데도 바투타보다 이븐 할둔Ibn Khaldun을 훨씬 높이 평가하는 것을 보고 놀란 적이 있다. 우리에게는 가죽을 만드는 색색의 웅덩이들인 테너리Tannery로 유명한 페스Fez는 할둔이 공부한 세계 최초 대학으로 859년에 세워진 카라윈 모스크가 있는 곳으로도 유명하다. 그 대학은 이슬람권 대학 중에서 최고의 권위를 자랑한다. 나머지 두 대학은 할둔의 고향인 튀니지에 있는 카이로완 모스크와 이집트의 알 하지아르 모스크다. 할둔과 관련된 세 대학 모두 유럽 대학보다 빨리 세워졌다. 유럽 최초의 대학인 볼로냐대학은 1158년에 세워졌다.

이슬람의 중세 학문은 할둔을 빼고 말할 수 없다. 아니 학문 자체를 할둔 빼고 말할 수 없다. 우리에게 북아프리카는 기껏 영화 〈카사블랑카〉(1942)로 알려진 모로코, 피라미드나 스핑크스의 이집트, 카뮈로 유명한 알제리 정도지만 중세의 북아프리카는 근대의 모든 학문을 꽃피운 문화의 터전이었다.

그 중심인 할둔의 『무깟디마Muqaddimah』(『역사서설』로도 번역되었다)는 1976년 김용선 교수가 처음으로 번역했다. 1971년 최초의 『코란』 번역과 함께 이슬람을 우리에게 알려준 김용선 교수의 위대한 업적이었다. 아널드 토인비Arnold Toynbee가 인류 역사에서 가장 위대한 역사철학자라고 한 할둔이 쓴 인류 최초의 문명 비판서인 『무깟디마』는 내게 베두인과 베르베르 등 유목민의 자유로운 삶을 동경하게 한 책이기도 해서, 북아프리카를 여행할 때 항상 읽었다.

할둔은 바투타와 동시대 사람이다. 그는 바투타의 인도 이야기가 과장된 것이거나 진실한 것이 아닐 수도 있다고 생각했다. 역사에 대해서도 왕조사 같은 것을 거부하고 비판적으로 사건이나 사물을 관찰할 것을 강조하며 체계적인 역사 비

판으로 새로운 사유를 보였다. 그 핵심 개념인 아사비야$_{Asab\bar{\imath}ya}$
는 공통의 조상을 둔 혈연집단에서 가장 잘 나타나는 집단의
식이지만, 계급과 빈부의 격차를 뛰어넘어 구성원을 하나로 통
합하고 더 큰 집단행동을 할 수 있도록 만들어 문명을 탄생시
키는 점에서 민주적 연대 의식이라고 보아도 무방하다. 그러나
부의 증대에 따라 부패와 분배 불평등이 심해지고 계급 갈등
이 격화되어 구성원 간의 사회적 신뢰가 무너지면서 아사비야
는 사라져 문명을 끝낸다. 할둔은 아사비야를 중심으로 '문명
의 과학'을 창조했다고 자부했다.

　　그러나 그의 문명학은 아사비야가 약화된 이슬람에서는
더 발전하지 못하고 19세기 프랑스를 비롯한 서양에서 재조명
되며 본격적인 평가를 받기 시작했다. 니컬슨은 『아랍 문학사』
에서 할둔을 니콜로 마키아벨리$_{Niccolò\ Machiavelli}$, 잠바티스타 비
코$_{Giambattista\ Vico}$, 에드워드 기번$_{Edward\ Gibbon}$의 스승이라고 했
다. 그를 동양의 몽테스키외$_{Montesquieu}$라고 부르는 사람도 있
다. 그러니 그는 오늘날 우리가 아는 모든 인문·사회과학 분야
의 선조라고 해도 과언이 아니다.

모든 인문·사회과학의 선조

크리스토퍼 소프의 『사회학의 책』의 맨 앞에는 할둔이 사회학
을 시작한 사람으로 나온다. 그가 1377년경 『무깟디마』에서
'아사비야'로 설명한 사회적 연대 의식이 인류 최초의 사회학
개념이라는 것이다. 『무깟디마』 다음에 나오는 책은 약 400년
뒤인 1767년의 애덤 퍼거슨$_{Adam\ Ferguson}$의 『시민 사회의 역사

에 대한 소론An Essay on the History of Civil Society』이다. 퍼거슨은
자본주의의 사리사욕으로 전통 사회의 결속력이 위협받는다
고 경고했는데, 이는 400년 전에 할둔이 한 말을 서양 사회에
적용한 것에 불과했다.

『사회학의 책』과 같은 출판사에서 나온 폴 켈리Paul kelly의
『정치의 책』에서는 중세에 할둔이 정부의 역할이란 부정의 방
지에 있다고 말했음을 언급한다. 즉, 정치사회의 통일성은 아
사비야에서 비롯되는데 그것이 정치의 기반으로 부정을 막지
만, 사회가 발전하면 아사비야가 약화되고 정부가 해이해져 정
부가 부정을 저지르게 되고 결국은 다른 정부로 대체된다고
보았다. 이를 어니스트 겔너Ernest Gellner는 정치학 이론 중 최고
의 이론으로 평가했는데, 마키아벨리의 현실주의를 136년이나
앞서서 보여준 것이었다. 할둔은 정부란 필요악이지만 누군가
가 타인을 지배한다는 본유적本有的 부당성을 내포하므로 권
력은 최소한으로 유지되어야 한다고도 주장했다. 특히 독재는
아사비야를 극단적으로 퇴보시킨다고 비판했다는 점에서 민
주주의적 사상가라고 볼 수도 있다.

『종교학 세계명저 30선』에서도 종교학의 시초로 할둔을
꼽는데, 그다음은 데이비드 흄David Hume이 1757년 쓴『종교의
자연사』다. 할둔을 종교학의 시조로 보는 이유는 그가 세계 최
초로 종교를 상대화했다는 것이다. 300년 뒤 비코가 태어날 때
까지 어느 시대에도 역사가로서 그와 필적할 사람이 없었다.

리자 니엔하우스Lisa Nienhaus의『미래를 여는 생각』은 플
라톤 다음으로 할둔을 언급한다. 특히 할둔은 분업 이론과 노
동가치설을 주장해 애덤 스미스Adam Smith와 마르크스에 앞선

경제사상가로도 평가된다. 마르크스의 역사 발전 단계론이나 막스 베버의 리더십 유형론, 빌프레도 파레토Vilfredo Pareto의 엘리트 순환론, 에밀 뒤르켐Émile Durkheim의 연대나 아노미Anomie에도 할둔은 영향을 끼쳤다.

　　그러나 할둔에 대한 언급으로 내게 가장 중요한 것은 아크바르 아흐메드Akbar Ahmed와 피터 터친Peter Turchin의 논의다. 터친은 할둔의 아사비야를 중심으로 제국에 대해 논의한다. 터친이 『제국의 탄생』에서 "집단행동을 가능케 하는 사회적 자본"이라고 정의한 아사비야는 할둔이 이슬람 제국 탄생과 파멸의 비밀로 본 것으로, 할둔의 논의를 현대 제국에 적용한 것이다. 그러나 더 중요한 것은 아흐메드가 『포위당한 이슬람』에서 논의한 할둔주의다. 아흐메드는 할둔이 인간 의지와 지성의 교훈, 즉, 모든 불평등에 반대하는 지성을 보여준 것을 특히 높이 평가하면서 서양만이 아니라 아랍에서도 할둔을 부활시켜야 한다고 주장한다. 이러한 주장은 이브 라코스트Yves Lacoste의 『이븐 할둔』에서도 볼 수 있다. 한국이나 동아시아라고 예외가 아니다. 정의와 공감과 균형에 기초한 아사비야의 부활이 긴요하다. 자유와 평등과 평화를 지향하는 민주적 연대 의식과 사회적 연대 의식이 이렇게까지 빈곤한 시대가 또 있었던가?

제9장

이슬람 중세의 예술

책과 글자의 예술

타리크 알리의 『술탄 살라딘』은 십자군전쟁에 관한 소설로는 최고라고 생각하지만, 알리의 소설로는 그보다 뒤에 나온 『석류나무 그늘 아래』가 감동적이다. 1492년 무슬림이 스페인에서 추방당하고 7년 뒤인 1499년, 그라나다에서 몰살당한 이슬람 가족의 처참한 이야기다. 이란이 원산지인 석류는 유럽에서 '그라나다의 과일'로 불린다. 무슬림이 제공한 관용의 그늘에서 중세 1,000년을 살았던 기독교가 석류를 박살 내듯 무슬림을 몰살했다. 인류 역사 최초의 인종 청소이자 서양사 최초의 분서갱유였다. 그리고 그것은 지금까지 이어지고 있다. 지난 500년, 근대와 현대로 불리는 피의 역사는 그렇게 시작되었다. 아랍의 모래사막은 피의 사막이었고, 모래바람은 피바람이었다.

　『석류나무 그늘 아래』의 첫 장면은 기독교 병사들이 그라나다의 159개 도서관과 개인 장서로 유명한 저택과 거리의 서점에 침입해 수십만 권의 아름다운 책을 몰수해 불사르는 것이다. 그라나다가 중세 스페인에서 가장 번성한 곳이라고 해도 일반인이 이용한 도서관이 그렇게 많았다니, 지금도 도서관이 빈약하기 이를 데 없는 우리로서는 상상도 하기 어렵다. 그만큼 책도 많았다. 이슬람 중세는 책의 시대였다. 모든 도시는 책을 판매하는 시장을 자랑했고, 책 장수만의 모스크가 있을 정도로 책 거래가 성행했다. 『코란』을 위시한 종교 서적만이 아니라 과학·의학·역사·소설·시 등 다양한 주제의 책이 엄청나게 출판되고 판매되었다. 그만큼 학문 연구와 예술 창조가 성행했다. 지금은 황량하기 짝이 없는 사막의 이슬람 지역도 그랬다.

한반도에서는 조선이 망할 때까지 없었던 책방이 이슬람 사회에서는 중세 초부터 번창하고 수천 개의 도서관이 세워졌다. 한반도에도 규장각을 비롯한 도서관이 있었지만 그것은 도서와 문서의 보관을 위해 설립한 것으로 지배층인 양반 관료들의 자유로운 열람도 허용되지 않았으니 과연 도서관이라고 할 수 있을지 의문이다. 일부 양반이 세운 완위각宛委閣 등의 장서각이 시골에 있었지만, 역시 일부 양반만 이용할 수 있었다. 지금의 국정교과서 같은 사서오경류가 과거 시험용으로 양반들에게 보급되었을 뿐 일반인은 책을 볼 수도 없었다.

18세기 후반부터 한글 소설을 빌려주는 세책점이 생겼지만 대여료는 매우 비쌌고 그것도 한양에만 몇 개 있었을 뿐이고 이용자도 일부 양반에 한정되었다. 그러니 조선이 망할 때까지 대부분의 사람은 책을 몰랐다. 그런 전통은 지금까지도 남아 있다. 국정교과서니 수험서니 하는 것들이 여전히 우리의 책이기 때문이다. 일반 도서관은 물론 대학 도서관도 그런 책을 읽는 사람으로 넘쳐난다.

게다가 우리의 옛날 책들은 결코 아름답다고 할 수 없다. 똑같은 누런 종이에 천편일률적인 한자체로 쓴 표지나 내용은 오늘의 국정교과서나 수험서만큼 아름다움과는 거리가 멀다. 서예라는 것이 존재했지만 흑백의 몇 가지 서체에 한정되었지 이슬람 중세의 글자 예술처럼 다양한 모양과 색채의 예술이 아니었다. 최근 추사 글씨의 진위와 관련된 논쟁이 있지만 나는 그 논쟁의 의미도 잘 모르겠고 진위를 따지는 논자들의 안목도 판단이 불가능하다. 무엇보다도 나는 추사체라는 것을 사랑하지 않는다. 아무리 읽어보아도 중국 아류에 불과한 추사를 도저히 좋아할 수 없다. 그보다는 정선이나 김홍도가 훨씬 위대하게 보인다. 이슬람 지역의 박물관 어디에서나 발견할 수 있는 아름다운 책들 앞에서 몇 시간이나 서서 감탄한 적이 있다. 이슬람 책은 세상의 어떤 책보다도 아름답다.

게다가 중세 이슬람에서는 책을 만드는 서예가와 도안가와 장식가도 자기 이름을 책에 붙일 만큼 존경받았다. 이슬람 미술에는 회화도 조각도 없지만 다양한 책 표지 장식화와 아름다운 세밀화 삽화가 남아 있다. 이 그림은 지금의 사진처럼 당시 사회를 보여주는 중요한 역사적 자료이기도 하다. 그래서 이슬람 중세 예술은 무엇보다도 책과 글자와 세밀화의 예술이다. 그라나다의 알람브라궁전을 비롯해 중세 이슬람 건축도 유명하지만 그보다 특징적인 중세 예술은 책과 글자다. 그만큼 이슬람은 책을 좋아했다. 그래서 이슬람을 책의 종교라고 해도 과언이 아니다.

책의 문양은 카펫이나 건축의 기하학적 문양과 동일하지만 기본은 이른바 아라베스크라고 하는 아랍 이슬람 문양이다. 그러나 이는 이슬람교의 고향인 아라비아반도보다 그 주변인 이란이나 시리아, 특히 안달루시아에서 발달했고, 고대 오리엔트의 전통에 인도·이란·비잔틴·투르크 등 다양한 요소가 혼화混和된 것이다. 가령 고대 오리엔트의 전통 문양에 '생명의 나무' 사상을 반영한 식물 문양, 특히 포도 넝쿨이 무한히 뻗어나가는 모양은 카스피해 지방에서 재배하기 시작한 포도가 전 세계로 확산하면서 함께 전해졌다.

본래 유목 사회였던 아랍은 책이나 문자와 무관했다. 그들의 언어가 만든 최고의 산물은 암송하는 시였다. 이슬람 이전 그 주변 세계에서는 페니키아 계열의 히브리문자, 예수가 사용했다는 아람문자, 남아라비아문자 등이 사용되었지만 당시 아랍에서 문자의 필요성은 기껏 묘비명을 쓰는 정도에 그쳤다. 그러나 이슬람교가 시작되면서 문자가 널리 사용되기 시작했고 그 뒤 다양한 글자 예술이 발전했다. 그런 점에서도 이슬람은 위대한 문명의 종교이고 예술의 종교이다.

가베의 카펫

이슬람 중세 예술의 정수는 무엇일까? 세계 관광객이 다 모인다는 알람브라궁전처럼 이슬람 예술의 여왕이라고도 하는 왕궁 건축일까? 나는 왕이 살았다는 이유로도 왕궁을 싫어하지만, 건축이야 어느 문화에서나 가장 크고 화려한 것이니 굳이 이슬람 예술에서만 정수가 아니라고 할 수는 없다고 본다. 책이나 글자도 모든 사람이 삶 속에서 누린 예술은 아니지 않을까?

이란 출신 영화감독 모센 마흐말바프는 이란에 15만 명의 가베, 즉, 자기 디자인으로 카펫을 제조하는 사람이 있다고 했다. 수십만 명의 평범한 여성 가베가 짠 수백만 개의 작은 카펫 하나하나가 이슬람 예술의 정수는 아닐까? 정수일은 『이슬람 문명』에서 미술에 관해 회화나 공예를 상세히 설명한 뒤 카펫은 "이슬람 공예의 중요한 부분"이라고 딱 한마디 덧붙이고 말았지만, 나는 이슬람 나라에 가면 카펫을 파는 시장에서는 물론이고 호텔이든 식당이든 가정집이든 다양한 카펫에 황홀해진다. 세상에, 단 하나도 같은 것을 보지 못했다! 물론 내가 가본 곳은 기껏 몇 나라의 몇 개 도시에 불과하다. 그러나 마흐말바프의 말을 믿고 싶다.

카펫을 비롯한 직물은 이슬람 경제의 중심이어서 경제적으로는 물론 예술적으로도 가장 중요한 것이었다. 특히 중세에 그러했다. 아니 지금도 그렇다. 마흐말바프가 만든 영화 〈가베 Gabbeh〉(1996)에는 갖가지 꽃을 가마솥에 넣어 끓이고 거기에 실을 담가 다양한 색으로 염색한 후 그 실로 짠 카펫을 시냇물에 빠는 장면이 길게 나온다. 여성들은 그런 과정을 거쳐 만들어지는 다양한 색상의 카펫에 자신의 삶과 사랑과 마음을 투영했다. 카펫은 사회적 약자인 여성과 아이들의 자기표현이었다. 물론 결코 미화될 수 없는 힘든 노동의 산물이었다. 카펫의 추상적인 문양에서 그런 삶을 찾아내기란 힘들지만, 그것을 힘겹게 짰을 가베의 애환을 느끼기란 그다지 어렵지 않다. 아마도 중세, 아니 고대부터 지금까지 그러했으리라. 이 세상 모든 여성의 고통이리라. 그래서 너무나도 아름다운 것이 아닌가? 그 한 올 한 올이 그녀들의 눈물이어서 더욱더 아름다운 것이 아닌가?

이슬람에서 카펫은 사치품이 아니다. 카펫을 비롯한 직물은 뜨겁고 척박한 땅에서는 필수품이다. 중동보다 옷의 필요성을 절실하게 느낄 수 있는 곳은 없다. 낮의 뜨거운 햇살에 살갗을 보호하고 추운 사막의 밤과 겨울을 이기기 위해서는 당연히 옷이 필요하다. 반면 밤낮이 뜨겁지만 그늘에 들어가면 시원한 인도나 동남아시아, 아프리카에서는 옷이 필요 없다. 옷만이 아니라 의식주가 자연 속에서 구해진다.

그러나 중동은 다르다. 중동에서는 옷이 필수품이다. 그러니 옷은 사람을 구분하는 상징이기도 했다. 가령 양털로 만든 조악한 겉옷을 수프sūf라고 하는데 수프를 입은 금욕과 청빈과 명상의 평화주의자를 수피라고 했다. 수피의 흰옷처럼 순례자의 옷도 하얀 천 두 조각이다. 즉, 속세를 잊었다는 것과 하나님 앞에서 모든 무슬림이 평등하다는 것을 상징하기 위해 소박하고 단순해야 했다. 나는 평생 옷에 감동한 적은 없지만, 모로코에서 수피의 흰옷을 입었을 때만은 그야말로 온몸에 전율을 느꼈다.

직물은 옷만이 아니라 공간을 덮거나 나누거나 이용하는데도 사용되고 가구를 대신한다. 심지어 주택이나 피난처이기도 하다. 카펫이 깔린 공동 공간에 방석만 깔면 응접실이고 세탁할 수 있는 얇은 천만 깔면 식당이다. 그곳에서 공동 접시에 담긴 음식을 함께 먹는다. 그리고 카펫 위에 깔개와 이불을 펼치면 침실이다. 그 직물은 카펫을 짜는 가베에게는 가장 손쉬운 것이다. 카펫을 비롯한 모든 직물에는 계급이 없다. 모든 계층이 사용하기 때문이다. 거리의 거지에게도 카펫이 있다! 평등을 핵심으로 하는 이슬람교에 딱 맞는 것이라는 생각이 들 정도다. 물론 값비싼 사치품이나 고급품도 있었겠지만 이슬람교에서는 그런 사치를 항상 경계한다.

정수일은 이슬람의 대표적 공예로 금속 세공과 유리와 도자기를 들지만, 금속이나 유리와 달리 도자기는 귀족예술이 아니라 민중예술의 일부였음을 주목하지는 않았다. 게다가 도자기에는 '지식은 젊음의 장식이며 지혜는 황금관이다' 등의 교훈적인 내용을 아름다운 글씨로 새겼다. 또 초기의 추상주의적 기하학 문양과 꽃무늬와 달리 토끼·새·기수·무희 등 구체적인 형상까지 새겨 자연주의나 리얼리즘적 경향을 보인다. 그리고 도자기에 그려진 그림들은 당시 문헌에 기록되지 않은 서민의 생활상을 보여준다. 따라서 아라베스크만을 이슬람 예술의 특징이라고 보는 것은 편견에 불과하다. 추상주의에서 리얼리즘으로 변하는 예술 양식의 변모는 서양에서나 비非서양에서나 공통적으로 나타난다.

이슬람 건축

2018년 1월, 나는 예루살렘의 '통곡의 벽'이 아니라 그 위에 있는 '바위의 돔'에서 통곡을 했다. 바위의 돔은 예루살렘의 상징으로 이슬람 최초의 건축물이다. 7세기에 세워질 무렵 그곳은 폐허였다. 그곳에 있었던 유대교의 솔로몬 성전은 이미 그보다

7세기 전에 로마군이 파괴했다. 오랫동안 이 건물은 무함마드의 야간 여행을 기념하는 것으로 여겨졌지만 그 이야기는 9세기 이후에 나타나기 때문에 조작된 것으로 보는 것이 옳다. 바위의 돔은 그곳에 살던 무슬림들이 예배하기 위해 세운 모스크였고, 무함마드 전설은 그 뒤에 만들어진 것에 불과하다.

건물의 모자이크 장식은 대부분 환상적인 나무·식물·열매·보석·성배·왕관 등을 표현한 것이다. 인간이나 동물은 없다. 그러나 생명체를 표현하는 것이 이슬람 미술에서 처음부터 금지되었다는 주장은 사실과 다르다. 『코란』은 이 문제에 대해 전혀 언급하지 않는다. 절대자인 알라는 어떤 방식으로든 표현될 수 없다고 여겨져 형상화될 수 없고, 성자도 존재하지 않기 때문에 형상화될 수 없으며, 『코란』은 『성경』처럼 이야기가 아니어서 형상화할 사건도 없다. 즉, 형상화가 불가능하기에 없을 뿐이다. 바위의 돔이 세워질 무렵 아랍어의 표기법도 완성되어 바위의 돔에 새겨졌다.

이슬람 중세 최고의 궁전 건축은 두말할 필요도 없이 그라나다의 알람브라궁전이다. 그러나 알람브라궁전은 당시 가장 중요한 이슬람 궁전은 아니었다. 알람브라궁전을 지은 나스르 왕조는 작은 왕국을 다스렸을 뿐이고, 그보다 큰 티무르제국에는 더 화려한 궁전이 있었음을 지금까지 남아 있는 잔해로 알 수 있다. 사실 알람브라궁전은 그리 큰 궁전도 아니다. 밖에서 보면 결코 아름답다고 할 수도 없다. 안에 들어가야 질서와 우아함을 느끼게 되지만 그것도 그게 그거다. 안팎이 뒤섞인 점이 알람브라궁전의 특징이고 매력이라지만 역시 그게 그거다.

그래도 이슬람 건축은 우리 것처럼 천편일률이거나 위압

적이지 않아서 좋다. 서민 예술의 아라베스크 문양도 셀 수 없이 다양해서 좋다. 정수일은 이슬람 미술은 이슬람 문명의 통일성을 상징하는 공통성을 갖추고 있다고 한다. 그러나 알람브라와 타지마할에 무슨 통일성이나 공통성이 있단 말인가? 그 두 건물을 지은 사람들 사이에 무슨 공통성이 있었단 말인가? 정수일은 무슬림의 예배 장소인 마스지드의 구조가 모두 미흐라브(예배 인도 장소), 민바르(설교단), 미으자나(예배를 알리는 첨탑)를 갖추었다는 공통성이 있고, 그 밖에 돔과 아치 등에서도 공통성을 찾을 수 있다고 한다. 그러나 예배 장소의 구조야 당연히 그럴 수밖에 없는 것이 아닌가? 문제는 그 각각의 모양이다. 마스지드는 지역마다 다르다. 우리의 기와집이나 초가집처럼, 또는 사원이나 서원의 구조처럼 통일되어 있지 않다.

정수일은 이슬람 미술을 종교미술의 측면에서만 말하지만, 이슬람 미술에서 종교적 예술은 기독교미술이나 불교미술에 비해 매우 작은 역할을 보인다는 조너선 블룸Jonathan Bloom과 셰일라 블레어Sheila Blair의 견해에 나는 찬성한다. 근본적인 차이는 서양에서 기독교미술을 만드는 데 결정적 역할을 한 교회, 특히 교황이나 추기경이나 주교나 신부 따위가 이슬람에서는 없었다는 점이다. 그래서 서양과 달리 이슬람에서는 회화나 조각이 발달하지 못했다. 이를 이슬람에서는 인간 형상의 표현을 금지한 탓이라고 하지만, 이슬람 미술 자체가 신 자체를 묘사하기에 적합하지 않았기 때문이다. 신을 그린다니 황당한 것이 아닌가?

카펫이나 도자기 같은 서민 예술에는 더더욱 종교적 요소가 없다. 이슬람 예술을 일률적으로 이슬람교와 직결 짓는 태도야말로 19세기 서양 오리엔탈리스트들의 전형적인 수법이다. 이슬람 예술에서 종교적인 것은 도리어 책이었는데, 서양 미술에서는 이를 예술로 보지도 않은 것이다.

음악도 마찬가지다. 우선 같은 이슬람 음악이라도 아랍과 비非아랍의 음악이 다르고, 같은 아랍이라도 북아프리카와 이라크가 다르다. 같은 북아프리카라도 이집트, 모로코, 튀니지, 알제리가 서로 다르다. 나 같은 이방인이 들어도 서로 다른데, 그곳 사람들이야 얼마나 민감하게 그 다름을 알아챌까? 지금도 그러한데 중세에는 더욱더 다르지 않았을까?

인도가 그렇듯이 이슬람은 우리가 생각하는 것 이상으로 다양하다. 반면 우리 문화는 천편일률인데, 인도나 이슬람에 비해 너무나 좁은 땅이니 당연하다는 반론도 가능하지만, 우리의 천편일률은 중국이나 일본까지 포함하는 것이다. 지붕 모양을 비롯해 동양 3국이 서로 다르다는 이야기도 많지만 내가 보기에는 그게 그거다. 다르다면 일본의 우키요에浮世繪 정도다.

이슬람 음악

나는 '월드 뮤직'을 좋아한다. 서양 중심의 클래식이나 팝을 제외한 비서양의 모든 음악을 그 한마디로 묶는 파시즘에 혀를 내두르지만 여하튼 비서양 음악을 좋아한다. 물론 평생 즐겨 들어온 음악은 서양 음악이 압도적이고 그래서 베토벤이나 오페라에 대한 책도 썼지만, 베토벤은 민중 음악가라는 점을 부각했고 오페라는 계급성을 비판하기 위해서 썼다. 그 뒤에 월드 뮤직에 대한 최초의 연구서를 번역했지만 그런 책에 대한 관심은 여전히 낮다. K팝을 비롯한 한국 음악도 한국 외의 나라에서는 월드 뮤직의 하나에 불과하다. 미국에서 인기가 많다고 해도 팝에 드는 것이 아니다.

나는 이슬람 음악도 좋아한다. 그런데 '이슬람 음악'이라는 말을 사용해도 좋은지 의문이다. 이슬람교 성립 이전부터 페르시아 등에 음악은 존재했고 이슬람교가 그 음악에 미친 영향은 미술이나 건축보다 훨씬 미약하기 때문이다. 그래서 '아랍 음악'과 같은 지역에 따른 표현이 더 정확하다는 생각이 든다. 정수일은 이슬람 이전의 여러 음악이 융합해 '새로운 음악'인 이슬람 음악이 창출되었고, 이슬람교의 부흥과 궤를 같이하면서 발달했다고 한다. 하지만 이해할 수 없는 설명이다. 도리어 이슬람교 때문에 음악은 후퇴했다고 보는 것이 옳지 않을까? 아야톨라 루홀라 호메이니Ayatollah Ruhollah Khomeini 이후 여성의 연주회 출연이 금지되어 음악교육이 고사했듯이 말이다. 반면 이슬람교 이전부터 다마스쿠스에서는 시리아의 여성 가수 아자 알 마일라Azaa-al-Makla가 가장 유명한 가수로 음악회를 열어 상황을 이루었고 그런 전통은 현대 이집트 여성 가수 움-쿨숨Um-Kulthum에게 이어졌다. 음악 이론도 이슬람교 이전에 이븐 미스자Ibn Misjah가 성립했다.

『코란』에는 음악에 관련해 "소리를 낮추어 말하라. 실로 불쾌하기 그지없는 소리는 당나귀 소리인 것이다"라는 구절밖에 없고 무함마드는 해방 노예 빌랄 이븐 라바Bilal Ibn Rabah에게 아잔azān(예배의 시작을 알리는 소리)을 부르게 했다. 무함마드는 자신의 결혼식과 딸의 결혼식에서 음악을 연주하게도 했다. 그러나 아바스왕조의 법학자들은 우마이야왕조 귀공자들의 사치스럽고 무절제한 생활에 반발해 음악을 듣는 것이 적법한지 논쟁했고 칼리프들도 음악에 반대하는 경향을 보였다. 이는 셈족의 전통적인 청교도주의(『구약성서』의 예언자 이사야와 아모스)나 플라톤의 반反음악주의와도 통하는 것이므로 이슬람 특유의 것으로 보기는 어렵지만, 소위 정통 이슬람교에서는 음악을 음주처럼 타락한 것으로 보는 경향이 여전히 강하다. 그러나 음악을 중시하는 수피도 있다.

이슬람 국가들을 다녀보면 그곳에서는 미술보다 음악이 중요하고, 음악보다 문학이 중요하다는 느낌을 받는다. 문학은 예술의 하나라기보다도 독립된 학문의 하나라는 느낌이지만 음악도 학문의 하나라는 생각을 하게 된다. 문학을 뜻하는 아다브adab라는 말에는 우리가 말하는 문학(시·소설·희곡·수필·평론)이라는 개념과 함께 인문과학이라는 뜻이 있다. 아랍에서는 음악도 철학의 영역이자 수학과도 깊이 연관된다. 수학·철학·의학 분야의 대가들이 음악, 특히 노래의 복잡성과 공식 구조를 첨가했다. 음악 표기법을 비롯한 이슬람의 음악 이론, 형식, 악기들은 유럽으로 전달되었다.

특히 12~13세기 유럽 중세 음악에 엄청난 영향을 끼친 것은 분명한 사실이다. 악기도 아랍에서 온 것이 많다. 가령 알 우드al-'oud라는 이슬람 악기는 유럽에서 류트lute로 바뀌고 나중에 기타와 만돌린mandolin으로 발전했다. 스코틀랜드의 백파이프bagpipe는 아랍의 가이타ghaita에서 왔고, 영국의 하프와 독일의 치터zither는 이슬람의 콰눔qanun에서 왔다. 페르시아의 카만차kamāncha와 아랍의 라바브rabāb는 바이올린으로 발전했다. 유럽의 건반악기도 페르시아의 산투르santur 등에서 비롯되었다.

플라멩코, 아잔, 수피 춤

이슬람 음악에 대해 각 지역과 시대마다 수많은 이야기가 나올 수 있지만 여기서 모두 이야기할 수는 없다. 우리 음악과 관련해 한두 가지만 간단히 언급하겠다.

먼저 누구나 아는 플라멩코flamenco다. 세계 어디에서나 플라멩코 연주를 들을 수 있지만 역시 스페인에서, 그것도 그라나다에서 들어야 제맛이다. 플라멩코라는 말은 '시골의 방랑자들'이라는 뜻의 아랍어인 펠라 멘구fellah mengu에서 비롯되었다. 스페인 무슬림들이 스페인의 이슬람 제국이 멸망한 후 집시와 합류해 만들어낸 퓨전 음악이지만 그 뿌리는 중세 아랍 음악이다. 아랍 음악은 뒤에 브라질의 삼바samba, 멕시코의 하라베jarabe, 칠레의 쿠에카cueca, 아르헨티나와 우루과이의 엘 가토el gato, 쿠바의 라 과히라la guajira가 된다. 심지어 미국의 블루스도 이슬람 음악에서 비롯되었다. 미국 노예의 조상이 아프리카 무슬림이기 때문이다. 그러나 이러한 것들은 한국에 거의 알려지지 않았다. 월드 뮤직에 대한 책이나 방송에서도 전혀 언급되지 않는다. 이슬람 음악에 대한 책도 한 권 없다. 그러나 이슬람 음악을 들어보면 남미 음악이나 블루스와의 공통성을 충분히 느낄 수 있다.

심지어 우리 음악과도 유사하다. 특히 우리 음악과 마찬가지로 슬프다. 음악적으로는 슬픈 분위기가 반음에서 나온다고 본다. 판소리의 '반음 꺾는 목'처럼 말이다. 더욱이 아랍 음악은 반음을 다시 나누어 4분의 1음을 사용하기 때문에 더욱 슬프다. 그러나 이런 설명만으로는 무언가 부족하다는 느낌이다. 그래서 중요한 음악가 대부분이 해방 노예였던 탓인지 생각해본 적이 있다. 가령 이븐 수라이즈Ibn Surayj는 투르크 해방 노예로 가곡 68곡을 남기고 지휘봉을 처음 사용했는데 그것은 서양 음악가들보다 수백 년이나 앞선 일이었다.

해방 노예 중 가장 유명한 사람은 무함마드가 이슬람 최초의 아잔을 부르는 무에진muezzin으로 삼은 해방 노예 빌랄 이븐 라바다. 이슬람교의 모스크가 있는 곳에서는 하루 5번 반드시 듣게 되는 것이 아잔이다. "알라는 위대하다", "알라 외에 신은 없다" 등 7행 구절이 12개의 음악적 소절로 구성되지만 그 리듬과 멜로디는 지역마다 다양하다. 대체로 북아프리카에서는 단순한 반면 중동에서는 장식적이라는 느낌을 받는다. 기본적으로 음악은 곁들여지지 않지만 축제나 라마단 때는 음악도 사용되고 예언자의 생일에는 찬가도 연주된다. 첨탑 꼭대기에서 육성으로 외치는 것이기에 그야말로 트인 목청의 풍부한 음량이 요구되며, 장엄하지만 슬프다.

그런 아잔의 슬픔은 빌랄의 삶과 관련된다. 그의 이야기는 영화와 연극 심지어 애니메이션으로도 나왔다. 〈슬레이브 워〉는 2018년 5월에 한국에서 개봉한 것을 비롯해 전 세계에 최초로 데뷔한 아랍에미리트 영화로 화제가 되었다. 이 애니메이션의 내용이 어디까지 사실인지는 알 수 없지만, 이슬람 정복 전쟁 시기에 동생과 함께 노예로 끌려간 빌랄이 선지자를 만나 "위대한 사람은 운명을 선택할 수 있다"는 말에 희망을 품고 메카의 악덕 노예상에게 맞서 자유와 평등을 되찾기 위한 목숨을 건 전쟁을 벌인 뒤 최초의 무에진이 된다는 이야기는 스파르타쿠스의 이야기 이상으로 흥미롭다. 빌랄은 그 후 지금까지 아프리카와 터키 무에진 길드의 수호성인이다.

그러나 해방 노예 음악가가 많아서 아랍 음악이 슬프다는 이야기는 어떤 책에서도 본 적이 없으니 나의 유치한 상상에 그친다. 게다가 아잔은 이슬람에서 음악으로 치지도 않는다. 아잔은 이슬람 염불이라고도 하는데 불교의 염불도 음악이라고 하지는 않는다. 그러나 절에서 멋진 염불을 들을 때 감동하는 것처럼 나는 아잔을 듣고 곧잘 감동했다. 최근의 아잔은 스피커로 대체되는 경향이 있어서 감동은 덜하지만 작은 시골마을에서 듣는 노인의 아잔은 여전히 아름답다. 『코란』을 곡조에 맞추어 독송讀誦하는 것도 마찬가지다. 그런 독송은 모든 종교에서 이루어졌을 터인데, 지금은 이슬람교에만 남아 있는 듯해 안타깝다.

마지막으로 역시 음악으로 여겨지지 않는 수피 춤이 있다. "뱀이 그 껍질을 벗어버리는 것과 같이, 나는 나라는 껍질을 벗어버렸다. 그리고 나는 나 자신을 꿰뚫어보았다. 그랬더니 나는 그였다"는 바야지드 바스타미Bāyazīd Bistāmī의 말만큼 수피의 정신에 가까운 말이 또 있을까? 그런데 그것은 불교 경전인 『숫타니파타』의 말이 아닌가? 수피는 예수를 사랑의 복음을 설교한 이상적인 수피로 보았지만 부처도 수피가 아닌가? 수피 춤을 처용무의 도는 춤과 비교하는 사람들도 있지만, 나는 담담하고 점점 빨라지는 형식이 〈영산회상〉과 유사하다는 느낌을 받는다.

나는 수피즘의 금욕과 명상의 평화주의에는 동의하지만 그 신비주의에 대해서는 충분히 이해한다고 할 수 없다. 이슬람에 대한 자료에 비해 수피즘에 대한 책은 우리나라에도 의외로 많아서 자료가 부족하지 않은데도 그렇다. 수피 춤이 1923년 터키공화국의 수립과 함께 금기시된 것은 슬픈 일이지만, 그 이유가 수피 춤을 공화국 이념과 다른 종교적 환상주의를 조장하는 부정적 신비주의로 본 탓임은 주목할 필요가 있다.

　　한국에서 엄청난 인기를 끄는 루미의 집이나 무덤, 수피즘 수도원 등도 정부가 관리하는 관광지로 운영될 뿐 종교적 기능은 금지되고 있다. 이는 수피즘이 금욕과 명상의 종교에서 변화해, 특히 근대 권력과 자본의 비호하에 특권층 중심의 귀족 종단으로 관료화하고 정치화했다는 검은 역사와도 무관하지 않다. 이는 알리의 『석류나무 그늘 아래』가 서양의 비서양 정복을 시작하는 에르난 코르테스Hernán Cortés의 이야기로 끝나는 것과도 무관하지 않다. 이슬람이 타락하면서 서양의 세계 정복이 시작되었다. 그래서 근대 500년은 자랑스러운 역사가 아니라 부끄럽고 슬픈 역사다.

제10장

서양 중세의 제국주의

새 유럽의 역사

2013년 11월, 박근혜는 한·중·일 공동 역사 교과서 편찬을 제안했으나 아무런 진전 없는 물거품으로 끝났으며, 2015년 국사 국정교과서 편찬 작업을 진행하다가 역시 실패했다. 한·중·일 공동 교과서도 소위 '국정'으로 하려고 한 것인지 알 수 없지만, 적어도 국정교과서 제도가 없는 일본은 거부했을 것이다. 그 제안과 국정교과서 편찬이 어떤 관련이 있는지는 알 수 없지만 모두 박근혜의 입에서 나온 것임은 분명한데, 국사 국정 교과서와 달리 한·중·일 공동 교과서 제안에 대해서는 반대가 없었던 것이 나는 유감이다.

1992년 『새 유럽의 역사』라는 제목의 '유럽 공동의 역사 교과서'가 나오자 한·중·일, 나아가 아시아에도 그런 책이 필요하다는 주장이 제기되었다. 2005년 『미래를 여는 역사』라는 책이 나왔지만 교과서용은 아니었다. 『새 유럽의 역사』 집필에는 유럽 12개국 역사가가 참여해 한국어와 일본어를 포함한 15개 이상의 언어로 출판된 것에 비하면 한·중·일은 겨우 3개국인데도 아직 그런 공동 교과서를 만들지 못하고 있다. 게다가 『새 유럽의 역사』의 저자 중에는 일국의 수상이었던 사람도 있고 고등학교 교사도 있어서 흥미롭다. 교사가 5명으로 7명인 교수 다음으로 많다. 한·중·일에서도 그럴 수 있을까? 더 흥미로운 것은 민족이라는 관념이 탄생한 것은 불과 몇 세기밖에 안 된다는 서문의 언급과 그런 사관에 입각한 전체의 설명이다. 한·중·일 역사학자들도 그렇게 할 수 있을까? 그들은 여전히 민족이니 국가니 하는 것에 젖어 있지 않은가?

'최초의 진정한 의미의 유럽사'라는 평을 받은 『새 유럽의 역사』는 출간 3년 뒤 한국어 번역서가 나오고, 그 개정판 번역서도 2000년에 나왔다. 하지만 문제가 전혀 없다고 할 수 없다. 가령 「서장: 유럽의 정체성」에서는 지리적 특성, 언어의 다양성, 유럽 문명, 경제를 다룬다. 여기서 고대에는 사회성이 결여되었지만 중세에 기독교가 수도원을 창설해 19세기까지 사회적 재분배를 책임졌고, 19세기 초의 사회주의는 '세속 수도원'으로 중세를 이었으며 그것이 오늘의 복지국가가 된 것이 '유럽이 전 세계에 발산하는 매력'이라고 한다.

그러나 이런 설명은 중세 수도원의 기능을 과도하게 긍정적으로 본 것이 아닐까? 뿔뿔이 흩어진 수많은 봉건 영지의 혼돈 속에서 유럽 토지의 3분의 1을 소유한 교회가 유일한 중앙 집권 권력으로 경제를 독점해 농민을 착취한 것이 아닌가? 이처럼 서장과 본문 여러 장에서 문제 있는 설명이 많이 나타나는 것은, 각 장의 서술자가 다른 탓이기만 한지 의심스럽기도

하다.

특히 십자군에 대한 설명에서 십자군이 끔찍한 학살을 자행했다고 하면서도 십자군이 종교적 동기와 함께 경제적 동기가 있었던 것은 아니라고 한 점도 문제다. 그 근거로 당시 기록을 제시하는데, 그 내용은 사라센인들의 종교의식이 행해지던 불경스러운 곳이 십자군의 학살로 사라센인들의 피로 얼룩진 것은 '정당한 신의 심판'이라는 주장이다. 저자들이 이런 기록이 옳다고 생각해서 제시한 것이라고는 생각하고 싶지 않지만, 아무리 유럽사라고 해도 이슬람과의 전쟁을 언급한다면 이슬람 측 사료도 함께 보여주어야 공정한 설명이 될 것이다.

한편 2009년에 나온 타밈 안사리Tamim Ansary의 『이슬람의 눈으로 본 세계사』는 유럽에 대한 이야기를 서기 1081년부터 시작한다. 따라서 그리스·로마 시대의 고대사는 물론 중세 초기사도 다루지 않는다. 그래서 서양인의 눈으로 본 세계사가 아니라 이슬람의 눈으로 본 세계사를 기대한 나 같은 독자는 실망하기 마련이다. 사실 이슬람은 7세기 이후에 등장했으니 그 이후의 세계사만 이야기하는 것이 당연한지도 모른다.

여하튼 안사리는 11세기 유럽에 쟁기와 멍에와 삼포제가 등장해 유럽이 부유해지면서 팔레스타인으로 순례 여행을 가게 된 것이 곧 십자군전쟁으로 이어졌다고 설명하는데, 이 점은 서양인의 설명과 크게 다르지 않다. 그러나 십자군이 무슬림을 헤아릴 수도 없이 많이 죽이고 먹기까지 했다는 끔찍한 이야기는 서양인의 책에 나오지 않는다. 『로마제국 쇠망사』를 쓴 에드워드 기번은 십자군이 최초의 예루살렘 점령 시 7만 명을 죽였다고 썼는데, 이는 그곳의 무슬림은 물론 유대인과 동방에서 온 기독교인까지 몰살한 것이었다. 그러니 예루살렘에 살던 사람 대부분을 죽인 것이었다.

그리고 안사리는 12세기의 살라딘 등장 등 200년의 십자군전쟁사를 설명하면서 당시 무슬림은 그 전쟁을 오늘날 흔히 말하는 '문명의 충돌'로 보지 않았다고 말한다. 즉, 무슬림은 십자군을 문명이라고 보지 않고 야만으로 보았다는 것이다. 이는 기독교의 입장도 마찬가지였다. 그러니 '야만의 충돌'이라고 해야 할까? 그러나 공정하게 말하면 침략자인 십자군이 야만이었던 것이 아닐까?

유럽 역사의 미화

『새 유럽의 역사』에서 볼 수 있는 유럽사 미화는 희생자가 900만 명에 이른다고 하는 마녀재판에 대해 일언반구도 없는 점에서도 드러난다. 네로 황제의 기독교도 박해 이야기도 등장하지 않는다. 네로가 기독교도를 콜로세움에서 사자들에게 밥으로 주는 등의 방식으로 처형했다는 이야기는 물론 거짓이다. 왜냐하면 콜로세움은 네로 사후에 지어진 것이기 때문이다. 콜로세움이라는 이름의 유래도 원래 네로의 거대한 동상(콜로수스colossus) 자리에 지었기 때문이라는 설도 있다. 네로가 로마를 불사른 다음 궁중의 높은 누각에 올라가 리라를 타면서 노래를 불렀다는 것은 거짓이지만 그런 소문을 일소하려고 기독교인들이 방화했다고 죄를 뒤집어씌워 처형하기 시작한 것은 사실이다. 타키투스Tacitus는 네로가 기독교도에게 짐승 가죽을 덮어씌운 다음 사냥개를 풀어 물어 죽이게 했다고 한다.

『새 유럽의 역사』에는 콜로세움에서 글래디에이터들이 죽음을 무릅쓴 결투를 했다는 이야기도 없다. 그런 영화가 수없이 나오고 있는데도 말이다. 나의 영웅인 스파르타쿠스 Spartacus를 비롯한 노예들의 반란에 대한 언급도 없다. 그들이 제국의 식민지에서 끌려온 노예라는 이야기도 없다. 유대인 박해에 대한 이야기도 없다. 로마는 물론 중세 유럽도 언제나 거대하고 아름답게만 묘사된다. 로마에 엄연히 존재했던 빈민가나 불결한 뒷골목 등은 절대 묘사하지 않는다. 중세 유럽은 더욱 더럽고 비참했지만 그런 묘사도 없다.

중세가 암흑시대가 아니었다는 주장도 좋지만, 그렇다고 그 어두운 부분을 모두 없애고 고딕 성당이니 신학이니 철학으로만 아름답고 고상하게 포장해도 좋은가? 중세가 결코 '암흑의 시대'가 아니라는 이야기는 이제 진부해졌다. 그러나 그렇다고 해서 중세가 개명이나 계몽의 시대라고 할 수 있는 것도 아니다. 최근 과거 중세를 암흑이라고 부른 근대에 대한 반성에서 소위 포스트모던이라는 가치관이 생겨나면서 고대와 중세를 새롭게 조명하는 관점이 유행하고 있지만, 나는 그런 관점보다 중요한 것은 서양의 중세를 고대 서양의 제국주의에서 근대 서양의 제국주의로 이어지는 '중세 서양의 제국주의'로 보는 것이라고 생각한다. 이러한 관점은 서양의 역사 전체를 제국주의적 관점에서 보는 것을 뜻한다.

고대와 근대 제국주의 사이의 '중세 제국주의'

서양 고대가 그리스·로마를 중심으로 한 제국주의의 역사였음을 부정할 수는 없다. 그런데 지금까지 그것을 수치로 생각하기보다는 자랑스럽고 위대한 역사로 숭상해왔다. 가령 『새 유럽의 역사』에서도 그리스 초기의 식민지 정복에 대해 호메로스의 『일리아스』와 『오디세이』와 마찬가지로 정복욕과 모험심으로 가득 찬 그리스인을 '유럽적 인간상'으로 제시하며 찬양할 뿐, 피정복지 사람들에 대해서는 그리스 경제에 노동을 제공한 노예로만 언급할 뿐이다. 그리고 노예들은 차별에 하등의 위화감이나 불쾌감을 느끼지 않았다고 하며 노예제를 정당화한다.

또한 페르시아 전쟁은 헤로도토스Herodotos를 인용해 '민주정' 그리스가 '전제정' 페르시아에 '대항한' '압제와 자유'의 투쟁으로 설명한다. 특히 영화 〈300〉(2014)에서 묘사한 것처럼 "그리스의 자유가 구조되고 유럽이 아시아의 지배로부터 보호받게 되었"다고 말한다. 이러한 설명을 과연 유럽 중심이 아닌 공정한 역사 서술이라고 할 수 있을까?

또한 로마제국까지의 고대사나 1492년 콜럼버스의 아메리카 침략 이래 21세기 지금까지의 서양 근대사를 제국주의 역사로 보는 것을 부정할 수도 없다. 문제는 그사이의 중세인데, 중세를 제국주의의 관점에서 바라보는 역사학자가 드물기는 하지만 1993년에 나온 영국 학자 로버트 바틀릿Robert Bartlett의 『유럽의 형성: 정복, 식민지화 그리고 문화, 950-1350(The Making of Europe: Conquest, Colonization and Cultural Change 950-1350)』을 비롯해 최근의 여러 문헌은 나와 같은 관점을 보여준다.

바틀릿의 책 제목이 보여주듯 '정복과 식민지화'가 특징인 중세 유럽의 형성은 이른바 중세의 번성기라고 불리는 시기에 집중되어 있다. 바틀릿은 켈트족 세계에 대한 잉글랜드의 입식入植, 게르만족의 동유럽 이동, 스페인의 재정복(국토 회복, reconquista), 동지중해 연안 동부에 대한 십자군과 입식자의 활동, 전쟁과 정주화에 수반된 언어와 법과 신앙과 관습의 발전을 분석했다. 바틀릿은 950년부터 1350년 사이에 로마 가톨릭 세계는 식민지 침략으로 거의 2배 넓어졌다고 말한다.

이러한 중세 제국주의는 18~19세기 유럽의 제국주의와 공통점과 차이점을 모두 보여준다. 근대 제국주의는 선진국이 후진국에서 원재료와 시장을 필사적으로 찾는 것이었지만, 중세 제국주의는 1171년 영국인이 아일랜드에, 독일인이 중세의 동방 식민 운동에 의해 포메라니아Pomerania에, 카스티야인이 11세기 안달루시아에 각각 침략해 정주한 뒤 고향과 유사한 공동체를 재현한 것으로, 근대와 같은 종속적 식민지가 아니라 일종의 세포 분열과 같은 것이었다. 이러한 중세의 식민지화는 약 800년이 지난 20세기에 와서 이루어진 아일랜드 독립과 북아일랜드 문제와 같이 21세기에도 여전히 국제 문제로 남아 있다는 점에서 현재의 문제이기도 하다.

이처럼 유럽의 민족차별·인종차별·식민지주의, 그것들을 초래한 정신적 기질과 관습은 중세(더 거슬러 올라가면 고대)에 생겨난 것이다. 아일랜드를 식민지로 삼았던 영국인들은 똑같은 방식으로 버지니아를 식민지로 삼았다. 안달루시아의 무슬림인 무데하레스Mudejares를 정복한 스페인인들은 똑같은 방식으로 멕시코를 정복했다. 1492년 콜럼버스가 아메리카에 침략하기 훨씬 전부터 유럽의 가톨릭 사회는 깊은 식민지 사업 경험이 있었다. 따라서 중세는 포스트모던의 모델이 아니라 모던의 모델이다. 서양 근대가 제국주의 침략이라는 점에서 거부되어야 한다면, 그 기원인 유럽 중세와 고대도 거부되어야 한다. 서양은 '나쁜 근대'와 그 모델인 '나쁜 고대'와 '좋은 중세'로 이루어진 것이 아니다. 모두 '나쁜 서양'으로 비판되고 거부되어야 한다.

바틀릿의 견해에도 문제가 없는 것이 아니다. 중세의 어두운 측면 중에서 가장 중요한 것은 12세기 십자군전쟁의 시작과 함께 이단 처형이 시작되고 교황청은 더욱 강해졌으며 가톨릭은 완전무결한 존재라는 교리를 내놓아 그 권력이 극단에 이르렀다는 점인데, 바틀릿은 십자군 침략만을 강조하기 때문이다. 『새 유럽의 역사』는 이단 문제를 중세 도시 문화의 측면으로 설명하지만, 도리어 로마교회가 권력 확장을 위해 외부의 적으로 이슬람, 내부의 적으로 이단을 설정했다고 보는 것이 옳을 것이다.

그러다 십자군이 사그라지면서 교회의 헤게모니도 무너졌다. 영국에서 존 위클리프John Wycliffe가 『성경』을 영어로 번역하자고 하자 교회는 놀랐다. 사제가 『성경』을 해석해주는데 왜 대중이 『성경』을 읽어야 하느냐는 이유에서였다. 위클리프가 사제는 예수의 12사도처럼 가난해야 하고 교회 땅을 세속에 분배해야 한다고 주장하자 교회는 더욱 놀랐다. 같은 주장을 한 체코의 얀 후스Jan Hus는 화형에 처해졌다. 그리고 마르틴 루터Martin Luther가 등장해 결국 이단이 승리했다.

십자군 전통은 16세기에 콜럼버스 등의 침략으로 부활했다. 유럽은 여전히 콜럼버스를 위시한 침략자들을 숭배한다. 『새 유럽의 역사』에서도 "인도주의적인 이상들을 정립하게 되었고 다문화적인 사고와 연관된 새로운 전 지구적 역동성을 낳게 되었다"고 높게 평가한다. 그리고 그것은 "노예제라는 또는 인신매매라는 타락적인 현실과는 대조적"인 것이라고 한다. 그러나 수천만 명의 아메리카·아시아·아프리카 사람들의 몰살과 노예화와 인신매매를 그렇게 평가하는 것이 과연 공정한 역사관인가? 결론적으로 그 침략이 "유럽인의 도래는 일종의 충격을 야기했"으나 "좀더 장기적으로 보면 유럽의 우위가 점차 가시고 상호적인 영향력이 발휘되었다고 할 수 있다"는 식의 평가도 과연 공정한 것일까? 가령 조선에 대한 일본의 침략을 두고 조선에 '충격'을 주었지만 '상호 영향'을 주고받았다는 식의 설명이 가능할까? 그러나 『새 유럽의 역사』에는 그 뒤 최근까지의 유럽 제국주의에 대해서는 설명조차 없다.

중세와 중세 문화의 시작

흔히들 5세기부터 서양의 중세가 시작되었다고 한다. 5세기는 분열과 혼란의 시대였다. 로마제국이 위기를 맞자 이에 대처하기 위한 사상이 등장했다. 그중에서 가장 강력했던 것은 아우구스티누스의 『신국론』이다. 비슷한 시기에 중국에서는 불교가 성행했고, 불교가 시작된 인도에서는 힌두교가 성행했다. 2세기 뒤 아랍에서는 이슬람이 등장했다. 이처럼 4개 지역에서 새로운 시대가 시작된 공통점은 무엇인가? 최근 생태를 중시하는 학자들은 범세계적인 기후변화 때문이라고도 보는데 이는 참신한 견해로서 중시할 만하지만, 그것만으로 모든 것을 설명할 수는 없다. 나는 지배계급의 권력 남용과 사치가 더욱

심해진 탓으로 본다.

특히 '암흑기'라는 서양 중세를 낳은 위기는 로마에서 가장 심각했다. 노예제에 입각한 로마제국은 농업 생산 개선에 무관심해 극심한 위기를 초래했다. 6세기 후반과 7세기에 인구는 절반으로 줄어들었고 게르만족이 침입했다. 그 혼돈 속에서 중세의 새로운 질서가 형성되었다. 후기 로마제국의 자급자족적 영지와 새로운 정복자들의 촌락 공동체를 융합한 장원 중심의 질서였다. 각각의 장원은 자급자족 경제 단위로 주민들은 전적으로 토지에서 나온 생산물을 먹고 스스로 옷을 만들어 입고 살면서 생산물의 5분의 2는 영주에게 바쳐야 했다. 농민은 농노였기 때문에 토지나 영주를 떠날 자유도 없었다. 중세 초기에는 도시도 거의 없었다. 극소수의 도시도 대장원이나 교회를 위한 행정 중심지에 불과한 소규모 도시였다.

세계적으로 보았을 때 초기 중세 유럽은 그야말로 미개한 야만의 땅이었다. 그런 중세 유럽이 16세기부터 세계 제국으로 부상한 데 대해서는 여러 가지 설명이 있다. 그중 하나로 꼽히는 것이 기독교다. 하지만 기독교는 로마제국의 말기부터 중세 전반에 걸쳐 그런 부상에 어떤 기여도 하지 못했다. 기독교를 비롯한 어떤 인종적인 또는 문화적인 우월적 요소도 주장의 근거가 없다. 도리어 십자군전쟁을 비롯한 중세의 끊임없는 파괴적 종교 전쟁은 중세의 발전을 가로막았다. 당시 교황들은 군대가 도시를 약탈하고 어린이와 여성을 강간하고 살해해도 개의치 않았다.

중세 유럽은 당시 유럽보다 선진이었던 중국, 인도, 이집트, 메소포타미아 등에서 기술을 도입해 생산력을 서서히 발전시켜갔다. 그 최초의 기술은 6세기에 도입한 무거운 바퀴가 달린 쟁기였고, 이와 함께 동물의 배설물을 이용해 기름진 땅을 만드는 방목법이 도입되었다. 이로 인해 농산물 생산량은 50퍼센트나 늘어났다. 이어 황소 대신 말을 사용해 쟁기를 끌게 하고 콩과 작물을 이용해 지력을 회복하는 방법을 도입해 12세기에는 곡식 생산량이 2배로 늘어났다.

생산기술의 변화와 함께 영주(무인 영주와 성직자 영주)와 농민의 관계도 바뀌었다. 로마 시대의 낭비적인 노예제보다 농지의 일부 사유를 인정한 농노제가 생산적이었기 때문이다. 농노는 사유지에서 열심히 일을 해서 생산량을 높였고 영주의 수입도 늘어났다. 이에 따라 시장이 형성되고 도시가 부활하면서 자유로운 도시민이 나타났다. 그들은 차차 영주의 특권을 인정하지 않게 되었고 자신의 자유와 독립을 지키기 위해 여러 가지 제도를 만들었다. 왕들은 도시의 자치를 인정하면서 이를 이용해 영주들을 견제해 영주들 위에 군림하게 되었다.

도시 상인들이 영주의 자의적인 판결이 아닌 성문법을 요구하면서 법이 발전했다. 학문의 중심은 수도원에서 대도시에 새로 설치된 대학으로 옮아갔으며 학자들은 교회의 통제를 벗어나 돈을 받고 가르치는 직업인이 되었다. 당시 유럽에서 기독교가 아닌 문화란 그리스·로마 문화가 유일했기 때문에 학자들은 그것에 관심을 기울였다. 중세 사상은 흔히 스콜라주의라고 하는 논쟁을 위한 논쟁으로 오해되어왔지만, 적어도 12세기에는 신을 이성으로 이해한다는 점에서 근대적이었다. 그러나 십자군전쟁을 비롯해 계속된 전쟁은 그러한 발전을 저해했다. 경제가 나아지면서 왕과 영주는 더욱 사치에 젖었다. 이는 자신들의 신분적 우위를 과시하는 수단이었다. 영주들은 무수한 계급으로 분화되었고, 어떤 계급이든 농노나 상인이나 장인을 철저히 경멸했다. 교회도 마찬가지였다.

교회가 세속 권력과 갈등을 일으킨 적도 있었지만 계급적 사상을 소유한 점에서는 일치했다. 중세의 상징인 고딕 성당은 지배 권력의 표상으로서 신이 인간 사회를 만들었다고 강조한 표상이었다. 교회는 어떤 이단도 허용하지 않았고 14세기에 등장한 종교재판으로 그 극단을 보여주었다. 이와 함께 위기가 닥쳤고 농민들의 저항이 시작되었다. 농민들은 강제 노역과 농노제의 폐지를 주장했고 교회의 십일조와 영주에 대한 납세를 거부했다.

중세 기독교

서양 중세는 유일한 종교인 기독교가 지배했다. 서양만이 아니라 비서양도 마찬가지였으나 특히 서양에서는 타 종교에 대한 배척이 심했다. 서양의 중세는 종교가 지배한 1,000년이어서 암흑의 시대라고도 한다. 서양 중세의 기독교인 가톨릭은 보편적이라는 뜻인데, 이는 언제 어디에서나 진리라는 뜻으로, 그야말로 제국주의적인 속성을 가지고 있다. 가톨릭은 로마제국의 국교가 됨으로써 제국의 종교가 되었다. 기독교가 로마의 국교로 되지 않았다면 예수는 역사에서 사라졌을 것이다. 그런 의미에서 기독교는 제국적인 것이었다.

예수는 로마의 식민지에서 태어났다. 『성경』에는 유대교나 로마에 대한 복종을 주장한 듯이 보이는 부분과 저항을 주장한 듯이 보이는 부분이 병존한다. 이는 예수 생존 시 유대인들의 사상적 혼란을 반영한 것이자 기독교가 전파되면서 예수의 말이 변했기 때문이다. 『신약성서』는 2~3세기 이후에 편집되었다. 이러한 모순은 기독교가 계급을 초월해 전파되도록 해주었다. 노예제에 반대하지 않은 초기 기독교는 주로 도시 중산층에게 인기를 끌었다. 예수가 부자를 반대하지 않았다고 믿을 수 있었기 때문이다. 가난한 사람들에게도 예수의 말은 먹혔다.

이러한 보편성을 가진 기독교는 로마제국과 함께 세계로 전파되었다. 그리고 성장과 함께 관료화되어 위계 조직이 발달했다. 처음에는 신도들이 주교를 선출했으나 곧 성직자들의 주교 회의가 의사 결정을 독점했다. 이는 기독교 교리를 둘러싼 그노시스파Gnostics 논쟁으로 가속화되었다. 네 복음서와는 다른 「도마 복음서」를 근거로 예수를 신으로 생각하지 않고 선각자이자 영적 지도자로 생각한 그노시스파는 영혼은 물론 물질과 인간의 몸도 선하다며 기독교인은 영혼을 육체적 욕구에서 해방시킬 때 순수해질 수 있다고 주장했다. 이 견해는 교회를 불안하게 만들어 주교만이 이 문제를 해결할 수 있다는 선언으로 일단락되었다.

이후 기독교는 로마제국과 더욱 가까워졌다. 흔히 초기 기독교도는 로마 황제를 신의 권위를 부여받은 지배자로 인정하지 않아 박해를 받았으며, 기독교도가 되거나 자신의 종교적 입장을 고집하는 것은 엄청난 자기희생을 초래했다고 설명한다. 그러나 초기 기독교에 대한 탄압은 간헐적이었다. 〈쿼바디스〉 같은 영화나 소설에서 보이는 네로의 탄압은 네로가 일찍

쫓겨나면서 끝났고, 여타의 황제들은 기독교의 성장을 용인했으며, 심지어 호의적이기까지 했다.

기독교가 더욱 성장한 3세기에는 기독교 때문에 제국의 관료 조직과 군대 조직이 위험하다는 판단에 근거해 로마에서 대대적인 탄압이 이루어졌으나, 그런 조치들은 이미 무용했다. 제국은 교회를 자기편으로 끌어들이는 것 외에 다른 방법이 없었다. 기독교가 로마의 국교가 된 뒤 교회는 신정정치적 국가 속에서 종교를 담당하는 기관으로 타락할 수 있었으나, 제국 권력이 붕괴한 뒤 세속 지배자의 통제에서 독립된 역할이 주어졌다. 기독교가 제국을 장악하면서 이에 저항하는 반대자들에 의해 수도원 제도가 등장했으나 그것도 곧 기존 체제에 통합되었고 이어 강력한 권력 기구로 부상해 교황을 중심으로 한 지배 체제를 형성했다.

중세의 교회는 봉건적 예속 상태를 묵인했고 이단자를 박해했다. 중세까지의 일반적 정치 형태는 이집트의 파라오나 페루의 잉카처럼 지배자를 신성한 존재로 숭배하는 것이었다. 즉, 사회질서를 신성한 우주 질서의 일부로 보고 지배자가 하늘과 땅을 연결한다고 보는 절대적인 신정주의神政主義였다.

중세의 교회법학자들은 오류를 범하지 않는 기독교 신앙 공동체인 교회와 오류를 범할 수 있는 교황을 대비시키면서 공존을 주장했다. 교회의 최고 기관인 공의회와 교황의 병존은 뒤에 의회와 왕의 공존으로 변화되었다. 그리고 교황이 오류를 범하는 경우에는 교황에 우선하는 교회에 의한 처벌을 받아야 한다고 주장했다. 이는 뒤에 저항권으로 발전했으나 중세에는 무용했다.

중세의 질서란 신이 정하고 인간이 이성으로 인식할 수 있는 '자연의 법칙'에 의해 다스려진다는 기독교적 믿음에 근거한 것이었다. 이에 따라 비인간적 존재는 이 법칙에 따르고, 인간은 어느 정도의 자유가 있지만 그 자유는 절대적인 것이 아니라 신법과 자연법에 따라 행사되어야 하며, 사회나 통치도 마찬가지라고 믿었다. 개인의 자유로운 결정은 신이 정한 질서에 반항하는 것으로 간주되었다. 정치는 황제나 교황이 세속 지배자인 군주나 귀족을 통괄하는 것이었고 여기에 시민은 존재할 여지가 없었다. 복종 대상인 백성으로만 존재할 뿐이었다. 따라서 자유는 복종을 의미했을 뿐이다. 이러한 사고의 근본은 모든 것을 다스리는 질서의 패턴을 파악할 수 있다고 하는, 인간의 정신 능력에 관한 낙관주의였다.

기독교 없는 세상이 온다?

2018년 8월 한국을 방문한 테오도르 제닝스Theodore Jennings 시카고신학교 교수는 기독교가 타인에 대한 존중·배려·사랑이라는 가치를 스스로 죽이고 권력 기구가 되면 결국 교회는 사라질 것이라고 말했다. 그가 쓴 『예수가 사랑한 남자』보다 충격적인 이야기일지 모르지만 내게는 당연한 이야기로 여겨진다. 그는 기독교의 권력 기구화라는 조건을 전제했지만, 내가 보기에 기독교는 적어도 중세부터 지금까지 단 한 번도 권력 기구가 아니었던 적이 없으므로 기독교 없는 세상이 오는 것은 역사의 필연이라고 생각하기 때문이다.

제닝스는 이미 유럽과 미국은 기독교 사회가 아닌 세속

사회가 되었고, 도그마이자 기관으로서 기독교는 이제 의미가 없어졌다고 했다. 그는 종교인 기독교가 사라져도 우리 사회를 풍요롭게 한 사랑·정의·관용·환대 같은 가치들을 남겨서 인간의 얼굴을 한 사회를 만들어가는 데 공헌할 수 있게 해야 한다면서 애초에 『구약성서』의 인물들과 예수, 바울은 기독교인이 아니었다는 점을 기억해야 한다고 했다.

　나는 기독교만이 아니라 불교, 이슬람교, 유교, 힌두교도 종교로서는 모두 사라지는 세상이 조만간 온다고 본다. 아니 와야 한다고 생각한다. 사실 예수가 기독교인이 아니었듯이 부처도 불교인이 아니었고 무함마드도 이슬람교인이 아니었다. 그들이 가르친 사랑·정의·관용·환대 같은 가치들은 그들이 살았을 때나 지금이나 여전히 중요하다. 우리가 간직해야 할 것은 그런 가치이지 교회나 성당이나 절이 아니다. 그런 집들, 그런 권력 기관들은 없어지는 것이 훨씬 낫다. 최근의 세습 교회, 불교 분규, 종교의 보수화와 갈등 같은 것을 보면서 더욱더 그런 생각을 한다.

제**11**장
서양 중세의 사상

수염을 허하라

2018년 9월 14일, 턱수염을 길렀다는 이유로 비행기 기장을 징계한 것은 행동의 자유를 침해한 위법이라는 대법원 판결이 나왔다. 1심에서 위법이라고 보지 않은 반면, 2심에서는 내국인에게만 턱수염 금지 규정을 둔 것이 내·외국인 차별이라는 이유에서 위법을 인정했다. 턱수염이라는 사안이 21세기에 문제로 등장했다는 것 자체가 코미디고 그런 코미디를 옳다고 엄숙하게 판단한 1심 법원도 코미디지만, 그렇게 오락가락한 것을 대단한 사건인 양 보도하는 대한민국이라는 나라 자체가 코미디가 아닐 수 없다. 다른 나라에서는 중세에서야 논란이 되었던 사안이 발생한 것을 보면 우리는 아직도 중세에 살고 있는 것이 아닌지 의심스럽다. 게다가 그런 중세도 서양의 것이고, 우리의 전통과는 배치된다.

왜냐하면 동양 고전 중에서 '신체발부 수지부모 불감훼

上身體髮膚 受之父母 不敢毁傷', 즉 부모에게 물려받은 몸의 터럭 하나라도 감히 훼손해서는 안 된다는 『효경孝經』 첫 장의 유명한 구절을 최근까지도 들어왔기 때문이다. 최근 얼굴은 물론 머리까지 완벽하게 면도해서 항상 깔끔하다는 인상을 주는 김용옥이 그 구절을 서양의 천부天賦 인권설에 대응한 동양의 친부親賦 인권설에 입각한 인권 선언이라고 주장했다지만, 면도를 하든 안 하든 자신의 몸에 대해 스스로 결정하는 것이 인권이라고 생각하는 나는, 자식의 몸이 부모 것이라는 발상이나 이에 근거해 부모가 자식의 몸은 물론 인격에 대해서도 간섭하는 것은 반인권적이라고 본다.

그럼에도 나는 『효경』의 그 말을 몸을 소중하게 여기는 생태적 발상으로 본다. 인간의 몸은 다른 생명체와 마찬가지로 소중한 자연물이므로 함부로 훼손해서는 안 된다는 것이다. 이는 『예기禮記』「제의祭儀」편에서 공자가 '벌일목 살일수 부이기시 비효야伐一木 殺一獸 不以其時 非孝也', 즉 '나무 한 그루 베는 것, 짐승 한 마리 죽이는 것도, 자연의 때를 따르지 않으면 불효'라고 한 것과 통한다. 여기서 불효란 자연 파괴다. 즉, 보통 말하는 효도와는 아무런 상관없는, 인간과 자연의 문제로 보는 것이다. 즉, 부모란 자연이다. 인간은 자연에서 생겨나 자연으로 돌아간다.

나는 어려서부터 『효경』의 그 말을 들어왔는데, 머리칼이 빨리 자라고 얼굴에 털이 많아 애를 먹어서 더욱 그 말을 좋아했다. 중학교에 들어가면서 수염이 나기 시작해 놀림도 많이 당하고 교사들에게 꾸중도 자주 들었다. 그때는 제대로 된 면도칼도 없어서 수염을 가위로 자르거나 뽑았지만 다 없애지 못했고 얼굴에는 상처만 남아 항상 고통을 당했다. 군대에서 훈련을 받을 때는 면도를 몇 초 만에 하지 않으면 안 되어 특히 애를 먹었다. 내 사춘기와 청년기의 유일한 소원은 이발과 면도를 하지 않고 털이 나는 대로 그냥 내버려두는 것이었다.

그 소원은 30세가 넘어 처음 외국에 나간 일본 유학 시절에 비로소 이루어졌다. 가끔 만나는 재일 교포 어른들이 면도 하지 않는 것은 왜놈이라고 욕하는 바람에 가끔 깎아야 했지만, 그래도 매일 면도하지 않고 편하게, 정말 행복하게 지낼 수 있었다. 그 뒤 면도와 이발을 자주 하지 않아도 되는 것이 외국 여행을 자주 하는 중요한 이유 중 하나가 되었다. 물론 한국에 돌아오면 다시 열심히 깎아야 했다. 부모나 친지, 선배 교수들의 비난은 물론이고 학생들이나 길거리의 아이들도 이상하게 보기 때문이었다. 털을 보고 놀라는 손자들을 안아보는 데에도 몇 년이 걸렸다.

지금처럼 한 달에 한 번 정도 깎게 된 것은 40대 말 시골에 온 뒤에야 가능했다. 물론 68세가 된 지금도 여전히 비난을 면치 못한다. 그래도 20년이 다 되어가는 지금은 다들 포기한 것 같다. 그렇게까지 남의 용모에 관심이 많다니 참으로 이상한 사람들이다. 나는 그들의 용모에 전혀 관심이 없는데 왜 그러는가? 그래도 나는 명색이 대학교수여서 면도를 하지 않는 게 가능했다. 그 밖에는 예술가 등 자유직업이 아니면 불가능한 것같다. '제발 수염을 허하라!'가 내 인권 의식의 출발이었다.

수염을 기르면 왜놈이라는 소리도 들었지만, 사실은 그 반대다. 일제강점기 이전에 우리 조상들은 머리칼을 깎지 않고 묶어서 상투를 틀었고, 수염도 깎지 않았는데 일제강점기 이후 서서히 이발과 면도를 하기 시작해 언제부터인가 국민적 예의가 되었고 최근에는 여기에 성형수술과 화장까지 더해졌다. 그래서 한국인은 획일적으로 면도를 철저히 하는 민족이 되었다. 수염이 있거나 장발이면 이상한 놈 취급을 당한다. 나는 이런 면도와 이발의 자유가 없는 나라에서 살기가 너무 힘들고 싫다.

　　면도는 서양에서 왔다. 서양의 이발과 면도의 역사는 복잡하지만, 결정적인 역사는 503년 발생했다. 금욕적 특권층인 성직자를 일반인과 구별하기 위해, 지저분하게 머리나 수염을 길러서는 안 된다고 교회법으로 규정한 것이다. 그 후 중세 성직자들의 얼굴은 갈수록 번들거렸다. 1119년 주교 회의가 교회법 규정을 어기면 파문한다고 선언했을 정도로 더욱 엄격해졌다. 반면 일반인은 그때까지도 머리와 수염을 길렀고, 그 뒤에도 그러했다. 르네상스에 와서 중세의 이발과 수염의 금기는 완화되었지만 가톨릭에 반항한 마르틴 루터도 면도만큼은 좋아했다. 21세기까지도 가톨릭은 물론 개신교도 대체로 수염을 싫어해 성직자의 얼굴은 항상 번들거린다. 스님도 마찬가지다. 예외는 이슬람인데 거기에는 성직자가 없다. 그래서 나는 이슬람이라는 오해도 받는다. 심지어 빈 라덴이라는 소리도 들었다.

가톨릭 사상이라는 것

강성률 교수가 쓴 『서양철학사 산책』의 중세 편을 펼치니 구약 시대의 이스라엘 이야기부터 시작해 예수와 바울, 기독교 이야기가 나와 깜짝 놀랐다. 그런 이야기가 중세 편의 반 이상을 차지한 뒤 비로소 중세 철학 설명으로 들어간다. 내용에도 이상한 점은 많다. 가령 예수 시대에는 부자의 특권이 별로 없었고 가난이 수치가 아니었다고 한다. 그러나 당시 로마제국의 빈부 격차는 지금 이상이었고 인구의 반 이상을 차지한 노예는 신분적 예속은 물론 극심한 빈곤으로 극도의 수치 속에서 살아야 했다. 예수는 그런 시대에 가난한 사람들에게 복음을 전하려고 가난한 사람으로 세상에 왔다. 저자는 예수가 암기식으로 읽기와 쓰기를 배웠다고도 하는데 내 평생 처음 들어본 이야기다.

저자가 한 가장 황당한 이야기는 현재의 이스라엘-팔레스타인 분쟁이 아브라함의 불신앙에서 비롯되었다는 것인데, 이를 몇 번이나 강조해 더욱 황당하다. 즉, 아브라함이 하느님의 약속을 믿지 않고 적자를 낳기 전에 서자를 낳은 탓에 적자의 후손인 이스라엘과 서자의 후손인 아랍이 싸운다는 것이다. 홍길동식 서얼 차별을 주장하는 것은 아니겠지만 다분히 적자인 이스라엘이 서자인 아랍을 이기게 되어 있다는 식으로 이야기를 전개해 황당하기 짝이 없다.

더 황당한 것은 이스라엘이 세계를 통일하는 날이 예수 재림일이라며, 유대 민족의 '비상함'이 인류의 관심을 끌 만하다면서 유대인 재벌과 언론 등을 예로 들며 그 분쟁의 '결말'이 주목된다고 한 것인데, 아마도 아브라함의 적자의 후손인 이스라엘의 승리를 신의 섭리쯤으로 믿는 듯하다. 저자가 기독교인이라는 점을 감안하더라도 이러한 서술에는 문제가 있다. 그러나 이렇게 서술하는 사람이 그 한 사람뿐이겠는가? 기독교인 대부분만이 아니라 서양인은 물론 한국인 상당수가 그렇게 믿고 있는 것이 아닐까?

이런 관점에서 설명하는 '기독교 신학의 시녀'에 불과한 중세 철학에 대한 이야기는 보나마나가 아닐까? '예수 믿으세요'라는 말을 좀더 길게, 그럴듯하게 쓴 것 외에 무엇이 있을까? 아우구스티누스가 만들었다는 삼위일체설이니 원죄설이니 구원설이니 하는 것도 다 그런 소리가 아닌가? 그것을 왜 기독교도가 아닌 내가 알아야 하는가? 기독교에서만 알면 되지 왜 기독교와 무관한 내가 알아야 하는가? 서양에서야 기독교가 중세를 지배했으니 역사적으로 알아야 한다고 해도 왜 서양인도 아닌 내가 알아야 하는가?

중세 당시나 지금이나 서양보다 훨씬 인구가 많은 인도, 이슬람, 중국의 중세 종교를 서양인들이 알고 있는가? 세계사 책이나 철학사 책에 그런 이야기가 나오는가? 중세란 대체로 비슷하게 종교 지배의 시대가 아닌가? 그런 시대에 왜 서양철학만이 의미 있고 다른 세계의 철학은 무의미한 것처럼 취급되는 것인가? 게다가 기독교 교리를 왜 철학이니 뭐니 하며 야단들인가?

철학이 빈곤한 시대

저자는 『서양철학사 산책』에서 4부 중 1부를 할애해 중세 철학을 설명하지만 대부분의 서양철학사 책에서는 중세 철학에 대한 설명을 아예 생략하거나, 아주 간단하게 설명한다. 그 내용을 아무리 읽어보아도 기독교를 합리화하는 것뿐이어서 '중세 철학이란 가톨릭 어용 철학이다'라는 한마디로 끝내고 싶다.

그러나 아무리 잘 설명해보아도 그게 그거다. 아우구스티누스니 토마스 아퀴나스니 하는 사람들의 두꺼운 책을 읽어보아도 하품밖에 나오지 않는다. 이유는 간단하다. 내가 기독교를 믿지 않기 때문이다. 이것은 특정 종교의 철학이니 인간 보편의 철학이라고 할 수 없다. '가톨릭'이 보편적이라는 뜻이라고 해도 마찬가지다. 그들의 보편이지 나의 보편은 아니다. 아무리 읽어보아도 새로운 것은 아무것도 없다. 하다못해 이슬람의 이븐 할둔 같은 사람도 서양에는 없다.

내가 겨우 서양 중세에서 찾은 사상가는 다시시 프란체스코d'Assisi Francesco 정도다. 그러나 프란체스코는 서양철학사에서 전혀 다루어지지 않는다. 아무리 두꺼운 철학사 책에도 그의 이름은 나오지 않는다. 그러나 그는 내가 아는 서양 중세의 유일한 생태주의자다. 13세기 초에 그가 등장한 것은 그 무렵 유럽에 정착촌이 확대되면서 자연 파괴가 본격적으로 시작된 것과 무관하지 않다. 자연 파괴에 기독교가 기여했는지는 확실하지는 않지만, 95퍼센트를 차지했던 유럽의 삼림이 중세 말기에는 20퍼센트가 줄었다고 하는 클라이브 폰팅Clive Ponting의 『녹색세계사』를 믿는다면 기독교 세계의 자연 파괴는 다른 어떤 지역보다 빠르고 광범하게 나타났다고 할 수 있다. 그 파괴에 앞장선 것은 수도원이었다. 근대가 시작되면서 기독교와 수도원은 유럽을 벗어나 전 세계의 정복과 자연 파괴를 감행했다. 따라서 중세 기독교는 자연 파괴의 원흉이라는 점에서 새롭게 조명되어야 한다.

5세기에 서로마가 멸망한 뒤 8세기까지 유럽의 고대 노예제는 중세 봉건제로 변했고, 그사이 경제와 문화는 쇠퇴했다. 봉건사회의 특징은 복잡한 위계 제도였고 그것은 가혹하게 착취당하는 농민과 수공업자를 토대로 했으나, 차차 수공업자는 쇠퇴하고 농업이 경제의 중심을 형성했다. 교회는 모든 경작지의 3분의 1을 소유했을 뿐 아니라 문화 영역을 독점했으며 철학은 종교와 교회의 어용이었을 뿐이다.

서양 중세 철학은 '가톨릭 철학'으로, 전기의 교부철학과 후기의 스콜라철학으로 나누어진다. '가톨릭'은 지금 우리가 말하는 '가톨릭 성당'의 그것과 같지만 중세의 '가톨릭 권력'은 그 전후와는 완전히 다를 정도로 막강했다. 중세에도 로마 전통이 이어졌고 게르만 전통이라는 것이 새로 생겼지만 '가톨릭 권력'을 이기지는 못했다. 중세 사상가는 모두 성직자라는 점도 그 전후 시대와 다른 점이다. 모두 검은 옷을 입었고 신부나 수도자는 모두 면도를 했다. 오늘날 우리가 성당에서 만나는 신부가 종교는 물론 사상과 정치, 사회와 문화까지 모두 지배했다.

아우구스티누스와 아퀴나스

내가 기독교 교리에서 가장 황당하다고 생각하는 원죄설은 중세 철학의 아버지라고 하는 아우구스티누스의 발명품이다. 그와 같은 해에 태어난 영국 출신의 수도사 펠라기우스Pelagius는 신은 인간을 자유롭게 만들었으므로 인간은 자신의 자유의지로 선악을 선택해 행동할 수 있다고 했다. 그는 또 신의 은총이란 외적인 것에 불과하고, 아담의 죄는 완전히 개인적인 것에 불과하며 모든 사람에게 원죄가 있다는 설은 옳지 않다고 주장했다. 펠라기우스는 기독교의 초기 역사에서 최초로 자유의지를 주장했지만 그가 서양철학사에서 다루어지는 경우는 거의 없다.

자유의지설은 중세 위계질서에는 대단히 위험한 것이어서 황제는 그 주장자를 처벌했으며, 이에 반대하는 아우구스티누스는 원죄설을 내세웠다. 프랑스의 역사학자인 자크 르 고프Jacques Le Goff는 『서양 중세 문명』에서 펠라기우스의 주장이 득세했다면 당시 위기 상황이었던 유럽이 무정부 상태에 빠졌을지도 모른다고 했다. 그만큼 펠라기우스의 자유의지설은 위협적인 주장이었다. 그래서 아우구스티누스와 히에로니무스Hieronymus 등은 펠라기우스의 견해를 가톨릭 신앙의 기초를 무너뜨리는 대단히 위험한 주장으로 간주해 맹렬하게 반박했다. 결국 펠라기우스는 이단으로 선고받았다.

그러나 논쟁의 실제 이유는 이론적인 것이 아니었다. 펠라기우스가 교회를 도덕적 설교 단체로 보고 교회의 권력을 정신적인 것으로 한정한 것은, 교회의 위계질서에 대한 중대한 도전이었기 때문이다. 그래서 아우구스티누스를 비롯한 초기 기독교인들은 신의 은총과 원죄를 내세워 인간은 영원히 원죄가 있다고 주장했다. 이는 당시 해방된 자유민이 죽을 때까지, 그리고 자자손손 노예였다는 낙인을 달고 다니는 것과 같은 논리였다. 그래서 인간은 영원한 신의 노예로 남는다고 보았다. 그리고 신을 대리하는 교회는 노예의 주인처럼 인간을 지켜보고 검열하고 훈계해 도덕적인 존재가 되게 해야 한다고 주장했다.

아우구스티누스에 의하면 역사는 '신의 나라'를 강화하고 신에 귀의하는 사람들과 '지상의 나라'를 조직하는 악마 추종자들의 투쟁이다. 아담과 이브의 원죄는 인류에게 해를 끼쳤고, 타락한 인간을 구제하는 것은 전능한 신의 무한한 지혜뿐이고 지상의 대표는 교회이므로 교회만이 인간을 구제할 수 있고, 그러므로 영적 권력은 세속적 권력보다 우월하고, 가톨릭이 전 세계를 지배하는 것은 불가피하다는 것이 그의 철학이었다. 아우구스티누스는 가난한 사람에게 '빼앗길 수 없는 것만을 사랑'하라고 했다. 즉, 부가 아니라 신을 사랑하라는 것이었다. 이는 노예제도와 부자들의 사유재산을 옹호하는 것이었다. 아우구스티누스는 자신의 철학을 신비주의적이고 관념론적인 신플라톤주의 위에 세웠다. 그에게 영향을 준 플라톤의 이데아는 '창조 행위 이전 창조자의 사상'이었다.

아우구스티누스는 중세 말의 절대군주제에 이론적 근거를 제공했다. 특히 인간의 탐욕은 무한하므로 이를 방치하면 큰 사회적 혼란을 유발한다는 그의 주장은 뒤에 토머스 홉스 Thomas Hobbes의 절대 정부 이론의 기초가 되었다. 아우구스티누스는 로마 초기의 키케로Cicero와 달리 정의를 이성과 인간의 관계에서 찾지 않고 신과 인간의 관계에서 찾았다. 그리고 이성보다 질서를 중시했다. 그래서 질서가 지켜지는 곳에 정의가 실현된다고 보았다. 인간의 동물적 본능인 원죄를 통제하려면 강력한 국가가 필요하다고 본 점에서 아우구스티누스는 마르틴 루터와 장 칼뱅, 19세기 말의 사회진화론, 20세기의 전체주의나 보수주의와 같은 반反자유주의를 끝없이 되풀이하게 만든 원흉이었다.

아우구스티누스와 근대 사이에 토마스 아퀴나스가 있었다. 아퀴나스는 신분은 신이 내린 것이라는 이유에서 사회적 불평등과 착취 체계를 축복했다. 나아가 유일신과 마찬가지로 왕이 지배하는 것이 최선의 통치 행태라고 주장하면서도 그것이 전제로 흐를 가능성이 있음을 인정하고 그런 가능성을 배제하도록 통치를 가다듬어야 한다고 주장했다. 그러나 어떤 제도나 방법이 필요한지는 언급하지 않았다.

나아가 아퀴나스는 『신학대전』에서 고대 이스라엘에서 신이 처음부터 왕을 내세우지 않았다는 것을 들어, 군주정과 귀족정의 혼합을 주장한 아리스토텔레스의 전통에다가 민주정까지 혼합한 정체政體를 가장 완전한 통치 형태라고 주장했다. 그러나 아퀴나스는 민주정을 "사악한 정권이 다수에 의해 수행되는" 것이라고 멸시했다. 아퀴나스의 주장은 중세 후기와 현대 초기 정치사상의 토대로서 교회 통치와 세속 통치 모두에 적용되었다. 교회의 경우, 교황은 군주정, 추기경단은 귀족정, 공의회는 민주정에 해당되었고, 세속은 각각 왕, 영주, 평민 의회에 해당되었다. 아퀴나스는 이단을 사형에 처하는 것은 당연하다고 주장했고, 아리스토텔레스와 같이 노예제를 긍정했다.

프란체스코와 오컴

조이 A. 파머Joy A. Palmer가 편집한 『환경사상가 50인Fifty Key Thinkers on the Environment』 가운데 중세인은 프란체스코 한 사람뿐이다. 그는 1980년 생태학ecology의 수호성인으로 선언되었다. 그의 생애는 영화로도 여러 번 만들어졌는데, 2017년 10월에 한국에서 개봉한 〈성 프란체스코〉는 인간 평등과 무소유라는 교리 때문에 교황청과 대립하는 모습을 보여주었다. 그러나 대부분의 영화는 자연을 사랑하는 그의 청빈한 모습을 강조했다. 이 점에서 그는 아퀴나스와 대조적이다. 아퀴나스는 인간과 동물 사이에는 절대적인 구별이 있다고 주장했다. 아퀴나스만이 아니라 중세, 나아가 기독교 역사 전체를 통틀어 인간과 동물 사이의 엄격한 이원론에 반하는 지극히 예외적인 반체제 사상을 프란체스코는 주장했다.

근대 로마 가톨릭의 기초를 세운 아퀴나스가 오랜 세월 인간 이외의 존재를 경멸하고 냉담하게 취급해온 서양의 선구자였다는 점과 대조적이다. 프란체스코는 중세 사상의 주류인 스콜라철학에 기여한 바가 거의 없다. 그리고 여전히 수많은 기독교도가, 심지어 프란체스코파마저도 생태계와 동물의 권리에 주목하지 않는다.

중세 사상 중에서 가장 주목해야 할 사상은 자연권 이론이고 이를 체계화한 윌리엄 오컴William of Ockham이 가장 중요한 사상가다. 아퀴나스의 실재설實在說에 반대한 유명론唯名論을 주장한 그는 둘 이상의 명제가 대립할 때 가장 간단하고 단순한 것이 진실이라는 '오컴의 면도날'로도 유명하다. 영화로도 만들어진 소설『장미의 이름』의 주인공 윌리엄은 그를 모델로 했다고 한다.

오컴은 프란체스코회 수도사였는데, 교황에게 절대권이 부여되었다고 주장한 교황주의자에 반대해 그리스도는 그 신자의 자연권을 침해하는 권한을 베드로나 그 후계자인 교황에게 주지 않았다고 반박했다. 그는 교황이 최고권을 갖는다면 복음의 법은 자유의 법이 아니라 가장 두려운 속박의 법이 되고, 모세의 낡은 율법 이상으로 억압적인 것이 되며, 모든 기독교도는 교황의 노예가 된다고 주장했다. 따라서 교황의 주장은 단순한 오류가 아니라 이단이고, 인간은 태어나면서부터 노예가 아니라 자유인이기에 불가결한 자연의 자유를 빼앗을 권한이 없다고 주장했다.

오컴은 영적인 권력과 세속적인 권력이 다르다고 보았으나 두 권력 사이의 단절이 아니라 협력을 주장했다. 신에게서 나온 영적인 권력이 자율적이고 자기 고유의 영역에서 독립해 있는 것과 마찬가지로 세속적 권력도 그 통치자를 결정하거나 선출하는 사람들을 통해 신에게서 오며 자기 고유의 영역에서 독립해 있고 오직 자연법에 의해서만 지배된다고 보았다. 따라서 세속적 권력도 임의로 빼앗을 수 없으나 자연법이나 관습법에 의하는 경우는 예외라고 보았다. 자연법에 의한 경우란 그 통치자가 부적격자거나 실제로 공공선에 위험하다고 판단될 때라고 했다.

그러나 오컴조차 노예제를 부정하지는 못했다. 중세의 농노는 노예는 아니었지만 그렇다고 자유민도 아닌 중간 형태였으며, 노예도 많았다. 교회는 『구약성서』에서 노예제가 합법적인 제도로 인정되었다는 이유로 이를 비난하지 않았고 노예제는 아담의 원조가 낳은 결과라는 이유로 받아들였으며 모든 인간이 평등하다고 생각하지 않았다. 나아가 법학자들은 이를 실정법으로 정당화했다. 즉, 노예제는 시민법이나 만민법의 특색 중 하나로서, 그 법에 의해 인간은 타인의 소유권에 속하는 것이라고 했다. 따라서 자연법은 이론에 그쳤고 노예제는 중세 유럽 전역에서 합법화되었다.

교회는 노예 주인에게 노예를 부드럽게 대하라고 설교하

는 것에 그쳤다. 농노는 노예와 달리 가축이나 물건으로 취급되지 않았고 영주의 동의를 받아 성직자가 될 수도 있었다. 중세 말에 농노는 거의 소멸했으나 이는 종교적인 요인이 아니라 경제적인 요인에 의한 것이었다. 반면 아메리카를 침략한 이후 기독교가 세계적으로 전파되면서 새로운 노예제가 시작되었다.

노예제와 마찬가지로 종교적 박해도 중세에는 없어지지 않았다. 중세 신학자들은 양심에 따를 의무를 인정했으나 이는 종교적 자유를 인정한 것이 아니었다. 그들은 기독교의 진리를 강하게 확신했기 때문에 이단을 단순한 지적 오류나 판단 오류라고 생각하지 않고 선이 아니라 악, 신이 아니라 악마를 선택한 타락이라고 보았다. 교회가 국가를 지배한 중세에 이단은 그야말로 반체제 사범, 반국가 사범이었다.

나는 프란체스코를 따르는 것이 기독교를 살리는 유일한 길이라고 생각한다. 하지만 오늘의 기독교를 아무리 잘 보려고 노력해도 기독교는 조만간 없어질 것 같다. 그 이유 중 하나는 기독교가 아직도 중세적 영광에 젖어 있기 때문이다. 서양 문화의 중심이 기독교인데 기독교 없는 세상이 온다면 서양은 사라질까? 그렇지는 않을 것 같다.

털의 자유를 위해

중세 1,000년만큼 권력 기구로서 기독교 교회의 권위가 컸던 시대는 서양 역사에 다시없었다. 오랜 옛날, 역사 이전의 선사 시대에 모든 사람이 지배자나 계급 없이 자유롭고 평등했던 시대에는 자유의 범위가 대단히 넓었을지 모른다. 그러나 언제부터인가 자유는 특정인이 독점하기 시작했다. 가령 그리스·로마에는 노예가 인구의 상당수를 차지했다. 중세에 와서도 노예는 여전히 존재했다. 농노라는 이름으로 바뀌었지만 그 비참한 삶은 변하지 않았다.

우리의 노비는 서양 노예와 구별되는 인간적 성격을 띤다는 주장이 있지만, 이름을 무엇이라고 부르건 그 비참한 삶은 변하지 않는다. 아마 그들은 상투를 틀지도 못하고 그야말로 봉두난발로 살았을 것이다. 반면 양반은 『춘향전』의 이몽룡처럼 얼굴이 백옥 같았을지 모른다.

나는 내가 조선이 건국되었을 때 약 7퍼센트 미만이었다는 백옥 양반의 후손이라고 생각하지 않는다. 정말 양반의 후손이었다고 해도 아무 의미가 없다. 내 조상이 털이 많았는지 알 수 없지만 혹시 많았다면 산적이나 악당이고 쌍놈이었는지도 모른다. 소설이나 영화나 텔레비전 등에서 그렇게 묘사하기 때문이다. 그래서 임꺽정의 후손이었을지도 모르는데 팔자에 없이 양반인 박씨 족보에 실렸다고 농담한다. 나는 내 족보에 아무런 관심이 없다. 내가 박씨인 것은 그야말로 우연이고, 나라는 인간과는 아무 관련 없는 이름에 불과하다. 이름을 부르면 의미가 생긴다는 시 구절에도 아무런 감동이 없다. 이름이란 타인과 구별하는 하나의 표시일 뿐이다. 양반이니 뭐니 하는 것도 마찬가지다.

나는 수염이고 머리칼이고 간에 몸에 저절로 나는 것은 그냥 내버려두는 것이 가장 좋다고 생각한다. 마찬가지로 자연에 저절로 나는 것을 내버려두는 것이 가장 좋다고 본다. 나는

20년 전 밭을 2,000제곱미터쯤 사서 처음 경작할 때 내버려두는 것을 나름의 자연농법, 유기농법이라고 생각하고 그렇게 하고자 했다. 그러나 내 부모를 비롯해 사람들이 내 얼굴에 간섭하듯이 농사에 간섭했다. 면도를 하듯이 잡초를 다 캐내고 칼같이 농사를 지어야지, 그렇지 않으면 게으른 놈이라고 쫓겨난다는 소리도 들었다. 이웃 사람들은 기계로 갈아주겠다고 성화였다. 내가 1년 넘게 걸려 웅덩이 파는 것을 못마땅해하며 기계로 몇 분 만에 파주겠다고 한 이웃도 있었다. 한국에서는 유기농업도 힘들다. 모두가 면도하듯 논밭도 면도를 해야 한다. 이런 사회에서는 다양성이 없다.

　　털의 자유를 인정하라. 항공기 기장만이 아니라, 직장인만이 아니라, 군인만이 아니라, 학생에게도 털의 자유를 인정하라. 나는 털로 인해 사춘기를 열등감으로 보내야 했다. 털로 인해 오해받고 그렇지 않다는 것을 증명한답시고 갖은 노력을 해야 했다. 자연스러운 성적 증세에 대해서도 엄청난 죄의식을 느껴야 했고 자살까지 생각했다. 항상 음탕한 것만 생각하기에 털이 많다는 것이었다. 얼마나 터무니없는 세상인가!

제**12**장
서양 중세의 문학

도약의 순간

2018년 영국 BBC는 세계적인 역사학자 8명을 선별해 인류가
획기적인 도약을 한 역사적 '순간'을 하나씩 꼽아달라고 요청
했다. 그들이 뽑은 역사적 순간은 고대와 중세의 것이 각각 둘,
근대의 것이 나머지 넷이었다. 고대의 둘은 250만 년 전 육식
을 시작한 것과 기원전 7세기 그리스에서 시민 개념이 발명되
고 민주주의 정치가 출현한 것이었다.

　　중세의 것 중에 「마그나 카르타Magna Carta」야 당연하다
고 해도 1199년 프랑스의 문법 학자 알렉상드르 드 빌레디외
Alexandre de Villedieu가 라틴어 속성 교육법을 고안한 것은 의외
의 '순간'이었다. 12세기 말까지 라틴어를 가르치는 과정은 매
우 길고 어려워 엘리트 성직자가 아니면 교육을 받기도 소화
하기도 어려웠다. 빌레디외가 고안한 교육법은 시를 통해 라틴
어를 가르치는 것으로 이후 『교리Doctrinal』라는 책으로 출간되

어 중세 최대의 베스트셀러가 되었다.

그 뒤 대량 저작의 혁명이 일어나고, 엘리트 성직자뿐 아니라 평신도들도 라틴어를 배울 수 있게 되었다. 교육을 속세로 확대한 엄청난 도약이었다. 그러나 빌레디외가 역사책에서 다루어지는 경우는 거의 없다. 내가 본 유일한 예외는 피터 왓슨 Peter Watson이 쓴 『생각의 역사』였는데, 1,200쪽이 넘는 방대한 그 책에도 빌레디외는 인문학을 유해하다고 하며 『성경』만 읽으라고 주장한 고약한 '보수 꼴통'으로 소개되어 있을 뿐이다. 그의 라틴어 교육법도 사실은 『성경』을 읽는 것이 주목적이었는데, 결과적으로는 다른 분야의 책들도 읽을 수 있게 되어 근대를 낳는 계기가 된 것이었다.

이어 근대의 역사적 순간 넷이 모두 인문이 아닌 과학기술인 점도 의외다. 즉, 갈릴레오의 천문 관측(1609년 이탈리아), 혈액 순환의 발견(1628년 영국), 극미極微 세계의 발견(17세기 유럽), 증기기관의 발명(18세기 영국)이다. 갈릴레오가 망원경을 '천국'으로 돌린 이후 인간이 우주를 보는 시각은 달라졌다. 그러나 교회는 그를 유죄로 판결했고 교황청은 20세기가 되어서야 그가 맞았다는 것을 인정했다. 혈액이 순환한다는 것도 17세기 이후에 발견된 것으로, 의학 발전에 획기적인 사건이었다. 이는 현미경으로 세포를 발견하면서 함께 발견되었다. 그러나 가장 중요한 근대의 발명은 증기기관이었다.

우리가 근대라고 하는 것은 이처럼 과학적 발견이나 발명과 연관되고 인문과는 무관하다. 그러나 그것들이 그렇게 특별한 것일까? 그것들은 기껏 기술의 문제가 아닌가? 물론 단순한 기술의 문제가 아니라 우주와 몸, 사물을 보는 눈의 근본적 변화라고도 할 수 있다. 앞에서 말한 4가지 외에 개인주의나 자본주의나 자유주의 등의 이념이 근대의 중요한 요소라고도 주장되었다. 그러나 그 무엇을 들어보아도 그것은 서양이 근대에 와서는 다른 세계보다 우월하다는 주장을 하기 위한 것이었다.

그런데 최근 근대 서양이 결코 우월하지 않았다는 주장이 제기되었다. 우월한 것은 몇 가지 기술 분야에 국한되었고, 우연한 일도 많았기 때문이다. 가령 구대륙에서 신대륙으로 항해한 1492년 이후의 '지리상의 발견'이란 서양이 가장 용이한 위치에 있었기 때문에 가능한 일에 불과했다. 이는 지금도 우리가 남미에 가기 힘들다는 것을 생각해보면 쉽게 이해할 수 있다. 서양의 신대륙 발견은 요행이었고, 금싸라기 땅이었으니 더욱 엄청난 횡재였다. 총검과 질병의 침략으로 죽어간 원주민을 대신해 식민지를 건설할 수 있었기에 더욱 큰 행운이었다.

아시아의 사정도 비슷했다. 18세기까지 서양보다 인구가 많았고 기술이나 소득에서 앞선 인도와 중국의 기술이 급격하게 후퇴했다. 서양이 세계로 나아간 15세기의 중국(당시는 명나라)은 세계 최대의 제국이었으나, 서양과 달리 다른 나라를 정복하려고 하지는 않았다. 이는 중국이 유교 등의 영향으로 도덕적으로 발달한 탓이 아니라 '그런 생각' 자체를 하지 않았기 때문이다. '그런 생각'은 무한한 이윤 추구에 근거한 것으로, 다른 말로 자본주의나 제국주의라고 한다. 그것이 세계인 모두에게 받아들여진 것은 20세기 후반 이후다.

그러나 문제는 서양이나 비서양의 우월을 따지는 것이 아니라 고대-중세-근대라는 구분이 과연 본질적인 차이에 의한 것이냐는 점이다. 가령 전근대사회를 친족 사회라고 하는데, 이는 오늘날 인종이나 계급 또는 젠더라고 하는 것으로 인류를 구분하는 것과 크게 다르지 않다. 즉, 친족이라는 단위가 계급 등으로 변한 것에 불과하다는 것이다. 물론 다른 차원의 구별이 가능하다는 주장도 있을 수 있지만, 역사를 단절과 지속이라는 2가지 관점 중 어떤 것으로 볼 것이냐는 여전히 중요하다. 가령 자유나 평등이라는 차원에서 역사를 볼 때, 그것을 고대부터 근대에 이르기까지 꾸준히 확대된 지속의 과정으로 볼 것인지, 아니면 고대나 중세에는 없었던 것이 근대에 와서 폭발한 것으로 볼 것인지는 큰 차이가 있다.

인간적 기사 영웅 『엘 시드의 노래』

종래 근대는 1492년 콜럼버스의 아메리카 도착으로 시작되었다고 여겨졌다. 같은 해 7세기에 걸친 무슬림의 스페인 지배가 끝나고, 무슬림과 함께 유대인도 스페인에서 추방되었다. 이를 스페인에서는 레콩키스타Reconquista, 즉, 재정복이라고 한다. 엘 시드는 그 상징으로서, 재정복의 영웅으로 불린다. 그는 스페인 재정복의 영웅일 뿐 아니라 십자군전쟁의 실패로 좌절한 유럽이 이슬람을 재정복한 것의 상징이기도 하다. 그런 엘 시드가 서양 최초의 문학작품의 소재로 여겨진 것은 어쩌면 당연한 일이었다.

서양 중세는 라틴어라는 하나의 언어로 통일된 세계였다. 로마 시대부터 라틴어는 고전 라틴어와 통속 라틴어로 나누어졌고, 통속 라틴어는 8~9세기에 각 지역어인 속어로 정착했다. 그런 지역어는 중세적 국가의 성립과 함께 국민문학을 형성했다. 그중 하나가 스페인어로 쓰인 최초의 작품인 『엘 시드의 노래El Cantar de Mio Cid』다. 1140년에 처음으로 기록되었으며, 이를 토대로 한 영화가 1961년 앤서니 만Anthony Mann이 감독한 〈엘 시드〉다. 2003년 애니메이션을 비롯해 게임 등으로도 계속 만들어졌다.

앤서니 만이 연출한 영화는 내가 최초로 본 서양 영화였다. 1964년 중학교에 들어가면서 처음 살게 된 도시에서 처음으로 보았기에 지금도 기억이 생생하다. 당시 서울에서는 3개월 이상 롱런했고 지방에서도 학생들의 단체 관람 등으로 인기를 끌었다. 그전에 개봉한 〈십계〉나 〈벤허〉와 함께 한국인이 본 70밀리미터 필름의 대표작으로 그 뒤에도 극장에서 몇 차례 재개봉했고, 텔레비전에서도 여러 번 재상영되었다. 특히 현충일에 단골로 방영되는 영화였고 우리의 이순신에 비교되는 불운의 영웅을 이상화한 작품으로 감동을 주었다.

그 감동의 극치는 자신의 왕에게 진실을 서약하게 하는 장면, 자신을 핍박한 왕에게 끝까지 충성하기 위해 죽어가면서도 말을 타고 해변의 전장을 달리는 마지막 장면이었다. 애국이라는 것을 그렇게 감격적으로 보여준 영화는 나에게 다시없었다. 그러나 그보다 인상 깊은 것은 백마를 탄 은색 갑옷의 기사 모습이었을까? 그런 기사는 자신의 몸무게를 포함하면 200킬로그램이 넘어 실제 전투에서는 거의 쓸모없어 금방 사라졌다는 사실을 알게 된 것은 훨씬 뒤에 철이 들고서였다.

만 감독의 〈엘 시드〉는 서양과 아랍의 갈등이 1967년의 제3차 중동전쟁으로 노골화되기 전에 개봉했다. 하지만 이미

1948년 제1차 중동전쟁 이후 1956년 이집트의 가말 압델 나세르Gamal Abdel Nasser 대통령이 수에즈 운하를 국유화해 동서의 대립은 위기 상황에 있었다. 이런 역사를 무시하고 그 영화를 평할 수는 없다. 극악무도한 침략자인 이슬람 모로코(1950년대 아랍은 물론 제3세계를 이끈 이집트를 상징한다)가 악당으로 강조되는 첫 장면부터 이슬람에 대한 적대감을 기본으로 한 서양 중심의 제국주의를 정당화한다.

특히 우리는 이 영화를 현충일마다 보면서 서양의 영웅 엘 시드와 동일시해 반공의 북한과 반미의 아랍과 반일의 일본을 공통의 역사적 적으로 삼았다. 엘 시드는 모세나 벤허와도 같이 우리의 구국 영웅이었다. 그런 보편적 민족 영웅이라는 허상은 우리만이 아니라 냉전 체제하 미국의 안보 우산 아래 있었던 모든 위성국가가 공유했다. 그것을 할리우드 영화 몇 편이 조작했다니 정말 미국 영화의 힘은 대단했다. 어린 시절 나에게 엘 시드, 벤허, 모세 등을 연기한 찰턴 헤스턴Charlton Heston은 그야말로 영웅이었다.

그보다 긴 세월이 지나, 2009년과 2011년에 한국어 번역으로 읽은 『엘 시드의 노래』는 약 900년 전에 쓰인 것인 만큼 영화의 내용과 너무 달랐다. 영화는 젊은 엘 시드와 히메나의 사랑이 중심이고 그들의 두 딸이 어렸을 때 엘 시드가 죽는 내용인데 반해 『엘 시드의 노래』에는 그런 내용이 전혀 나오지 않고 도리어 히메나와의 사이에서 낳은 두 딸의 결혼과 두 사위와의 갈등, 딸들의 재혼 이야기가 중심이었다. 특히 영화의 감동을 배가시킨 마지막 종군 장면도 없다. 더 큰 차이는 『엘 시드의 노래』에 나오는 엘 시드는 영웅답지 않은 평범한 인간으로, 비루한 일상에서 벗어나려고 몸부림치면서 궁지에 몰리면 사기도 치고 아군과 적군을 오가기도 하는 기회주의자의 면모도 보인다는 점이다. 반면 영화의 엘 시드는 그야말로 영웅 중에서도 영웅, 그야말로 성웅聖雄이었다.

그래서 『돈키호테』의 그림자도 보이는 인간적인, 너무나 인간적인 『엘 시드의 노래』는 중세 유럽의 다른 영웅 문학작품과도 차이를 보인다. 『엘 시드의 노래』를 포함한 중세 영웅 문학은 낭만주의의 주장처럼 민중문학이라고 볼 수 없고 계급적인 궁정문학으로 보아야 한다는 아르놀트 하우저Arnold Hauser의 견해는 옳지만, 중세 문학 중에서는 그래도 『엘 시드의 노래』가 민중적이라고 여겨졌다. 그러나 장군은 어디까지나 장군이다. 그들이 민중과 무슨 상관이 있겠는가? 모두 착취자일 뿐이다. 동서고금 언제 어디에서나 장군은 착취자였다. 심지어 이순신도 마찬가지다. 왕은 두말할 필요도 없다.

잔인한 전쟁 예찬 「롤랑의 노래」와 풍자

12세기에 프랑스어로 쓰인 최초의 십자군 무훈시인 「롤랑의 노래La Chanson de Roland」는 승리자가 아니라 패배자의 눈으로 무슬림과의 전투를 노래한다. 하지만 그렇다고 해도 역시 마찬가지로 잔인한 전쟁물이다. 죽음으로 나라를 지킨다는 식으로 히틀러까지 정치적으로 악용한 「니벨룽의 노래Nibelungenlied」도 마찬가지다. 그러니 「롤랑의 노래」나 「니벨룽의 노래」는 영화로 만들어지기 어렵다. 그나마 「베어울프Beowulf」 정도가 영화로 만들어질 수 있다. 그래도 「롤랑의 노래」나 「니벨룽의 노래」가 제2차 세계대전 때까지 프랑스와 독일의 병사들에게 각각 영웅담으로 읽혔다니 참으로 인간의 역사는 이해할 수 없다. 우리에게도 전쟁기념관이라는 황당한 박물관이 있지만 서양의 박물관이라는 것은 명실공히 전쟁 찬양관이다. 나는 전쟁기념관을 만들려고 할 때 반대했다가 상이군인들에게 엄청난 욕을 먹은 적이 있다.

전쟁이나 영웅에 대한 예찬은 『일리아스』 이래의 변함없는 서양 문학의 전통이다. 그래서 나는 서양의 고대나 중세 문학이 싫다. 진저리나는 전쟁 묘사를 왜 읽어야 하는가? 가령 몇 번이나 번역된 「롤랑의 노래」는 "이교도의 두 눈이 튕겨 나오고 골수가 그의 발꿈치까지 질질 흘러내린다"는 식의 잔혹한 묘사로 흘러넘친다. 게다가 롤랑은 무모한 장군으로, 신의 이름을 내세워 병사들을 어이없이 죽게 한다. 그러나 「롤랑의 노래」는 그런 장군을 역시 성군으로 찬양한다. 참으로 이해하기 어려운 중세의 전쟁 문학이다. 「롤랑의 노래」는 십자군이라는 이름의 성전聖戰 문학이라고도 하지만 오늘날 성전이라고 하는 것들처럼 허구일 뿐이다. 고대나 중세만이 아니다. 근대나 현대도 마찬가지다.

유럽에 가면 동네마다 박물관이 있지만 무기나 전쟁 이야기를 빼면 아무것도 남는 게 없다. 유물이라고는 대부분 전쟁과 관련된 것이다. 루브르박물관이라고 하는 국가적 차원의 박물관은 더욱 그렇다. 그림이나 조각도 전쟁이나 전쟁 영웅을 찬양하는 것이 대부분이다. 그런 것을 자랑이라고 걸어놓고 매일같이 보면서 좋았던 옛날이라고 하는 것이야 그들의 자유겠지만, 그런 것들을 다시 오페라나 영화, 텔레비전 프로그램이나 게임 등으로 만들어 즐기는 것도 그들의 취미겠지만, 그런 것을 우리가 왜 함께 즐기는지 의문이다. 반면 전쟁을 비판하고 평화를 추구하는 문학이나 예술은 참으로 보기 어렵다. 나는 오래전에 『총칼을 거두고 평화를 그려라』라는 미술책을 쓴 적이 있는데, 그 책을 쓰려고 몇 번이나 서양의 미술관을 그야말로 방방곡곡 찾아다녔지만 전쟁을 찬양한 그림은 산더미인 반면 평화를 그린 그림은 눈을 닦고 보아도 없었다.

그러나 프랑스 중세 문학에 잔인한 전쟁 예찬만 있는 것은 아니다. 최근 두 차례나 번역된 『여우 이야기』는 귀족계급과 교회를 풍자하는 우화들로 「롤랑의 노래」와 같은 기사도 문학이나 봉건적 풍습도 풍자한다. 그 밖에도 프랑스 최초의 위대한 서정 시인인 뤼트뵈프Rutebeuf도 귀족과 성직자와 부르주아를 비판했으나 아직 그의 작품은 우리말로 번역되지 않았다.

파멸하는 폭력 「니벨룽의 노래」와 저항시

우리에게 「니벨룽의 노래」는 리하르트 바그너Richard Wagner의 오페라 〈니벨룽의 반지〉로 유명하다. 그러나 같은 역자에 의해 1990년에 초역이(그러나 역자는 초역이라고 하지 않아 혼란스럽다), 1996년에 완역이 처음 나온 「니벨룽의 노래」는 바그너의 오페라와는 매우 다른 이야기여서 놀란 적이 있다. 가령 바그너의 오페라에서 주인공 지크프리트는 마지막에 나오는데, 본능에 충실할 뿐 자신의 삶이나 경험에 대해서 지극히 무자각적이고 무의식적으로 행동한다. 그래서 그를 '조숙한 보이스카우트'로 부르거나, '우둔한 골목대장이다가 결국은 자신을 속이는 사기

꿈'으로 보는 견해도 있다. 바그너의 또 다른 오페라 〈파르지 팔Parsifal〉의 주인공 파르지팔도 마찬가지로 '순수한 바보'로 불린다.

테오도어 아도르노Theodor Adorno는 지크프리트를 "결코 고칠 수 없는 단순함의 제국주의적 불량배"라고 불렀다. 이를 나치 시대 지크프리트적 인간상에 대한 엄청난 숭배에 반발한 것으로 이해한다고 해도 결코 과장이라고는 할 수 없다. 지크프리트는 자존심이 강하고 공격적이며, 무엇보다도 정신이 결여된 북방 유럽의 영웅이다. 바로 히틀러다. 오로지 파멸과 죽음으로 치달아가는 신비의 존재로, 좌절과 고난과 파멸을 영웅의 삶으로 미화한 것이다.

바그너나 히틀러가 보여주는 인간상은 체제에 철저히 복종하는 로봇 군대 같은 존재이고, 그들이 보여주는 세상은 독재자인 그들이 로봇 군대를 동원해 벌이는 전쟁의 세상이다. 거기에 니체의 초인을 더할 것인지 아닌지는 독자의 선택 문제지만, 나는 니체 역시 바그너와 히틀러와 동일하다고 본다. 예술과 사상, 군대의 기묘한 결합이 나치즘이다.

「니벨룽의 노래」는 지크프리트와 그의 죽음, 훈족의 궁궐에서 이루어지는 부르군트족의 멸망이라는 2가지 줄거리로 구성되는데 그 둘을 연결하는 존재가 크림힐트다. 그녀는 앞 이야기에서는 지크프리트의 구애를 받는 사랑스러운 처녀지만, 뒷이야기에서는 음울한 혈족의 순수와 명예를 지키려는 복수의 화신으로, 통일성이 전혀 없다. 다른 등장인물들도 마찬가지로 통일된 개성이 없이 운명에 따른다. 작품 전체가 한 사건의 운명적 전개로 이루어지는 점에서 다른 중세 작품과 다르다. 그래서 니체의 운명애Amor Fati 같은 것이 작품을 관통한다. 번역자는 다른 중세 작품과 달리 궁정풍의 호화로운 전개가 나오지 않는다고 하지만 그것이 비극적 종말에 대한 예감으로 음울하게 묘사되는 것은 분명하다.

또 번역자는 「니벨룽의 노래」를 "처음으로 게르만적 영웅 전설을 바탕으로 한 '진짜' 독일 문학"이라고 하지만, 그것은 수용자인 기사층의 몰락으로 생기자마자 사라져 19세기까지 잠들어 있다가 다시 태어났으니 '진짜'라고 할 수 있는지 의문이다. 그사이 독일은 신성로마제국 황제 프리드리히 1세Friedrich I가 나오는 「키프호이저Kyffhäuser 전설」이 지배했다. 「니벨룽의 노래」는 19세기 초 나폴레옹 전쟁에 패해 나라가 위기에 빠졌을 때 비로소 「키프호이저 전설」을 대신해 등장했다. 그래서 「니벨룽의 노래」는 다른 중세 문학과 달리 일정한 양식을 형성하거나 일련의 문학을 형성하지 못했고 겨우 19세기 말에 오페라로 재현되었다. 그런 점에서도 '진짜' 독일 문학이라고 하기 어렵다.

「니벨룽의 노래」를 '진짜' 독일 문학이라고 할 사람은 누구보다도 '진짜' 독일인임을 자부한 바그너와 히틀러다. 바그너는 그를 숭배한 루트비히 2세Ludwig II에게 그 작품을 아리안족 특유의 예술 작품이라고 설명했다. 바그너가 〈니벨룽의 노래〉에서 예언한, 배반으로 인한 1918년의 독일제국 붕괴는 바그너의 후계자이자 그의 정신적 아들인 히틀러의 급격한 등장으로 새로운 전개를 맞아 혁명적으로 재생했다. 그 결말은 처음부터 분명했다. 바그너는 친구에게 보낸 편지에서 〈니벨룽의 반지〉는 예술이나 악극과 무관하고 오로지 가혹한 전쟁을 불러일으키는 것으로 설득이나 획득이 아니라 오로지 일소하기 위한 것, 파멸을 위한 것이라고 했다. 1910년 린츠Linz에서 〈니벨룽의 반지〉를 본 히틀러는 자신의 운명을 결정했고, 그 비극처럼 1945년까지 독일을 비롯한 세계를 파괴하려다가 실패하고 자살했다. 흔히 예술과 문학과 철학의 나라 독일에서 어떻게 히틀러 같은 괴물이 등장했는지 의아해하지만 독일은 중세 이래 줄곧 그러했다.

나치 시대에 독일은 게르만족의 기원을 찾는다는 명목하에 영웅전설과 신화를 비롯해 민족의 근원을 찾으려고 애를 썼으며 같은 취지로 엄청난 수의 역사 문학작품이 쓰였다. 여기에는 「니벨룽의 노래」와 유사한 작품으로, 13세기에 성립된 아이슬란드의 「뵐숭가의 사가Völsunga Saga」가 포함된다. 사가Saga 중 우리말로 번역된 것은 「냘의 사가Njáls Saga」 외에 없어서 비교하기는 무리지만 사가는 사실주의, 절제되고 객관적인 문체, 인물 묘사, 압도하는 비극적 장엄함에서 다른 어떤 중세 문학보다도 앞서 있다.

독일 중세 문학에서 내가 주목하는 것은 독일어권 최초의 정치문학을 쓴 발터 폰 데어 포겔바이데Walther von der Vogelweide다. 발터는 중세 최고의 서정 시인이며 교황청이 성직을 매매한다고 비난한 인물로, 마르틴 루터의 선배다. 그러나 마르크스와 프리드리히 엥겔스Friedrich Engels의 『공산당 선언』 이전에 나온 사회 비판적 독일 문헌 중에서 가장 유명한 것은 루터가 쓴 책이 아니라 그를 비판한 토마스 뮌처Thomas Münzer가 「충분히 이유 있는 변론」에서 한, "똑똑히 보라고. 고리대금업, 도적질, 강도질의 진수는 우리의 지배자와 제후들이다. 그들은 모든 피조물을 소유물로 삼는다"로 시작하는 문장일 것이다.

『아서왕과 원탁의 기사들』과 『농부 피어스의 꿈』

『엘 시드의 노래』보다 3세기나 빠른 8세기 초에 고대 영어로 쓰인 「베어울프」는 권력이나 재물에 집착하지 않고 백성을 위해 목숨을 바친 고결한 영웅들의 이야기라고 하지만, 실상은 잔인한 전쟁을 이끈 장군의 이야기다. 영어로 쓰였으나 그 무대는 영국이 아니라 북유럽이다.

중세의 영국 문학으로 나에게 가장 선명하게 남아 있는 추억은 『아서왕과 원탁의 기사들』이다. 1958년에 처음 우리에게 소개되었다는데 초등학교 몇 학년 때에 어떻게 읽었는지, 무엇을 번역한 것인지는 기억하지 못하지만 지금도 번역되어 나오는 토머스 불핀치Thomas Bulfinch나 제임스 놀스James Knowles 등의 영어책을 번역한 것으로 짐작한다. 불핀치는 『그리스·로마 신화』의 작가로도 유명한데 1855년에 쓴 것을 100여 년 뒤 이윤기가 편역해 우리나라에서도 베스트셀러가 되었다. 최근에 나온 놀스의 번역판도 1860년에 나온 것이다.

서양에서는 아서라는 위대한 왕과 그 충신들에 대한 신화가 19세기에 쏟아져나왔는데, 그것을 21세기 한국에서 다시 찍어내는 것에 대해서는 비판적인 검토가 필요하다. 그 시작은 세계대전의 발발과 함께 독일의 침략에 대항해 영미인의 저항을 부각하고자 한 것이었다. 최근에는 서양에서 판타지 복고 붐을 타고 다시 텔레비전 프로그램이나 애니메이션, 영화로 널리 보급되고 있다.

중세 유럽에서 예수 그리스도 다음으로 유명한 인물이었던 아서왕 신화의 원형은 15세기 후반 영국의 토머스 맬러리 Thomas Malory가 쓴 『아서의 죽음』이다. 하지만 아서에 대한 최초의 기록은 9세기로 거슬러 올라간다. 이 신화에서 최고의 영웅은 아서가 아니라 그의 부하인 랜슬롯이고, 최고의 이야기는 아서의 아내인 왕비 귀네비어와 랜슬롯의 불륜이다. 사실 불륜은 모든 등장인물과 관련되어 이야기 자체가 불륜 백화점 같다.

아서도 불륜으로 태어나고 아서의 기사 트리스탄도 이졸데와 불륜을 저지른다. 이는 아름답고 고귀한 부인을 연모하는 기사도 사랑이나 궁정 연애의 전형이다. 실제로 결혼에 속박되지 않은 고귀한 사랑으로서의 불륜은 중세 궁정 사회에서 유행했다. 당대의 결혼관을 대표하는 『연애론』(13세기 후반)에서 앙드레 르 샤플랭André le Chapelain은 부부 사이에는 진실한 사랑이 있을 수 없다고 했다. 당시 결혼이 사업적 이해관계나 권력적 동맹 관계의 성격을 띠었기 때문이다.

아서왕 신화는 성배 이야기로 확대되면서 트리스탄이라는 철부지를 낳았고 이는 바그너의 오페라를 거쳐 영화 〈인디아나 존스〉나 〈다빈치 코드〉(2006)까지 이어진다. 최후의 만찬 당시 썼던, 예수의 피를 받은 잔이라고 하는 것부터 황당무계하지만 서양에서는 아직도 그것을 둘러싸고 야단법석이다. 아서왕 신화는 제임스 조이스James Joyce의 『율리시스』나 T. S. 엘리엇T. S. Eliot의 「황무지」 등에 영향을 주었으며, 『반지의 제왕』이나 『해리 포터』 시리즈에서도 계속 변주되었다. 그러나 아서왕이 폭군이라는 주장도 있는 만큼 그 이야기의 폭력성에 대해서는 비판적인 안목이 필요하다. 어떤 식으로든 폭력은 미화될 수 없다.

내가 중세 문학작품 중에서 최고로 치는 것은 윌리엄 랭글런드William Langland의 『농부 피어스의 꿈』이다. 2009년에 국내 최초로 발췌 번역되었는데, 원본이 나온 14세기 후반 이후약 600년이 지나서 나온 셈이다. 원본이 워낙 방대해서 완역은 언제 나올지 의문이다. 영어로 인쇄된 최초의 이야기책인 『캔터베리 이야기』에 버금가는 걸작인데도 그동안 제대로 평가되지 못했다. 빈민의 고통과 부자의 이기심, 교회와 왕권의 부패를 규탄하는 작품으로, 14세기에 농민반란을 일으킨 존 볼John Ball이 사람들을 선동한 편지에 인용되는 등 사회 개혁을 꿈꾸는 이들의 필독서였다.

『농부 피어스의 꿈』은 14세기 당시 이단으로 몰린 존 위클리프를 따른 롤라드파Lollardy의 사상과 관련 있다. 중세 말기에 교회는 철저하게 부패했다. 뇌물 수수, 성직 매매, 재물 강요는 성직 생활을 대표하는 단어였다. 『성경』을 영어로 번역하기도 한 옥스퍼드대학의 학장 위클리프는 '시민 통치론'으로 교회 재산을 몰수할 것과 사제들이 정부 일에 간섭하지 말 것을 주장했다. 그리하여 근대가 시작되었다. 그러나 근대가 중세적 전쟁의 잔인함을 끝낸 것은 아니었다.

중세 문학의 잔인함은 중세적 소재를 다룬 J. R. R. 톨킨J. R. R. Tolkien의 『반지의 제왕』 마지막을 장식하는 엄청난 시체와 피의 장면으로 이어진다. 어디 그뿐인가? 영화나 게임은 대부분 폭력적이지 않은가? 특히 그로테스크Grotesque라는 이름아래 예찬하는 현대 한국의 작품은 대부분 폭력적이지 않은가? 나는 게임이라는 것을 아예 하지 않는데 언젠가 우연히 본

어느 장면의 잔인함을 잊을 수 없다. 인간은 변하지 않았다. 적어도 잔인한 폭력성은 원시 이래 전혀 변하지 않았다. 게임이나 영화가 그 야만적 폭력성을 긍정적으로 발산시켜 정화해준다며, 폭력에 책임이 없다는 주장도 있지만 과연 그럴까?

내가 아는 현대 한국은 폭력적인 사회다. 그 어떤 나라보다도 폭력적인 나라다. 그런 현실을 반영하기에 영화나 문학이나 게임이나 폭력적일 수밖에 없다는 견해도 있지만, 내게는 그런 묘사들이 현실을 더욱 폭력적으로 만드는 것으로 보인다. 그래서 제발 폭력을 그만두기를 희망한다. 그 묘사도, 행사도 제발 그만두라. 한국만큼 비폭력이 절실한 나라가 또 있을까? 게다가 역사적 전통이 줄곧 비폭력이었는데도 현대에 와서 이렇게 폭력적으로 변한 나라가 또 있을까?

제13장

서양 중세의 예술

앙코르와트와 사크레퀴르

2018년 연말연시에 세계 최대의 사원이라는 앙코르와트를 다녀왔다. 약 800년 전, 당시로는 세계 최대 인구였다는 100만 명이 살았다는 거대 도시가 거대한 돌무더기로 세워졌다는 사실에 놀랐다. 그것이 만리장성의 무모한 축성보다는 의미가 있으며 그 폐허마저 아름답기도 하지만, 수십 년간 수십만 명을 강제 동원해서 지었다니 기가 차다. 더욱 기가 찬 것은 그 주변을 포함해 캄보디아 전역을 킬링필드로 만든 폴 포트Pol Pot의 미소라고도 했던 크메르 왕의 미소에 대한 찬양과 그것을 배경으로 자신의 억지 미소를 '셀카'로 찍어대는 관광객들이다. 그 대부분은 한국인이다. 경쟁하듯이 시엠레아프 거리를 채운 남북한 식당들을 응원하는 '먹방'과 드라마로 장식된 한국 방송의 인기도 대단하다고 한다. 한국인이 가장 좋아하는 관광지 중 하나가 앙코르라고 한다.

앙코르와트에 대한 책들은 중세 최대의 문명을 자랑한 앙코르가 어떻게 수백만 명을 죽인 킬링필드를 낳았는지 믿을 수 없다고들 한다. 그러나 폴 포트의 깃발이 앙코르와트이듯이 그 축조 자체가 킬링필드의 시작이 아니었을까? 앙코르와트를 장식한 『라마야나』를 비롯한 전쟁 이야기가 킬링필드를 낳지 않았는가? 불교를 섬긴다는 동남아시아에서 왜 그렇게도 처참한 전쟁이 계속 벌어졌는가? 특히 대부분이 불교도인 캄보디아에서 어떻게 그런 학살이 벌어졌을까? 수백 년간 존경을 받았던 중들은 그 학살에 어떻게 대응했는가? 돈을 모르는 소농 사회로 돌아간다고 수백만 명을 죽인 폴 포트의 망상에 중들은 찬성했는가? 모두 공空이니 무無니 하는 불교의 이상에서 살아가면 세상이 열반으로 변하는가?

앙코르의 거대한 돌무더기와 전쟁은 내게는 오로지 의문이고 공포였다. 서양의 거대한 고딕 성당 앞에서 느낀 공포도 마찬가지였다. 그것은 바로 중세 십자군의 공포였다. 거대하게 돌을 쌓아올리는 것은 신에게 가까이 가기 위해서라고 하지만 사실 얼마나 무모한 일인가? 한국인들이 서양에서 가장 좋아하는 관광물은 무엇일까? 누구는 하늘로 치솟은 에펠탑이라고 하지만 나는 그곳에 올라가보지 않았으니 뭐라고 할 말이 없다. 그러나 몽마르트르 언덕은 몇 번이나 올랐고 그곳에 서 있는 하얀 사크레쾨르 대성당에 가볼 때마다 관람객이 거의 한국인뿐이라는 느낌을 받아 혹시 그곳이 아닐까 생각한다. 흰색을 좋아하는 한국인의 민족성에 꼭 맞는 성당이라는 이야기도 들은 적이 있다. 농민들이 활동하기에 불편한 흰색을 좋아해서 입은 것이 아니라, 염색할 여유가 없어서 불편한데도 옷감 그대로 입은 것에 불과했는데도 말이다.

그런데 2017년 파리에서 그 성당을 부수어야 한다는 주장이 나왔다. 파리시 예산에는 시민들이 사용할 수 있는 참여예산이 있는데, 그것으로 그 성당을 밀어버리자고 주장한 것이었다. 1871년 파리코뮌이 무참하게 진압된 뒤 보수 세력과 가톨릭이 그 진압을 기념해 진압 장소에 사크레쾨르 대성당을 세웠기 때문이라는 게 이유였다. 그 성당이 세워지기 전에 코뮌 세력은 나폴레옹이 세운 방돔 광장의 기둥을 파괴했다. 코뮌에 동참한 장프랑수아 밀레Jean-Franois Millet와 달리 그 파괴에 앞장선 귀스타브 쿠르베Gustave Courbet는 코뮌 실패 후 망명까지 했다.

성당을 파괴하라

한국인이 좋아하는 안토니오 가우디Antonio Gaudí가 지은 바르셀로나의 성당도 마찬가지 수난을 겪었다. 성당이란 신의 집을 뜻한다. 한국에서는 그런 정도의 숭고한 의미가 없고, 현대 서양에서도 그렇게 생각하는 사람은 없지만, 적어도 스페인에서는 얼마 전까지도 그러했다. 1936년 스페인 시민전쟁이 터지자 아나키스트들은 그 성당을 파괴하자고 주장했다. 성당은 파괴되지 않았으나 지하 묘지가 방화되면서 가우디의 무덤도 훼손될 뻔했고, 몇 달 뒤 프란시스코 프랑코Francisco Franco 측의 무기 은닉 혐의로 경찰에 의해 파헤쳐졌으나, 1939년 프랑코 군대가 바르셀로나를 점령한 뒤 무덤은 다시 봉인되었다. 1926년에 죽은 가우디는 당연히 프랑코 편이 아니었지만 독실한 가톨릭 신자여서 아나키스트들의 반발을 샀다.

가우디의 작품들과 달리 중세 이후에 세워진 성당은 많이 파괴되었다. 이는 프랑스에서 1789년 대혁명 이후 중세 성당들이 파괴되었던 것의 반복이었다. 미술사에서는 특히 910년에 세워진 유럽 최대의 클뤼니 수도원과 성당의 파괴를 아쉬워한다. 유럽 최대의 수도원이 대부분 파괴되었고 파괴를 면한 수도사의 방은 나폴레옹 이후 지금까지 종마장 마구간으로 사용되어왔기 때문이다. 수도사의 성적 타락을 풍자해, 원래부터 종마들이 살았던 곳이라는 농담도 있지만 수도원의 출발은 철저히 비非세속적이고 반反권력적이었으며 개혁적이었다. 토지 소유는 금지되었고 재산 형성은 신도들의 자유로운 희사喜捨에 의존했으며, 수도원장은 수도사들의 자유선거로 선출하고 고위 성직자들의 간섭을 철저히 배제했다. 무엇보다도 수도사들은 평생 노동과 공동 예배를 중심으로 엄격한 수도 생활을 했다. 성당은 그야말로 성스러운 전당으로 천지창조 이래 잃어버린 낙원의 재현을 추구한 유토피아였다.

오래전 이반 일리치Ivan Illich에 취해, 그가 반한 생 빅토르 후고Hugues de Saint-Victor가 3대 수도원장을 지낸 부르고뉴의 클뤼니에 간 적이 있다. 끝없이 이어진 포도밭과 목초지를 지나 꼬박 하루가 걸려 도착한 밤에 벽과 주춧돌만 남은 폐허를 보았을 때의 실망감은 이루 말로 다 할 수 없었다. 그러나 다음 날 아침, 파괴되기 전을 그린 스케치로 본 과거의 그곳은 중세를 배경으로 한 영화에 나오는 악마의 전당같이 거창해서 도리어 파괴된 현재가 더 아름답게 느껴졌다. 본래의 그곳은 로마네스크(두꺼운 벽과 아치가 있는 고대 로마 석조 건축과 닮았다는 의미에서 '로마와 같은'이라는 뜻으로 19세기부터 사용된 말이다) 양식으로 지어졌으나 뾰쪽한 성당들의 첨탑들 탓인지 고딕 성당을 방불케 했다.

클뤼니 수도원은 당시 타락한 가톨릭을 개혁하는 세력의 중심지로 10세기부터는 빈민 구제 사업을 병행했다고 하지만, 성당은 신과 인민의 중개자인 왕의 권력을 상징한 곳이기도 했다. 특히 하늘을 유일신이 지배하듯 땅은 유일 왕이 지배해야 한다는 왕권신수설의 표상이기도 해서, 나라의 최고 성당에서 대관식이 거행되었다. 왕은 수도원과 성당을 보호하고 신과 왕의 영광을 위해 진귀한 보석으로 장식한 보물을 만들고 성당 내부를 황금으로 꾸미기도 했다. 그런 성당들의 화려한 장식보다 클뤼니의 폐허가 내게는 성스럽고 아름답게 보였다.

10세기 말부터 11세기에 걸쳐 유럽이 안정되면서 유럽 전역에서 성당 건축이 번성했다. 특히 종래의 목조 천장을 '신의 영원한 집'에 어울리는 석조 궁륭천장으로 바꾸었다. 그 무게를 견디려면 벽을 더욱 견고하게 쌓고 창을 작게 내야 했다. 그렇게 지어진 중후한 요새 같은 외관과 어두운 내부 공간의 집들이 로마네스크 양식으로, 클뤼니 제3수도원이 그 대표작이며 지금도 그 아류가 유럽에 많이 남아 있다. 그 내부는 대부분 프레스코화나 양식화된 조각으로 장식되었다. 그것들이 종교적 교화의 의미를 담고 있음은 물론이다. 따라서 고딕이나 비잔틴과 다르지 않다.

산티아고 순례

최근 나타난 한국인들의 서양 취향 중 하나는 산티아고 순례다. 그곳에 가면 당장 영혼이 구제받는다고 생각하고 그곳에 가는 것을 평생의 소원인 양 말하는 사람도 있다. 그래서 최근에는 패키지여행 상품으로도 등장해 한국인이 무리를 지어 그곳을 정복한다고 한다. 순례자들을 위한 숙소를 점령해 한국식 식사와 술자리, 놀이를 밤새 즐긴다는 이야기도 들었다. 비행기와 자가용을 타고 제주도까지 가서 즐긴다는 올레길이니 하는 소위 생태 관광 코스를 국제적으로 늘린 것인가? 고급 대형 스포츠카를 타고 공원에 가서 수백만 원 한다는 사이클을 즐기는 취향도 나는 이해할 수 없다. 왜 자기 동네 길을 걷는 것을 마다하고 그러는지 이해할 수 없다.

우리의 순례자들은 관광객들과 마찬가지로 성당에서 지켜야 할 예의도 무관심해 유감이다. 유럽 중세 성당 건물의 내부가 순례자들을 고려해 설계되었음을 전혀 모른다. 즉, 십자가에서 처형당한 그리스도의 육신을 상징하는 십자가형으로 설계된 내부의 측랑側廊(벽 옆의 복도)을 순례자들이 걸어가서 양 측랑이 에워싼 중심의 신랑身廊(이 공간은 구원에 이르는 고난으로 가득 찬 과정으로 이해된다)에서 예배를 보는 신도들을 방해하지 않도록 했다(아예 순례자들은 출입이 금지되었다고 보는 학설도 있다). 그런데도 성당이나 교회 여러 곳에 함부로 다니고 심지어 끝없이 휴대전화 카메라 셔터를 눌러대 눈살을 찌푸리게 된다.

산티아고를 비롯해 순례나 유럽의 수도원이나 성당에 관련된 책도 엄청나게 많이 나왔는데도 그렇다. 국내외 필자의 책이 200권을 넘는 것이 아닌지 모르겠다. 한 장소에 대한 책으로는 가장 많지 않을까? 이반 일리치의 친구 리 호이나키Lee Hoinacki가 쓴 책도 우리말로 나왔다. 나는 저자가 말하는 자기 성찰의 의미를 폄하할 생각은 없지만, 최소한 그 순례길이 조작된 것임을 말해야 한다고 생각한다.

순례란 종교적 열정에 사로잡혀 자신이 살던 집을 떠나 최소한의 물건만을 지니고 성지를 찾아가는 고독한 고행길이다. 티베트인들의 오체투지까지는 아니라고 해도 속세를 떠나 초월하고자 하는 고독한 고행길이다. 기독교·불교·이슬람교 등에서는 그런 순례가 매우 중요하지만 조선시대에 유교를 숭상한 탓인지 지금 우리에게는 순례의 전통이 남아 있지 않다. 물론 기독교인은 다른 나라 기독교인들처럼 예루살렘의 성묘 교회나 로마의 성 베드로 대성당, 산티아고 대성당을 순례하고 불교도도 부처의 탄생지인 룸비니를 비롯해 부처가 지나간 길을 찾기도 하지만 그런 종교의 신자가 아닌 사람에게는 순례가 무의미하다. 그것을 패키지 관광으로 즐긴다는 것은 순례에 대한 모독이다.

그러나 기독교의 산티아고 순례는 특이하다. 우선, 이슬람 세계를 향한 유럽의 대외적 팽창이 현저하게 나타난 12세기 이후에야 본격적으로 시작되었다. 게다가 예루살렘과 로마와 달리 산티아고는 9세기에 예수의 12사도 중 한 사람인 야고보의 유해가 발견되었다는 이야기가 나온 뒤 성지가 되었다. 프랑스에서 4개의 순례로가 만들어지고 성聖유물 숭배가 강화된 12세기 이후 유명해졌다. 순례길에는 순례 성당이라는 공통점이 있는 수많은 교회가 세워졌고, 유사한 양식의 조각이나 회화도 나타났다. 오랜 여행에 지친 순례자들은 그리스도나 순교자의 그림과 조각을 보고 힘을 얻었다.

　　로마네스크 예술가들은 사물을 보는 그대로 그리지 않고, 눈에 보이지 않는 신의 신비를 추상적이고 단순하게 표현하고자 했다. 특히 성모 마리아상과 십자가의 그리스도상이 많이 나타났다. 고난의 십자가상은 예루살렘 순례에서 그리스도의 무덤이 여전히 이교도의 손아귀 안에 있음을 본 순례자들이 만들어낸 새로운 이미지였고 자애로운 성모상은 그런 그리스도를 안은 어머니를 표현한 것이다. 순례길은 프랑스와 스페인을 잇는 문명 교류의 길이고 로마네스크 미술의 길이었다.

　　그러나 야고보는 44년에 예루살렘에서 순교했고 스페인 포교에 나서지도 않았으며 그의 유해가 갈리시아 지방으로 옮겨진 적도 없었다. 그가 스페인에 갔다는 이야기는 당시 스페인을 지배한 이슬람교도에 대항한 레콩키스타 시절 날조된 것에 불과하다. 이는 돈이 된다면 무슨 짓이나 했던 일개 무뢰한에 불과한 엘 시드가 국토 재정복을 위해 『엘 시드의 노래』라는 문학의 영웅으로 미화되어 숭배되다가 20세기에 와서 이슬람에 대항하는 서양의 영웅으로 숭상된 현상과 같다. 영화 〈엘 시드〉의 마지막 장면처럼 야고보가 844년의 이슬람과의 전투에서 백마를 타고 나타나 이교도를 패배시켰다는 전설이 중세에 생겨났다. 『엘 시드의 노래』에는 없는 이 장면은 야고보 부활 전설을 엘 시드의 죽음과 연결한 것이다.

　　이처럼 의도적으로 날조된 성지에 순례길을 조성하고 순례를 조장한 것은 클뤼니 수도원이었다. 클뤼니 수도원은 중세 최대 규모의 수도원으로, 일드프랑스Île-de-France부터 스페인 북부에 이르는 로망스어권의 수많은 수도원과 성당을 거느리고 개혁해 로마네스크부터 고딕에 이르기까지 수많은 성당을 견인했다. 클뤼니 수도원은 스페인의 기독교도를 구하기 위해 수도원, 피난소, 예배당, 숙박소를 순례길 옆에 개설하면서 순례길을 간접적으로 관리하고 군대를 파견했다. 이처럼 성지 산티아고와 그 순례길은 이슬람교도 정복을 위해 날조한 것이었다. 그러나 날조된 역사는 쉽게 없어지지 않는다. 특히 서양의 기독교가 쇠잔해지는 가운데 세계 포교에 앞장서고 있는 한국 기독교는 산티아고 성지와 함께 유대인이 사는 이스라엘이나 이슬람인 아랍까지 공격하고 있다.

로마네스크에서 고딕으로

중세 예술을 가장 잘 보여주는 것은 고딕 건물로, 하늘 높이 솟은 첨두형尖頭形 아치 성당의 고딕 양식은 십자군전쟁과 함께 시작되었다. 1147년의 제2차 십자군전쟁에 나서기 직전에 프랑스 왕은 생드니 수도원장에게 수도원 성당의 개축을 명했다. 당시 건축 공법의 발달로 궁륭천장을 두꺼운 벽이 아니라 지주支柱로 받칠 수 있게 되어, 그 사이에 스테인드글라스를 넣어 외광外光이 들어오도록 했다. 건물 자체는 계속 위로, 높이와 싸우듯이 솟아올랐다. 기독교도에게 신은 빛이었다. 높은 창에서 쏟아지는 빛은 신의 사랑과 영광으로 여겨졌다. 다양한 색으로 그려진 스테인드글라스는 빛을 더욱 신비롭게 보여주었고, 그 디자인은 하늘의 빛을 전하는 천사와 성인·성녀의 이미지를 재현했다. 문자를 몰랐던 당시 대부분의 사람에게 그것은 가장 효과적인 포교와 교화의 수단이었다. 고딕 양식은 16세기까지 유럽 중세 예술을 지배했다. 성당은 십자군 병사들이 가져온 귀중한 공예품으로 장식했다.

수도원이 서양을 지배한 시대가 끝나자 도시가 수도원의 역할을 대체했다. 성당도 당시 사회를 반영해 그 역할이 변했다. 성당 주변에 시장이 서고 학교가 세워져 토론과 학문의 장이 되었다. 성당은 공예 직인들이 솜씨를 겨루는 곳이 되었고, 성직자만이 아니라 시민들도 성당 미술에 관여했다. 윌리엄 모리스William Morris를 비롯한 근대 낭만파들이 중세 예술을 시민 예술로 찬양한 것도 바로 그런 측면 때문이었다. 그러나 프랑스 랭스Reims 등에서 성당 건축을 위해 민중에게 부과된 엄청난 세금 때문에 폭동이 종종 발생했다. 시민들이 지어 완성되기까지 몇 세기나 걸렸다는 이야기는 오해다. 자금이 풍부하다면 성당 건축도 단기간에 끝나는 것이 보통이었다.

로마네스크의 반자연주의적이고 신비주의적인 경향에 반해 고딕 예술은 사실에 근거한 이상화로 숭고함을 표현했다. 조각은 건축의 일부면서 독립성을 갖게 되었고 신성과 동시에 인간성도 표현했다. 그래서 성모자나 성인들을 자신과 같은 몸을 가진 친근한 존재로 여기고, 그들에게 기도하고 싶다고 생각하게 되었다. 당시 예술가는 대부분 무명이었다.

성인의 시신이나 그 몸의 일부에 대한 중세인의 숭배는 현대인으로서는 상상할 수 없을 정도로 대단했다. 당시 덕이 있는 사람이 죽으면 몸의 각 부분이 잘라져 성유물로 분배되었다. 성유물은 그 자체가 공덕이 있는 것으로 여겨져 모든 성당은 그 일부를 가지고 있었다. 그러나 그 수요에 비해 공급이 부족했기 때문에 가짜 성유물도 많이 나타났다.

성당은 그런 성물로 치장되어 낙원으로 보였지만 실제 세상은 여전히 어지러웠다. 현실의 고통을 달래주는 존재는 여전히 성모 마리아였다. 고딕 최성기는 성모 신앙의 최성기이기도 했다. 대성당 대부분은 노트르담Notre Dame, 즉, 성모의 이름을 따 성모에게 바쳐졌다. 고딕 성모상은 과거의 장엄한 성모상이 아니라 아기 그리스도를 안은 인간적이고 부드러운 여성으로 나타났다.

회화나 태피스트리, 채색 사본도 마찬가지 경향을 보였다. 그 대부분은 예술가 길드와 공동 작업장에서 만든 것들이었다. 그들 중 상당수가 여성이었다. 중세에는 남성이든 여성이든 창작자의 이름을 기록하지 않았지만 남성의 임금이 여성보다 높아서 오늘날의 임금 차별이 최근에 생긴 악폐가 아님을 보여준다.

남성 화가 중에는 조토 디 본도네Giotto di Bondone처럼 이름이 남아 있는 사람도 있다. 그의 프레스코화는 투시법에 의한 공간 묘사와 단축법, 명암을 이용한 생생한 묘사로 종교 예술의 신경지를 개척했다고 평가되었다. 조반니 보카치오Giovanni Boccaccio는 조토를 두고 "수 세기 동안 어둠 속에 갇혀 있었던 회화 예술에 빛을 던진 사람"이라고 평가했고, 지금까지도 르네상스의 선구자로 여겨진다. 조토는 배경에 구체적인 풍경과 건물을 그려 넣어 회화에 배경이라는 요소를 도입하기도 했고 인물의 감정과 역동적인 동작을 표현했다. 그러나 무엇보다도 아시시Assisi의 프란체스코 대성당 프레스코화에서 보듯이 그에게는 무소유에 대한 공감이 있기에 감동적이다.

비잔틴미술

지금까지 중세 미술이라고 하면 서구 미술만을 말하는 것이 보통이었지만, 최근에는 동유럽의 비잔틴미술까지 포함해서 언급한다. 비잔틴이라는 말이 '복잡하고 난해하다'는 뜻이어서는 아니겠지만, 언스트 곰브리치의 『서양미술사』처럼 비잔틴미술을 다루어도 고대 로마미술과 함께 간단히 다루고, 중세 미술이라고 하면 서구 성당 미술만 언급하는 것이 일반적이었는데, 이는 시대적으로도 맞지 않다. 여하튼 영국이 유럽연합에서 탈퇴한 대신 터키가 들어가려 하는 추세를 보면, 종래의 전통적인 서구 중심의 서양 개념에 대한 수정이 불가피하다. 러시아까지 포함한다면 더욱 그렇다. 중세만이 아니라 근현대도 마찬가지다.

　비잔틴미술은 330년 콘스탄티노폴리스 천도로 시작되어 1453년 오스만제국에 멸망한 비잔틴제국의 미술로 기독교의 일파인 정교를 신봉하는 종교미술이다. 7세기 이후에는 동서양 사이에서 동서를 잇는 역할도 했다. 따라서 비잔틴미술에는 동양의 냄새가 짙다. 동서를 완충하는 비잔틴이 사라진 뒤 종교와 민족의 대립이 끊이지 않는다. 이스라엘·시리아·키프로스·코소보 등이 과거의 비잔틴제국에 속했다.

　비잔틴미술의 역사는 셋으로 나누어진다. 첫째는 성상 파괴(726~843) 앞의 초기, 둘째는 성상 파괴 후, 미술 제작을 금지한 라틴제국(1204~1261)까지의 중기, 셋째는 라틴제국 이후의 후기다. 초기의 미술작품은 파괴되어 거의 남아 있지 않지만 중앙식 돔 성당인 성 소피아 사원을 비롯한 건축물은 남아 있다. 그러나 비잔틴미술은 로마네스크에서 고딕으로 변하는 것 같은 양식 변화가 없어서 정치·사회의 변화를 반영하지 못해 1,000년간 똑같다고 할 정도다.

　서구와 동구는 물론 남구와 북구까지 포함하는 서양 중세 미술을 하나로 묶을 수 있는 개념이 '개념적 미술'이라고 할 수 있다. 이는 원근법에 입각한 근대의 사실적 미술과 반대되는 것 이자, 하나의 화면에 상이한 시간과 장소를 그리는 점에서 역시 하나의 시공간만을 그리는 근대의 그것과 다르다. 따라서 중세 미술에는 정보가 많다. 이는 미술에 거는 기대와 관련된다. 성 당 벽화는 문자를 읽지 못한 대부분의 중세인에게 『성경』을 대 신해 많은 것을 가르쳐야 했다. 반면 중세 이후에는 정보성보다 연극성이 중시되었다. 중세 이전에도 마찬가지였다.

　비잔틴미술은 동로마제국 멸망 이후 서구와는 무관해졌 다가 19세기 말 구스타프 클림트Gustav Klimt가 재발견했다. 특 히 그의 〈키스〉나 풍경화에는 비잔틴미술의 중심이었던 라벤 나 모자이크의 영향이 짙다. 그런 점에서 클림트의 그림은 종 교적이라고까지 하지는 못해도 정적의 미를 담고 있다. 그런데 도 한국에서는 클림트의 그림이 곧잘 관능적인 것으로 오해되 어 유감천만이다.

　나는 중세 화가로는 특히 15세기 러시아의 이콘 화가 안 드레이 루블료프Andrei Rublev를 좋아했다. 안드레이 타르콥스키 Andrei Tarkovsky가 1966년에 만든 루블료프의 전기 영화를 통해 그를 알고서 러시아에 뛰어가서 그의 그림을 찾았지만 몇 성 당의 이콘을 구경하고 책 몇 권만 사들고 허무하게 돌아온 적 이 있다. 동방정교회 성화, 프레스코화에 참여한 중세 최고의 러시아 화가 가운데 한 사람인 그의 그림은 어떤 중세 그림보다 간결하고 부드럽고 슬프다. 특히 〈성 삼위일체〉가 그렇다. 헨리 나우엔Henri Nouwen은 이 그림이 동료 수도자들에게 정치적 불안 속에서도 마음을 신에게 모으고 사는 길을 제시하려고 그렸다고 했다.

비잔틴미술을 포함한 중세 서양의 기독교미술은 유대교나 이슬람교의 미술과는 다르다. 기독교는 형제 관계인 유대교나 이슬람교와 달리 신이 인간으로 나타났다는 '화신incarnation'이라는 교의敎義를 채택했다. 그래서 시너고그나 모스크와 달리 성당이나 교회는 회화와 조각으로 장식되었다. 나아가 그리스도는 신성과 인간성을 겸비했고, 따라서 어머니가 존재했다. 이 점에서 기독교는 고대 그리스·로마의 전통을 이었다. 예수가 죽었을 때 그 어머니인 마리아는 슬퍼했다. 질병과 전쟁으로 자녀를 잃은 중세의 많은 어머니가 그 사실에 위로를 받았다. 마찬가지로 어머니를 여읜 많은 자녀가 마리아를 어머니로 모셨다.

반면 이슬람교는 물론 유대교에도 마리아와 같은 존재는 없다. 그 엄격한 교리에 의하면 남편과의 사이에서 자녀를 낳지 않은 마리아는 부도덕할 뿐 아니라 불법을 저질렀다는 이유로 재판을 받고 사형에 처해졌을 것이므로 숭배의 대상이 될 수 없다. 게다가 예수도 신의 아들이 아니라 예언자의 한 사람에 불과하므로 예술로 미화될 수 없다.

교회와 중세의 군중

대부분의 성당이나 교회(이렇게 두 가지를 구별하는 것은 한국에서
만 하고 외국에서는 모두 교회라고 한다)가 그렇게 지어진 것은 아니
다. 가령 스페인의 바르셀로나에 있는 산타 마리아 델 마르Santa
Maria del Mar는 비천한 항구 짐꾼들이 아무런 대가 없이 산에서
해변까지 돌을 날라 만든 성당이다. 산타 마리아 델 마르는 그
이름처럼 바닷가에 서 있다. 시민을 위해 시민이 지은 시민의
성당이다. 중세 성당의 기념비적 성격보다 카탈루냐 지방의 대
농가같이 엄하면서도 아늑한 분위기를 주는 점도 그렇다.

이 성당을 짓는 1329년부터 1384년까지 55년간의 이야
기를 소재로 한 소설이 스페인의 변호사 일데폰소 팔코네스
Ildefonso Falcones가 쓴 『바다의 성당』이다. 이 소설은 스페인에
서 만들어진 텔레비전 드라마 〈아르나우의 성전〉으로도 우리
에게 소개되었다. 주인공인 아르나우는 성당 건립이 시작되기
9년 전인 1320년에 영주의 초야권 행사라는 강간으로 태어난
다. 강간 직후 영주의 사생아라는 혐의를 지우기 위해 남편이
바로 성행위를 하도록 강요되었기 때문에 그 아기가 영주의
아이인지 남편의 아이인지는 알 수 없다. 핏덩이 아르나우는
자식을 소작농이 아닌 자유인으로 키우려는 아버지의 염원으
로 자유도시 바르셀로나에서 자란다. 그는 노예 같은 항구 짐
꾼 생활을 하면서도 동료들이 만드는 성당의 건립에 참가하게
된다. 왕실이나 귀족들이나 시에서 만든 거대한 성당들과 달리
성모 마리아를 모시는 조그만 시민의 성당을 세운 것이다. 어
머니를 잃은 모든 아이의 어머니를 모시는 곳이다.

    8부작 텔레비전 드라마 〈아르나우의 성전〉에 없는 내용
이 1,000쪽에 이르는 원작 소설에 많이 나오는 것은 당연하다.
중세의 반인간적인 억압에 성당은 철저히 무관심했다는 고발
이 그런 경우다. "승려건, 수도승이건, 성직자건, 사제건, 부제
건, 신학자건, 수도원장이건, 주교건, 그자들 역시 우릴 억누르
는 영주들과 하나도 다를 게 없어! 그들은 우리가 사제가 되는
것조차 금지했지. 우리가 마음대로 이 땅을 벗어나지 못하게
족쇄를 채우고는 영원히 그들을 섬기도록 만든 거야."

    이렇게 말한 뒤 아버지는 아들에게 다음과 같이 경고한
다. "너는 결코 하느님을 모신다는 자들을 믿어서는 안 된다.
그들은 차분하고 그럴싸한 감언이설로, 네가 이해하기 힘든 아
주 교양 있는 이야기로 너를 부추길 것이다. 그들은 오로지 그
들만 아는 논리로 너의 이성과 사고를 지배할 때까지 너를 설
득시키려고 할 것이다." 아버지는 그런 자들이 쓴 책에 소작농
을 "짐승이고 야만인이라고", "예의가 무엇인지조차 이해하지
못하는 인간이라고", "끔찍하고 천박하고 고약하고 뻔뻔스럽고
무지한 인간이라고" 썼다고도 말한다.

    김응종 교수가 『서양의 역사에는 초야권이 없다』는 책을
썼지만, 팔코네스는 초야권이 분명한 사실이었고 그것을 없애
기 위한 민중의 투쟁으로 1486년에야 카탈루냐에서 없어졌다
는 점을 밝히면서 『바다의 성당』을 썼다. 초야권이 없었다는
주장과 마찬가지로 서양 중세에는 종교재판이 없었다는 주장
도 있지만 팔코네스는 그가 묘사한 유대인에 대한 가혹한 이
단 재판이 12세기부터 유럽 전역에서 실시되었다고 했다. 소
설에서 종교재판은 교회가 그 권력을 강화하기 위한 수단이었

다고 묘사되지만, 동시에 당시 군중이 페스트 등의 역병을 당했을 때 유대인 탓이라고 하면서 그들을 몰살하고자 했음도 보여준다. 그 군중이 성당을 지은 군중이었다.

　서양 중세를 가장 길게 보는 관점은 20세기 전반 왕정 폐지까지의 스페인을 그 증거로 삼는다. 그러나 보기 나름으로는 프란시스코 프랑코가 죽은 1975년 말까지라고 할 수도 있다. 아니, 카탈루냐에서 투우가 금지된 2012년까지라고 할 수도 있다. 카탈루냐 외에는 여전히 투우가 시행되고 있으니 아직도 중세라고 할 수도 있다. 그럼에도 바르셀로나를 비롯한 유럽의 도시들이 대부분 12세기 무렵에 건설되거나 복구되었음을 부정할 수는 없다. 아르나우 같은 장인들은 더는 노예가 아니라 생산자고 길드를 조직해 중세 도시경제의 확고한 기초를 닦았다. 그리하여 중세는 더는 암흑시대가 아니게 되어 근대로 나아갔다.

제14장

중국 중세 이야기

껍데기만 남은 대학

오랜만에 외국 학자들과의 모임에 다녀왔다. 그런 모임은 대부분 의례적이고 얄팍하며 무미건조한 비교 찬양론에 그친다. 심지어 정치인이나 관료들의 교류처럼 단체 관광이나 쇼핑 사냥에 치중해 몇 년간 불참했다. 특히 일본 학자들과의 모임에 불참한 것은 이명박 정권 말기, 대통령의 독도 방문 직후부터 본격적으로 일본 내에서 불기 시작한 '혐한嫌韓' 분위기와 일본의 우경화에서 비롯되었지만 그런 모임들이 본래의 이념적 지향이나 비판적 태도를 버리고 미시적 기교에 급급하면서 출세나 친목의 놀이터로 변한 점에 질린 탓도 적지 않았다.

　　보수 세력의 염원대로 대학에서 학생운동이 사라지고 대학생은 모두 취업 준비에 매진하게 된 것처럼, 오늘날 한국 대학에서 교수의 비판적 학문 연구나 계몽적 사회 활동은 사실상 사라졌다고 해도 과언이 아니다. 연구비를 따기 위해 짜낸

기이한 주제와 난해한 논술만 횡행할 뿐이다. 외국 문헌 남발 경쟁마저 벌어지면서 대학은 사회는 물론 학생과도 유리되고 있다. 그래서 대학에 남은 것은 기업이나 관공서가 요구하는 얄팍한 교과서류 지식을 주입하는 교수와 그것을 암기하는 학생뿐이다.

그마저도 학생에게는 크게 중요하지 않고, 중요한 것은 오로지 영어 시험과 취업 공부다. 게다가 교수 사회의 착취도 심각하다. 갑을관계를 넘어서 비정규직을 봉건적 농노도 아닌 노예처럼 물건으로 부리는 정규직의 전제專制다. 나는 정년퇴직한 후 그 추악한 꼴을 더 보지 않게 되고, 생존을 미루어왔다는 비겁한 변명을 더 늘어놓지 않게 되어 수십 년 만에 처음으로 인간답게 살게 된 느낌이지만, 우리 대학의 비참한 현실은 생각만 해도 가슴이 답답해진다.

새로운 오리엔탈리즘

몇 년 만에 참석한 모임에서 돌아오는 날, 공항에서 우연히 신문광고를 보았다. 일본 쓰쿠바대학의 어느 '저명한' 한국사 교수가 우익 역사학자와 함께 쓴 『한국·북조선의 비극』이라는 책이었다. '아마존 랭킹 1위'라는 문구 아래 "징용공, 독도, 위안부, 욱일기, 방탄소년단의 무례! 너무나 추한 한국인을 논파하기 위한 지적 무장 시리즈 최신간! 그리고 앞으로 비한非韓 3원칙, '돕지 말고, 가르치지 말고, 엮이지 말라'로 가자!", "한국 판사는 죄형법정주의를 몰라 징용공을 승소시켰다" 등이 쓰인 것을 보고 동행한 교수들에게 소개했다.

쓰쿠바대학은 한국 유학생이 엄청나게 많은 일본 대학 중 하나고 저자는 그런 종류의 책을 많이 쓴 것으로 유명하지만, 일본에서 오랫동안 공부한 한국인들에게도 관심을 끌지 못하는 듯했다. 일본만이 아니라 어느 곳에서든 유학생들은 학위논문 쓰기에 급급하고 그 밖에는 철저히 무관심한 것이 나라를 망친 100여 년 전과 크게 달라 보이지 않았다.

그러나 언제나 세상을 움직이는 것은 학문이 아니라 그런 광고의 주장들이다. 그 광고 위에는 일본 군국주의의 핵심이었던 '교육칙어'에 입각한 도덕교육의 부활에 대한 기사가 있었다. 2006년 아베 신조安倍晋三의 발언 이후 계속 추진되다가, 2018년 초등학교에 이어 2019년부터는 중학교에서도 도덕교육을 부활시킨다는 것이다. 도덕교육이 없어진 지 70여 년 만의 일이다.

그 기사에는 교육칙어가 개인의 사생활과 내면까지 국가권력이 지배한 천황 파시즘의 토대였기 때문에 부정되었고, 지금도 그런 교조주의적 도덕교육은 부당하다고 주장하는 견해도 소개되었지만, 그보다 먼저 군주에 대한 충성은 애국심이고 국가 위기 상황에서 동포를 위해 단결하자는 내용의 교육칙어에 입각한 도덕교육을 긍정하는 헌법학자의 주장이 크게 소개되었다. 우리나라에서도 1968년에 제정된 국민교육헌장이 교육칙어를 연상시킨다는 비판이 있었지만, 1994년에 폐기된 뒤에도 도덕교육은 없어지지 않았고, 그것이 위헌이라는 주장도 없었다. 그런 한국의 도덕교육은 서양에서는 볼 수 없으니 일제하의 그것과 무관하지 않았다. 어디 교육뿐인가? 법을 비롯한 여러 제도도 그렇지 않은가?

일본인 교수는 유수한 한국 교수들과 함께한 한일 공동 교과서 연구의 대표 격으로도 유명한 사람인데, 이 책에는 "중국도, 남북한도 고대국가다. 남북통일을 꿈꾸는 한국은 망할 뿐, 삼성은 곧 국유화된다"는 등의 내용도 들어 있어서 엄청난 예산이 들었다는 공동 교과서 연구라는 게 도대체 무엇인지 의심스러웠다. 그 내용 중에 특히 내 관심을 끈 것은 "중국과 남북한이 고대국가"라는 것이었다. 즉, 중국이나 남북한에는 과거는 물론 현재에도 법치주의가 없고, 있는 것이라고는 거짓말과 비열함뿐이라는 것이다. 그가 만난 중국인이나 한국인 교수에게서 발견한 것인지는 잘 모르겠지만, 그것을 조갑제닷컴 같은 데서도 소개하는 것을 보니 그런 주장에 동의하는 한국인도 적지 않은 모양이다.

문제는 수많은 교수와 언론인을 비롯한 일본인이 그렇게 생각한다는 점이다. 좀더 고상하게 말해 중국인과 남북 한국인은 '자기절대주의'에 젖어 있다고 비판하는 것인데, 그 교수는 이것이 2002년부터 2010년까지 계속된 한일역사공동연구가 좌절한 원인이기도 하다고 주장한다. 자신들이 역사적 자료를 요구하면 한국 교수들은 한국에 대한 사랑이 없다느니 학자로서 양심이 없다느니 하며 분노했다고 비난하기도 했다. 여하튼 그는 한국의 강제징용 재판 판결이 죄형법정주의에 어긋난다고 주장하는데, 이는 한일협정 위배라는 것이다.

국가 차원의 배상 외에 개인 배상이 요구될 수 있다고 보는 법적 논의가 충분히 가능하고, 설령 법적으로 문제가 있다고 해도 조선인 수십만 명의 징용에 대해 역사학자로서 가져야 할 태도가 그뿐인지에 대해서도 의문이 있다. 그러나 한국을 "돕지 말고, 가르치지 말고, 엮이지 말라"는 그의 말만큼 자기절대주의에 젖은 말이 또 있을까? 언제부터 일본이 우리를 돕고 가르치고 엮이었다는 것인가? 현대인 일본과 달리 남북한과 중국은 아직 고대라고? 그것은 역사학자의 말이 아니라 제국주의자의 말이자 오리엔탈리스트의 말이다.

그러나 그런 정도는 양호한 편이고, 그보다 형편없는 수준의 남북한·중국에 대한 혐오 발언이 길거리는 물론 언론과 출판계를 뒤덮고 있는 게 현실이다. 가령 이완용을 한국의 애국자로 찬양하고 안중근을 테러리스트로 비난하는 식이다. 이는 당연히 박정희와 김종필을 비롯한 한국의 친일 보수 세력에 대한 찬양과 진보 세력에 대한 비난으로 이어진다. 그런 분위기 중에 소위 한류가 있지만, 한류 역시 한국식 대가족제도를 중심으로 한 보수적인 것에 대한 일본인의 향수에 기인한 점도 있음을 주의해야 한다. 아베 신조의 부인이 자신이 관련되어 문제가 된 유치원에서 교육칙어를 낭독하는 것에 대한 찬양이 나오는데, 그 부인은 한국 드라마에 열광하는 것으로도 유명하다.

일본에서 '도움과 가르침을 받아 엮이어' 사는 듯한 한국인은 아직도 많다. 김대중 전 대통령이 1980년대에 일본 텔레비전에 나와 유창한 일본어로 한국 정부의 납치 시도를 막아준 일본 정부에 감사를 표하면서 한국 정부를 군사독재라고 비난했을 때 느낀 수치심을 나는 지금도 기억한다. 그 뒤 지금까지 나는 일본인의 '도움과 가르침을 받아 엮이어' 살지는 않겠다고 맹세했다. 그러나 일본이 좋아 일본을 찾아가는 한국인은 세월이 갈수록 늘고 있다. 일본뿐만 아니라 미국에서도 그런 수치심을 자주 느꼈다.

100여 년 전까지 수천 년을 우리는 중국의 '도움과 가르침을 받아 엮이어' 살았는지 모른다. 특히 인문이 그런지 모른다. 그런 수치심 없는 인문을 갖고자 나는 글을 쓴다. 가까운 나라들이니 영향을 주고받는 것은 당연히 있을 수 있지만 문제는 일방적인 것이다. 한미상호방위조약처럼 일방적인 것이다.

반反중국

10여 년 전 일본 대학에서 가르쳤을 때 가장 흥미로웠던 점은 몽골을 비롯한 유라시아 쪽 유학생들을 만난 것이었다. 일본인 중에 남북한과 함께 중국을 무조건 혐오하는 이들이 있는 반면 일본인이나 재일 교포 중에 좌파라는 자들이 티베트나 몽골이나 위구르나 타이완 등의 독립을 부정하고 심지어 한반도나 일본까지도 중국과 함께 미국에 저항해야 한다고 주장하는 것에 반대해온 나로서는 당연히 몽골 등의 독립과 인권 운동에 관심이 컸다. 그들을 억압하는 중국이야말로 미국과 함께 21세기의 가장 악랄한 제국이다. 그래도 미국에는 독립을 요구하는 식민지가 없지만 중국에는 독립을 요구하는 많은 사람이 있다. 그들의 나라는 얼마 전까지만 해도 중국에 속하지 않은 독립국이었다. 나는 중국이 민주화되면 당연히 주변국들도 독립할 것이라고 본다. 그런 점에서 중국은 마지막 제국이다.

주변국 사람들의 역사관을 잘 보여주는 책이 2016년에 나온 양하이잉楊海英의 『'오랑캐'-주변국 지식인이 쓴 반反중국 역사逆轉の大中國史』다. 원제에서 보듯이 '역전逆轉'의 시점에서 한국인이 쓴 중국사나 세계사도 있으면 좋겠다고 생각했다. 이 책은 다행히 2018년 우리말로도 번역되었으나 아직도 한국인이 쓴 이런 시점의 중국사 책이 없어 유감이다. 조선시대의 황당무계한 소중화주의가 여전히 사라지지 못하고 있는 탓인지 공맹 중심의 유교주의를 위시한 중국 동경이 더욱 기승을 부려 공씨들이 취푸曲阜의 공자 마을을 찾아가듯 한국의 모든 족보 화수회가 그 뿌리를 찾아 중국을 뒤질 것처럼 보여 아직은 그런 책이 나오기 어려운 것인가.

중국에서는 불살라진 지 오래인 족보를 한국에서 부활시키는 새로운 한류가 생길 수 있을지 두고 볼 일이지만, 대가족제도의 향수를 불러일으키는 한국 드라마류의 한류가 아니길 빈다. 이제는 중국을 어떤 식으로든 절대화하지 말고 철저히 상대화해야 한다. 중국만이 아니라 그 어떤 대상도 상대화해야 한다. 미국도, 서양도 마찬가지다. 정치·경제·사회·문화 무엇이나 마찬가지다.

중국사를 공부한 적이 없는 내가 그런 책을 쓸 수 없음은 물론이지만, 이 책에서 나름으로 최소한의 시도를 해보는 것이 수많은 중국사 전공자에게 큰 실례가 되지 않기를 충심으로 빈다. 황허와 양쯔강 사이에서 생긴 한족 문명과 한반도를 포함한 유목 문명은 그 출발부터 달랐고, 중국에서 가장 발전한 양쯔강 유역의 개발도 5세기 이후에 가능했다. 그리고 수나라와 당나라·몽골제국·청나라 등은 한족이 아닌 유목민이 세웠다. 한반도에서도 몽골제국까지 대응하는 삼국과 고려, 조선 초기까지는 개방적이었고 중국에 상대적인 입장이었다. 그 대표적인 사례가 세종의 한글 창제였다. 한글 창제는 1269년 몽골에서 한자를 국가 문자로 삼는 행위를 금지하고 파스파 문자를 국가의 글자로 제정하면서 위구르문자 병용을 인정한 것과 무관하지 않았다. 파스파 문자는 티베트 문자의 일종인 표음문자로 고려에도 전해졌다.

그러나 조선은 후기에 와서 현실의 중국인 청을 무시하고 망한 명을 한족의 망국으로 섬기며 폐쇄적으로 변했다. 그 저변에 있는 중국 중심주의의 주자학이 북송에서 남송까지 북방 민족의 압박이 가장 혹독했던 시대에 비현실적인 '상상 속 중화 문명'으로 형성되었듯이 조선에서 그것은 왜란과 호란 이후 현실을 철저히 외면한 '상상 속 소중화 문명'으로 더욱 극성을 부렸다. 그리고 그 결과가 루쉰魯迅이 쓴 아큐식 정신 승리법이었다. 외부적 위기 상황에서 형성된 주자학은 내부적으로는 당연히 군신 사이의 충성과 부자 사이의 효성을 요구했다.

이상의 설명은 양하이잉의 주장과 크게 다르지 않다. 그러나 양하이잉이 종래의 전통적 주장에 따라 중국을 폐쇄적인 수력水力적 전제 통일국가로, 서양과 일본을 개방적인 봉건제 분권 국가라고 보는 데는 의문이 있다. 양하이잉은 시오노 나나미鹽野七生를 따라 폐쇄국가의 상징이 만리장성이라고 하지만, 그것은 국가 단위 차원에 불과한 것이고 중국은 물론 서양과 일본에도 지방 단위의 성은 수없이 많다. 중국이 만리장성을 쌓은 것에 반해 로마는 수만 리의 도로를 뚫었다는, 중국과 로마를 폐쇄적 문명과 개방적 문명의 상징으로 보는 시오노 식의 주장은 너무나 단순하다.

만리장성과 무관하게 중국은 시대에 따라 개방과 폐쇄의 정도가 달랐을 뿐이고, 로마를 비롯한 서양도 마찬가지다. 중국과 한반도는 중세까지 개방적이었으나, 근대 후기에 와서 외세의 침략에 폐쇄적으로 바뀌었을 뿐이다. 로마는 멸망했지만 도리어 중국은 지금까지 변화무쌍하게 살아남았다고 보아야 한다. 서양인이 중국을 비롯한 동양을 정체된 사회라고 보는 시각은 명백히 오류다. 도리어 서양이야말로 정체된 사회였다. 특히 중세가 그러했다.

양하이잉과 관점은 다르지만 중국의 편협한 대국주의나 대중화주의에 비판적인 중국의 지식인이 없는 것도 아니다. 15억 명에 이른다는 중국인 중에 그런 지식인이 있을 수 있음은 지극히 당연한 일이지만, 그들의 책을 열심히 읽어보아도 썩 마음에 드는 것이 아님을 보면 중국 제국주의가 얼마나 뿌리 깊은 것인지 알 수 있다. 예외적인 책은 가령 위추위余秋雨의 책들, 그중에서도『중화를 찾아서』다.

이 책은 당나라의 개방성에 집중하면서 그 기원을 이민족인 선비족 출신이면서도 강제로 한족화를 도모한 북위의 효문제 탁발굉拓跋宏에서 찾는다. 위추위는 이렇게 보는 것이 중국 지식인 사이에 부는 엄청난 대한족주의, 대중원주의에 그릇된 방향을 제시하는 것이 아닐까 우려하면서 효문제가 그렇게 한 것은 한족 문화에 대한 숭배가 아니라 현실주의라고 한다. 나아가 유목민의 호방한 기질마저 한족화한 것이 아니라 그 기질을 한족 문화에 스며들게 한 상호적인 것이라고 한다. 하지만 그런 식으로 어떤 역사의 기원을 위대한 황제 한 사람에게서 찾는 것이 과연 옳은지는 의문이다.

그것을 중국식 역사관의 한계로 볼 수 있지만 위추위는 대체로 내가 좋아하는 루쉰을 따르고 있는 듯이 보인다. 그는 공자도 좋아하지만 그보다 묵자를 우위에 두는 점에서 역시 루쉰 쪽이다. 그의 묵가 이해는 내가 읽은 묵가론 중에서 최고다. 불교에 대한 해석도 좋다. 그러나 역시 최고는 당대唐代에 대한 관점이다. 가령 선비족이 중국을 점령한 것과 게르만족이 로마를 점령한 것이 거의 같은 시기에 이루어졌으나, 로마가 멸망한 것과 달리 중국은 더욱 발전했다고 비교한다. 이는 시오노 나나미의 경박한 로마 찬양-중국 혐오와는 본질적으로 다르다. 사실 당대 장안長安은 로마보다 6배나 넓었고, 장안 인구가 100만 명일 때 로마 인구는 5만 명도 되지 않았다. 중국의 중세는 광명인 반면 서양의 중세는 암흑이었다. 특히 장안은 세계의 도시였다. 당시 비견될 수 있는 도시는 이스탄불과 바그다드뿐이었으나 두 도시를 합쳐도 장안만 못했다. 인도도 이슬람도 중국에 비교할 수 없었다.

그런 당나라에 국가철학이 없었던 점을 위추위는 특별히 강조한다. 누구나 유불도 중 어느 것을 자유롭게 선택할 수 있었다. 황제들도 유불도를 모두 존중했다. 나는 한반도나 일본도 중세에는 같았다고 생각한다. 이것이 기독교의 서양이나 유교의 조선과 다른 점이다. 심지어 당나라는 이슬람교도, 서양에서 추방된 기독교 이단도, 페르시아에서 없어진 조로아스터교도 용인했다. 즉, 세상의 모든 종교가 공존했다. 그 점에서 장안은 중세의 유일한 도시였다. 위추위는 현대 도시 중에서 파리가 그렇다고 하며 뉴욕은 시의詩意가 부족하다고 말한다. 시의란 당시唐詩의 마음을 말한다. 당나라에서는 당음唐音이라고 했다. 위추위는 중국인이 중국에 사는 이유를 당시가 있기 때문이라고 한다.

그러나 지금 그곳에는 시의가 없다. 작금의 서울이나 베이징에도 시의가 없다. 그러나 신라의 경주는 장안과 조금은 닮지 않았을까? 나는 경주에 갈 때마다 아랍인들의 석상이 있는 괘릉掛陵을 찾아간다. 어쩌면 경주에 모스크도 있었을 것이다. 1,000년도 더 전의 경주는 지금보다 훨씬 이주민에게 개방적이었을 것이다. 그런데 위추위가 개탄하듯이 한국의 젊은이들도 개방적이지 못해 걱정이다.

중국의 중세

중국에 대한 책은 너무나 많다. 우리말로 된 책도 내가 읽기에는 너무 많다. 여기서 그 모두를 평할 여유는 없지만, 여전히 전통적인 '왕조실록'류의 상층부 중심이거나 섣부르게 마르크스주의를 적용한 중국인이나 타이완인, 일본인이나 한국인이 쓴 책들보다 서양인이 쓴 책을 권하고 싶다. 그중에는 중국 찬양 또는 멸시와 같은 주관이 내포되는 경우가 있어서 주의해야 하지만 말이다.

『전두환 회고록』 따위를 출판하기도 해서 출판사가 영 마음에 들지는 않지만(나는 오로지 그 이유로 그 출판사의 집필 제의를 거절한 적이 있다) 퍼트리샤 버클리 에브리Patricia Buckley Ebrey가 쓴 『사진과 그림으로 보는 케임브리지 중국사』가 있다. 이 책은 중국사를 11장으로 나누는데, 종래 서양식의 고대-중세-근대라는 3분법과 달리 왕조 중심으로 보는 것이어서 그런 왕조사적 관점을 비판적으로 보아온 우리에게는 낯설다. 그러나 그런 비판적 관점이야말로 우리가 서양적 관점에 젖었다는 증거가 아닐까? 이 책은 왕을 중심으로 한 '왕조실록'류 드라마 역사와는 전혀 다르다. 즉, 시대를 왕조로 나눈다고 해서 왕의 역사를 쓴 것이 아니라 생활과 문화를 중심으로 삼은 장점이 있다. 가령 한자가 표의문자라는 우연적 요소에 의해 중국이나 중화문화권이라는 통합이 가능했다고 설명하는 것과 같은 신선함이다.

중국에서는 3~9세기의 600년을 중고라고 하고 서양사의 중세에 해당하는 것으로 보는 경향이 있다. 그리고 그전을 고대, 그 후를 근세와 근대로 다시 나눈다. 근세란 10~19세기의 900년간이고, 근(현)대란 20세기를 말한다. 근세는 송 왕조(907~1276)와 요·금·원 왕조(907~1368), 명 왕조(1368~1644)와 청 왕조(1644~1900)를 포함하는 것으로 우리의 고려와 조선에 각각 대응한다. 나는 이와 달리 우리의 삼국시대와 고려시대가 중세에 해당하는 것처럼 중국사에서 중세를 3~6세기 분열의 시대(220~589)부터 당 왕조(581~907), 송과 요·금·원 왕조까지로 본다.

중국 중세의 시작인 3세기는 우리에게 『삼국지』로 알려진 난세의 삼국시대로 시작한다. 내가 좋아하지 않는 투기와 권모술수, 모반과 모해의 전문가들인 조조·유비·손권·제갈량 등이 영웅으로 등장하고(나는 『삼국지』를 읽지 않으며, 특히 밀리언셀러라는 이문열 번역의 그것을 싫어하고, 그것을 대단한 고전인 양 섬기는 중국주의자들의 태도를 정말 싫어하는데, 최근 중국에서 나와 같은 의견의 『쌍전』이 출간되어 반가웠다), 내가 좋아하는 반反영웅들인 죽림칠현이 나오는 자유분방한 시대가 이어진다.

에브리가 3세기를 '불교, 귀족제, 이민족 군주들'이라고 명명했듯이 중국 중세는 외래문화인 불교의 전래로 시작한다. 정부를 믿기 어려운 어지러운 시대에 불교가 전래된 것은 당연한 일이었다. 게다가 고통과 죽음에 대한 불교의 가르침은 전통 중국에서는 볼 수 없는 것이었다. 그 결과 중국 고유의 생활과 다른 불교의 삭발과 맨발, 가계 승계가 아닌 출가 해탈, 황제가 아닌 부처에 대한 예의, 현세가 아닌 윤회와 지옥 등의 관념이 새롭게 등장해 본래의 중국 문화와 공존했다. 특히 이민족 군주들은 중화주의의 유교와 달리 보편적인 불교를 좋아했다. 불교가 평등을 가르친 탓에 여성이나 하층민에게도 매력적이었다. 물론 저항도 만만찮았다. 특히 독신 생활과 삭발과 화장이 문제였다.

유교가 국교화되었음에도 그것은 한문을 읽을 수 있는 지배 계층의 전유물이었고, 그들의 전제정치에 불만이 있는 대중에게는 도교가 중심 종교였다. 농사를 이상으로 여긴 도연명과 같은 시인에게도 도교의 영향은 뚜렷하다. 도교는 지금까지도 중국 사상의 핵심이다. 심지어 유교는 한국이고 중국은 도교이며 일본은 불교라는 비교론도 있다. 일본에서는 도교가 금지된 반면 고유 종교인 신도神道가 있었고, 한반도에는 도교 대신 선교仙敎라는 것이 있다고 하지만, 그것들이 샤머니즘과 애니미즘과 신선 사상에 수많은 신을 모시는 신앙인 도교와 본질적으로 얼마나 다른 것인지 명확하지 않다.

에브리는 중세 중기인 당 왕조를 '세계적인 제국'으로 부른다. 당나라의 개방적이고 세계주의적인 분위기 때문에 불교는 중국인의 생활을 더욱 깊이 지배했다. 절은 서양 중세의 수도원처럼 학교를 운영하고 나그네에게 숙소를 제공했다. 절은 마을 생활의 중심이자 경제의 중심이었다. 또한 당나라 시대에 불교는 완전히 중국화되었다. 서민 사이에서는 아미타불을 믿는 정토교가 퍼졌고 지식인 사이에서는 선이 유행했다. 선종에서는 그 개조開祖인 달마대사와 혜능慧能이 유명했다. 당대 저술된 책 중 최고의 고전은 혜능의 『육조단경六祖壇經』이라고 보기도 하지만 내게 그 책은 너무나 어려운 선문답이다.

당 왕조 시대를 '세계적인 제국'이라고 함은 당나라만이 아니라 신라와 발해를 포함한 그 주변의 나라들, 티베트와 일본, 지금의 중국 남부에 있던 남조南朝까지 포함해 모두가 당나라 수준의 문명국이었음을 뜻하기도 한다. 즉, 국가 형태를 갖추고 보편적 종교를 도입했으며 문자를 갖추었다는 것이다. 그런 변화에 최강국이자 최대국인 중국이 모범이기는 했지만 단순히 중국 모방으로만 이루어진 것은 아니었고 각국이 나름의 독자적인 발전을 도모했다. 그러한 독자성은 그 뒤에도 이어졌으나 중세가 끝난 뒤 중국이 폐쇄적으로 변하면서 동아시아권도 폐쇄화되었다.

에브리가 '남부 이동'이라고 부른 송 왕조에 와서는 남부를 중심으로 농업과 산업이 발전하고 현대 중국인의 일상생활인 탁자와 의자 사용이 정착되어 편리해지는 등 생활이 근본적으로 변했다. 그러나 수나라 때 시작된 과거가 사람들의 생각을 꽉 막히게 해서 창조력을 약화시키며 확고부동한 사대부 계층이 형성되었다. 유교를 사상의 중심으로 만든 것은 송 왕조 이후였으나 그것이 굳어진 것은 청 왕조에서였다. 새로운 유교로 대두한 성리학은 주희를 중심으로 발전해 관학官學의 지위를 인정받았으나, 그것은 몽골족의 위협에 대응해 한족 문화의 위신을 세우고자 한 몸부림이기도 했다. 그러니 그것을 유일한 진리인 양 숭배한 조선이라는 나라에서 벌어진 비극은 비극 중의 비극이었다.

　에브리는 중국 중세의 마지막을 요·금·원이라는 '이민족의 통치'라고 하면서도 중국 문명은 보전되었을 뿐 아니라 창조적으로 반응해 중국의 전통에 풍요로움을 더하는 표현 수단과 대처 양식을 발전시켰다고 정리한다.

21세기는 새로운 중세의 시작

나는 지금까지 중세란 서양의 시대가 아니라 인도와 아랍의 시대라고 주장해왔다. 지금부터는 중세가 중국과 일본과 고려의 시대라고 주장하려고 한다. 우리를 한국이 아니라 고려라고 부르는 것에 반감을 품을 독자가 있을지 모르겠다. 그러나 한국이라는 이름은 모호하다. 남한만을 말하는지 남북한 모두를 말하는지 불분명하기 때문이다. 그래서 중세까지의 이름인 고려라고 부르겠다. 물론 우리의 중세에는 삼국시대의 후기도 포함되지만 중심은 고려라는 의미다. 그리고 이는 한반도 통일국가를 고려민주공화국이라고 부르고 싶다는 내 희망을 반영하는 것이기도 하다.

　중세 세계의 중심은 동양이지 서양이 아니었다. 중세만이 아니라 18세기까지도 그러했다. 그래서 18세기까지를 중세라고 보는 견해도 있다. 물론 지금까지 서양인들은 그렇게 생각하지 않았다. 가령 우리에게 『로마제국 쇠망사』로 알려진 영국역사가 에드워드 기번을 비롯한 서양인들이 그러했다. 기번은 로마를 고대 최대의 제국이라고 보았지만 그것도 잘못된 판단이었다. 고대 최대의 제국도 서양이 아닌 동양에 있었다. 그러니 유럽 중심의 서양이 세계사의 중심에 선 것은 18세기에서 20세기까지 정도다. 그리고 그런 서양 중심의 세계사는 이제 끝나고 있다. 21세기 세계는 더는 서양 중심이 아니다.

중국은 중세 이후 서서히 무너졌다. 조선이 종주국으로 삼은 명나라는 중국 역사에서 대표적인 폐쇄 국가로 이슬람을 비롯한 이민족을 탄압하고 불교를 억압했다. 조선의 척불론은 그런 명나라에서 온 것이었다. 반면 청나라는 개방적이었다. 만주어·몽골어·티베트어·위구르어·중국어라는 5개 언어를 공용어로 채택했으며 황제는 티베트 불교의 최고 시주施主를 자처하고 이슬람교를 보호했다. 그러나 후기에 와서 한족화, 즉, 폐쇄화되면서 결국 멸망했다. 지금 중국이 다시 그런 길로 가고 있다는 비판이 있다. 대안은 중세로 회귀하는 것이다. 특히 당나라의 개방성으로 돌아가야 한다. 그것이 중국 민주화의 기본이다. 그렇게 되어야 티베트도 위구르도 몽골도 만주도 기타 독립을 원하는 모든 민족이 독립할 것이다. 그리고 그때에야 비로소 아시아의 평화와 인권이 보장될 수 있다.

제**15**장
중국 중세의 사상

불교와 유교의 공존

구순이 다 되어가는 내 어머니는 매일 새벽에 일어나면 사경
寫經을 한다. 1만 번을 훌쩍 넘겼다고 하니 30년이 넘었다. 사
경이란 불교 경전을 베껴 쓰는 일인데, 옛날에는 불경을 보급
하려고 했던 것으로 지금은 개인적인 수양 방법이 되었다. 사
경만이 아니라 독경讀經도 한다. 한문 그대로 외우는데, 그 뜻
을 아는 것은 전혀 개의치 않는다. 독실한 불교도인 어느 교수
에게 그 이야기를 했더니 뜻을 알면 쉽게 그만둘 수 있어서 모
르는 편이 낫다고 답했다. 대학에서는 그렇게 가르치지는 않을
텐데 불교에서는 당연한 일인 듯이 말이다.

　　나도 불경을 이해하기 어렵다. 한자로 읽을 때는 물론이
고 한글 번역본도 어렵다. 절에서 외우는 염불도 어렵다. 평생
을 절에 다닌 어머니는 염불을 잘도 외운다. 그러면서 자녀와
손주의 출세와 행복을 빈다고 한다. 오로지 기복이 목적이라서

무아니 무욕이니 무소유니 하는 불교 교리가 무색하다. 불교가 너무 어려워 기복 일색이라는 말도 있다. 그런데 이는 어제오늘의 이야기가 아니라 2,000년 전 중국에 불교가 전래될 때부터의 이야기다. 2,000년간 불변이라니 불교의 무상 원리가 무색하다. 어머니에게 불교는 오로지 기복의 종교다. 샤머니즘과 다를 바 없다. 부처나 무당이나 같다.

구순이 되기 몇 년 전에 세상을 떠난 내 아버지는 죽기 직전까지도 공맹과 삼강오륜을 입에 달고 철저한 양반 행세와 조상 숭배를 하며 끔찍한 효도를 자식들에게 요구했다. '수신제가치국평천하'라는 말도 자주 했지만 아버지에게 해당하는 말은 아니었다. 오로지 공맹의 이름으로 강요되는 공부와 관료 출세, 큰절을 비롯한 엄격한 예의와 경어가 비인간적인 계급적 복종의 상징인 것 같아 나는 반항했고 정치·경제·사회·문화의 모든 측면에서 부모와 어른들의 가르침과는 반대로 치달았다. 그런 만큼 항상 부모에게 죄의식을 느껴야 했고, 그것은 지금도 엄청난 마음의 상처로 남아 있다.

부모를 이해하고자 지난 반세기 이상 불교와 유교에 대한 책이면 다 읽고자 노력했지만, 농경 사회의 질서를 위한 필요악이라는 정도의 이해밖에 없다. 만년의 아버지는 나무꾼의 암자라는 뜻의 초암草庵이라는 호를 짓고 서예에 탐닉했지만 시골에 사는 나를 못마땅해하며 도시의 문명 생활을 완벽하게 즐겼다. 아버지가 돌아가시자 어머니가 유교적인 것에 반발할 것을 기대했지만 내 예상은 완전히 빗나갔다. 아버지의 장례부터 어머니는 유교와 불교의 의례를 모두 요구했다. 이러한 것도 2,000년간 불변인지 아닌지는 잘 모르겠다. 아버지의 유교란 주희의 송학이나 성리학인데 역시 너무 어려워 불교처럼 대중과 유리되었다. 그래서 불교가 기복 불교로 타락했듯이 유교는 전제專制 유교로 타락했다. 그 둘은 기가 막힌 한 쌍으로 지난 2,000년간 동아시아의 사회와 정신을 지배했다. 내 부모의 정신까지 말이다. 게다가 그 유전자는 내게도 분명 남아 있을 것 같아 무섭다.

중국 중세의 불교와 도교

중국 역사상 위진남북조는 물론 수나라나 당나라까지, 즉, 중국의 중세에는 대체로 유교가 쇠락한 반면 불교와 도교, 현학玄學 등이 우세했고, 문벌 세력이 강화되어 군권 이데올로기가 중시되지 않았다. 물론 가정 질서를 비롯한 사회윤리 사상으로서 유교는 여전히 중요했지만 정치와 경제, 특히 문화에서는 유교보다 불교와 도교가 우세했다. 중세 말기에 정치의 위기가 닥쳐오면서 유교를 부활시키려는 움직임이 점차 커졌지만, 그것도 정치적 해결 방식으로 유교를 강조한 것에 불과했지 만고의 진리로 유교를 절대시한 것은 아니었다. 이는 중세 한반도나 일본, 베트남 등의 아시아 전반에서 마찬가지였다.

인도에서 시작된 불교가 아시아로 전파된 경로는 북방과 남방으로 나누어진다. 북인도에서 티베트·중국·몽골·베트남·한반도·일본으로 전래된 불교가 북방불교, 스리랑카·미얀마·태국·라오스로 전파된 불교가 남방불교다. 북방불교를 대승불교, 남방불교를 소승불교(원시불교)라고도 하지만 이는 북방불교 측에서 남방불교를 얕잡아보고 부르는 말이니 사용하지 않는 편이 좋다. 전래 당시의 불교를 선진이나 고급, 토착 종교를 후진이나 저급이라고 부르는 것도 마찬가지다.

북방불교와 남방불교는 여러 가지로 다르다고 하지만 흔히 말하는 중생 구제와 개인 구제라는 차이에는 문제가 있다. 어느 불교나, 어느 종교나 두 가지는 공존하기 때문이다. 도리어 북방불교가 강조하는 자비의 내용을 들여다보면 이타적인 활동이 아니라 절을 섬기는 보시나 포교가 중심이고 주지를 비롯한 불교단의 무자비한 권력투쟁이 전부라고 해도 과언이 아니다. 불교철학이라는 이름으로 섬겨지는 공이니 여래장이니 화엄이니 하는 교리도 자비나 수행과도 무관하다. 따라서 북방불교의 정체가 무엇인지 의심스럽다. 대승이니 자비니 중생 구제니 하는 동아시아 불교가 유교나 도교 이상으로 황당무계한 것이 아닌지 의심스럽다. 반세기 이상의 불교 공부는 정말 공으로 나무아미타불이다.

반면 남방불교는 붓다를 신으로 보는 북방불교와 달리 인간적 스승으로 보고, 엄격한 계율을 통한 깨달음을 중시한다. 특히 부당한 세상에 치열하게 저항한다는 점에서 항상 세상 권력과 타협하는 북방불교와 다르다. 마을 속에서 사람들과 함께 살면서 탁발을 비롯해 붓다의 가르침에 충실하고 돈이나 권력을 탐하거나 문명에 쉽게 기울지 않고 오로지 수행에 몰두해 모든 사람의 모범이 되어 존경을 받는다. 무당이 한국에서는 체제적이지만 미얀마를 비롯한 동남아시아에서는 반체제적인 점과도 통하는 면이 있다. 여하튼 나는 북방불교보다는 남방불교를 좋아해서 동남아시아의 절을 자주 찾아다니고, 부처가 직접 말한 『숫타니파타』와 같은 불경이나 불교를 배우려고 노력한다. 『화엄경』이니 『법화경』이니 하는 북방불교의 불경은 아무리 읽어보아도 황당무계할 뿐이기 때문이다.

불교가 한반도에 들어온 것은 4~5세기였다. 당시 중국의 동진(317~420)과 남북조(420~589)에서 건너왔다. 불교가 중국에 소개된 것은 60~70년 무렵이었으니 3세기가 지나서였다. 그들은 부처와 도교의 황로黃老를 같이 보고 절을 만들어 제사하면 행복과 장수를 얻는다고 생각했다. 그래서 불교는 도교의 일종으로, 부처는 날아다니며 불로장수하는 도사와 같다고 여겨졌다. 따라서 중국인의 불교 이해는 귀신을 부정하고 인과응보를 인정하는 불교 본래의 가르침과는 매우 달랐다.

불교는 본래 왕을 공경하기는커녕 중시하지도 않았다. 중국에서도 동진에서는 당시 불교를 풍미한 혜원慧遠이 『사문불경왕자론沙門不敬王者論』에서 주장했듯이 승려는 왕에게 절하지 않았지만, 그 뒤에는 그것이 통하지 않아 불교도 유가의 삼강오륜에 접근해 충군존왕忠君尊王과 세속 정권을 옹호하는 호국불교로 변했다. 나아가 효도를 중시하는 등 유교의 도덕관을 적극적으로 수용해 불교의 자비를 유교의 인仁과 동일시하며 불가의 계율과 유가의 덕목을 부합시켰다.

후한 말기 황건적을 비롯한 농민 봉기가 실패한 뒤 위진 시대에는 유교를 본질로 하면서 도교의 외피를 한 현학이 유행하면서 지배계급이 불교에 관심을 갖게 되었다. 당시 불경 번역도 왕성하게 이루어졌는데 특히 중시된 것은 현실 세계가 실체가 아니라고 주장한 대승불교의 반야般若 학설이었다. 그런데 당시 중국에서는 이를 현학, 특히 유심론의 입장에서 받아들였다. 따라서 유교의 봉건 윤리와 일치했다. 고난을 벗어나 열반으로 가는 성불을 말하는 불교는 민중에게 퍼져나갔다. 이는 전통적인 유교가 민중의 충성을 요구하며 생사와 부귀는 천명에 달렸다고 가르친 것과 크게 다르지 않았다. 위진남북조 시대 지배계층은 불교를 적극적으로 수용했고 불교는 504년 국교가 되었다. 많은 절이 건립되고 승려 수도 급증해 특권계층을 형성했다. 흔히들 중국을 비롯한 북방불교는 지배계급 중심으로 율령 체제의 정비와 함께 종래의 부족적 차원의 샤머니즘을 대체하는 보편 종교로 기능했다고 하지만 사실은 지배층 이데올로기로 사변화된 귀족 불교였다.

반면 주류의 귀족 불교와 대립하는 비주류나 이단이라고 할 수 있는 민중 불교도 존재했다. 그중 하나인 선종은 당나라 중후기에 흥기興起했다. 선종은 "하루 일하지 않으면 하루 먹지 마라一日不作 一日不食"는 말로 대표되는 청규淸規를 확립한 백장회해白仗懷海의 노동 중시와 절의 자급자족을 생활의 핵심으로 했다. 구속과 속박을 거부하는 반체제적 성격에서 나오는 역동성도 주목된다. 이러한 선종의 반체제성과 노동 중시는 오늘의 동북아시아 선종의 체제성과 노동 무시와 근본적으로 반대된다는 점에서도 강조할 필요가 있다.

선종과 함께 민중 불교의 대표인 삼계교三階敎의 삼계三階란 불교의 역사를 3단계로 나누는 것으로 붓다 시대의 정법正法, 그 뒤 붓다의 가르침을 그대로 받아들인 시대의 상법像法과 달리, 이제는 붓다의 가르침만으로는 안 되는 말법末法의 시대라고 하며 모든 인간을 붓다가 될 존재로 보고 예배하는 보불보법普佛普法을 주장했다. 삼계교를 시작한 신행信行은 민중이 알기 쉽게 교리를 간단하게 만들고 승려는 민중과 함께 노동하며 수행하고 탁발과 일일일식一日一食할 것을 주장했다. 그리고 서민금고인 무진장원無盡藏院으로 모두의 이익을 도모하는 사회 활동을 펼쳤다. 그러나 그 반체제성으로 수 문제와 당 현종 시절에 네 차례나 금지령이 내려지고 결국 350년 만에 자취를 감추었다. 삼계교는 20세기에 둔황 석불이 발견되면서 비로소 그 존재가 알려졌다. 중국 중세에는 미륵을 믿는 백련교가 홍건적의 난을 일으켜 전제군주에 대항했다. 백련교도였던 주원장朱元璋이 명을 건국한 것도 주목할 만하지만 그 뒤로 불교는 쇠퇴했다.

위진남북조 시대에 도교가 흥기했고 당나라에서는 도교가 국가 차원에서 특별히 중시되었다. 이씨인 당나라 황실은 마찬가지로 이씨라는 노자의 후손을 자처하며 자신들의 통치를 합법화하려고 했다. 몇몇 황제가 불교를 탄압한 것도 도교를 신봉한 것에서 비롯되었으나 도교는 사회적 영향력에서 불교에 미치지 못했다. 당나라 후기에는 도교도 심신을 중시하는 수련 방법을 채택하는 등 변화하면서 평등주의적인 면모를 보이게 되었다.

송나라 이후 중국에서는 유불도 삼교의 합일을 추구한 많은 민간신앙이 등장해 민중에 퍼졌다. 비밀결사의 성격을 띤 최초의 민간 종교인 한나라 말기의 태평도太平道와 오두미도五斗米道 이래 수나라와 당나라에 이르기까지 미륵불을 섬기는 종교적 봉기가 성행했고 원나라 말기의 백련교 등의 홍건紅巾 봉기는 청나라 중기의 백련교의 난으로 이어졌다.

중국 중세의 유교와 지식인 문화

위진남북조 시대에 유교는 쇠락했고 당나라에서도 사상 통치 강화 목적으로 불교와 도교가 대대적으로 제창되었다. 그로 인해 사원경제와 승려 지주계급이 비약적으로 발전하면서 많은 해악을 초래했다. 사원은 많은 토지와 재부를 차지하고 면역免役과 면세 등의 특권을 누렸다. 승려 지주계급은 그런 특권을 이용해 부역 기피와 탈세를 비호해주면서 세속 지주와 경쟁했다. 당나라 중기 이후 균전제가 파괴되고 지방 세력이 강화되어 중앙정부의 재정수입이 감소하면서 사원경제와 정권 사이에 갈등이 생겨났다. 특히 당나라 후기에 터진 안녹산의 난(755~763)으로 혼란이 거듭되자 유교 재흥의 움직임이 생겨났다. 처음에는 불교나 도교에 적대적이지 않았으나 8~9세기 철저한 유교 사상가인 한유韓愈 등이 불교와 도교를 가정과 나라를 파괴하는 불충불효한 사상이라고 비난하면서 배척하는 경향으로 변질했다.

한유는 황제가 부처의 사리에 예배하는 것에 항의하는 상소에서 불교는 야만족의 종교이고 부처의 사리는 몹시 불결해 만질 수도 없는 더러운 것이라고 통박했다. 나아가 백성이 부처 사리를 숭배하면 본분에 맞는 일과 사회적 의무를 포기하고, 대신 불교적 목표를 추구하게 되어 국가의 조세 기반이 약화된다고 비난했다. 따라서 한유는 불교와 도교의 서적을 불태우고, 승려는 일반인의 생활로 돌아가야 하며, 승원을 일반 주택으로 전환해야 한다고 주장했다. 물론 주된 비난의 대상은 도교가 아니라 불교였다.

또 한유는 공맹 이래 유교의 맥락이 끊어졌다고 하면서 공맹으로 돌아가야 한다고 주장했다. 특히 유교가 교육과 글쓰기의 기본이라며 유교를 강화하는 것이 국가를 강화하는 데 필수적이라고 주장했다. 한유는 고대의 이상인 명료함과 간결함, 실용에 근거한 간단한 산문 문체古文를 보급했다. 나아가 유교로 중앙정부의 약화라는 문제를 해결할 수 있다고 믿었다.

그러나 유교 부흥은 불교, 특히 깨달음을 중시하는 선종의 영향을 받아 전통 보존보다 새로운 원리를 추구하는 방향으로 흘러갔다. 한유는 불교와 대항하면서 승려들의 법통을 본받아 유가에 전해오는 유통儒通을 만들었다. 그는 군주가 백성을 다스리고 백성이 군주에게 복종하며 신하가 군주를 도와 백성을 통치하는 것을 고래古來의 도라고 하면서, 그 도가 중국의 기원인 상고시대부터 공자와 맹자에게 전해졌으나 그 뒤로는 이어지지 못했다고 보고, 자신의 사명이 그 도통道統을 계승하는 것이라고 했다.

한유는 유가의 정명定名에는 고정적인 인과 의의 내용이 있는 반면, 불교와 도교는 인과 의를 말하지 않는다고 비판했다. 그는 인의의 내용을 지주계급의 시혜와 행위라고 주장했다. 즉, 통치자인 성인이 정치·경제·사회·문화의 모든 것을 만들어 백성에게 가르치는 관심과 사랑이 인이고 백성이 의무를 다하는 것이 의라고 했다. 한유는 이러한 인의를 합리화하려고 동중서董仲舒의 성3품설性三品說을 계승했다. 즉, 종래의 성선설이나 성악설은 중간 계층의 인성을 말한 것이고, 상하의 성품을 말하지 않았다며 성인의 상품(성선)과 백성의 하품(성악)을 불변의 성품이라고 주장했다.

중국 중세의 유교는 송나라에서 특히 번성했다. 그것은 문관 정치와 직접 관련된다. 문관 정치는 수나라에서 구품관인법九品官人法을 폐지하고 과거로 인재를 선발하면서 시작되었고 이는 당나라에 계승되었다. 당나라 초기에는 과거를 그다지 중시하지 않았고 인재 선발의 기준으로 학식보다 인격을 중시했다. 또 경전의 암기와 함께 문학 창작을 중시했다. 특히 현종 이후 시 창작을 중시하는 진사과의 발전으로 이백과 두보를 비롯한 위대한 시인들이 등장하며 시문학이 발전했다. 송나라에서 과거는 실용적 지식을 중시했으나 응시자가 늘면서 격식화된 글쓰기가 중시되고 이에 따라 과거는 지식인을 농락하고 사상을 통제하는 수단으로 변질되었다.

송나라는 처음부터 조선처럼 과거를 통한 문관 정치를 표방했다. 내가 어린 시절 아버지에게 매일 들은 "책 속에 황금의 집이 있고 책 속에 옥과 같은 미인이 있다"는 말은 송나라의 세 번째 황제 진종眞宗이 지은 「권학시勸學詩」의 한 구절이었다. 과거에 급제하면 벼슬과 함께 재물과 명예까지 갖게 되면서 독서인인 선비와 관료인 대부가 합쳐져 사대부가 탄생했다.

문관 정치의 대표 격인 왕안석王安石을 초기 사회주의자라고도 한다. 부호의 이익을 빼앗아 만민에게 이익을 주자는 정책을 펼쳤기 때문이다. 그러나 결과는 심각한 당파 싸움이었다. 왕안석의 지지파나 반대파나 모두 유가 경전에서 자기주장의 근거를 끌고 왔다. 반대파 중에는 정이程頤도 있었다. 정이를 비롯한 이학자들은 풍속을 개혁하려면 극기복례克己復禮의 예교부터 시작해야지 정부의 입법으로는 이룰 수 없다고 주장하면서 왕안석을 소인배로 몰아세웠다. 그래서 경전에 나오는 주대 귀족의 예의를 『가례』와 『향약』으로 요약하고 어린이 교육용으로 『소학』을 편찬했다.

정호程顥와 정이 형제는 이理(원리나 유형)와 기氣(운이나 물질적 힘)라는 측면에서 우주 작용에 대한 형이상학적 이론을 발전시켰다. 이에는 전통 사회의 윤리인 삼강오상三綱五常도 포함되었다. 이는 영웅 사관을 고취하고 황제는 올바른 기가 가장 왕성한 천재인 반면, 인민은 기가 무디고 탁한 바보라고 하며 군주에 대한 절대복종을 주장했다. 이처럼 그들의 학문은 이를 중시했기에 이학理學이라고 불렸다.

주희의 성리학

그런 남송 이학의 최고봉이 주희였다. 그는 특별히 사서인 『논어』, 『맹자』, 『중용』, 『대학』을 중시했다. 『논어』와 『맹자』는 직접 성인의 말을 적었다는 이유에서 오경을 읽는 것보다 선인의 뜻과 천리를 잘 알 수 있게 해준다고 했다. 주희 이후 사서는 과거 시험의 범위가 되면서 당나라 이전 오경의 지위를 대신했다.

주희는 정호와 정이 형제의 학문을 따라 그들의 형이상학 이론을 더욱더 체계화했다. 특히 불교와 도교의 영향으로 천지 만물의 이치라는 이理를 찾고, 이를 통해 천지 만물이 질서로 회귀하는 이유, 성인 인격의 근거, 인의예지신의 기점을 찾았다. 그리고 천지 만물을 합리적으로 정리하는 방법으로 삼강오륜이라는 규범을 만들었다. 그는 유교의 제도적 기반을 발전시키고 민간 수준에서 사제가 함께 기거하는 사학을 설립했다.

주희는 『대학』의 핵심을 격물, 치지, 성의, 정심, 수신, 제가, 치국, 평천하라는 8개 조목으로 보고 그 8단계를 밟는 것을 정형화된 학문의 단계라고 했다. 즉, 이를 탐구하는 격물치지의 단계에서 그것을 스스로 실천하는 성의, 정심, 수신으로 나아가고 자신의 완성된 덕을 가정과 나라와 천하에 널리 편다는 것이다. 그러나 실제로 그런 단계를 거친 유학자는 거의 없었다. 중국 역사에도 조선 역사에도 다른 어디에도 없었다. 따라서 주희의 '학문 8단계론'은 현실과 맞지 않은 공허한 주장에 불과했다.

　　주희는 공자 이래의 법치가 아닌 덕치를 더욱 강력하게 주장하고 그것을 지역의 향약을 통해 보급했다. 그러나 중국의 어느 시대도 덕치가 아니라 법치로 지배되지 않은 시대가 없었고, 향촌도 그곳의 엄격한 형정刑政으로 유지되었다. 즉, 유교는 겉치레에 불과했고, 실재한 것은 강제된 엄격한 관습이었다. 심지어 가정의 질서도 그런 강제로 유지되었다. 내가 어린 시절에 겪은 가정, 내 가정은 물론 남의 가정도 그런 강제로 유지되었을 뿐이다.

　　그런 자신의 공허한 학설을 고집한 주희는 살아생전부터 많은 사람에게 경원당했다. 가령 이학자 육상산陸象山은 책을 많이 읽어 사물의 이치를 알고 연구하는 수양을 강조한 주희와 달리, 마음의 바름을 강조하고 쉽고 간편한 공부를 주장해 주희의 주장을 지리멸렬하게 만들었다. 그런 논쟁의 결과 권력에 의해 주희의 가르침은 궤변이라고 비난받았다. 과거에서는 그의 가르침을 신봉하지 않는다고 해야 했다.

　　그러나 주희는 사후 몇십 년 만에 적극적으로 정부의 지원을 받았고, 관학에서는 그가 주석한 사서를 교과서로 사용했다. 그러나 이러한 변화는 몽골의 중국 북부 정복으로 국제적 위기 상황이 닥치자 이에 대응하기 위한 것으로, 지극히 정치적인 것이었다. 즉, 송나라 황제는 자신이 중국 문화의 수호자고 유학자의 후원자임을 과시해 정통성을 확립해야 했다.

그러나 성리학의 난해한 추상적 이념은 인성을 억압하고 개인을 부정하며 자유를 박탈했다. 특히 여성의 지위를 더욱 약화시켰다. 주희를 비롯한 성리학자들은 여성이 자기 소유의 재산을 가져서는 안 되고 남편이 첩을 두어도 질투해서는 안 되며 남편이 죽은 뒤에는 시부모와 아이들을 잘 보살펴야 하며 여성과 남성의 거처는 엄격하게 나누어야 한다고 가르쳤다. 과부의 재혼은 부적절하다며, 차라리 굶어 죽는 편이 낫다고 주장했다.

송나라에서는 종족 조직도 발달했는데 그것은 기본적으로 과거를 통해 관료로 출세한 자를 중심으로 했다. 주희가 지은 『가례』가 종족 조직의 중요한 표본으로 작용했다. 족보도 송나라에서 성행하기 시작했다. 1536년 명나라가 종족 시조에게 제사를 지내는 것을 승인하면서 동일 시조의 종족끼리 연계해 전국적 단위의 종친이 구성되었다.

주희를 비롯한 송대의 유학은 명대 전제주의의 절대적인 근거로 작용해 조선에 해악을 미쳤다. 과거 시험의 중요 교재인 사서오경을 공부하는데 주희와 송유宋儒의 주석만이 절대적이고 나머지는 이단으로 철저히 배척되었으며 삼강오륜은 극단적으로 적용되어 비인도적인 비극을 낳았다. 중국에서는 청대에도 이런 흐름이 유지되었고, 조선에서는 청 이상으로 심화되었다. 그나마 중국에서는 왕양명王陽明이나 황종희黃宗羲 등이 새로운 유학을 일으켰고 5·4운동기 등 유교에 대한 비판이 일어난 때도 있었다. 하지만 조선에서는 그런 비판도 없이 지금에 이르고 있다. 그래서 유교의 병폐는 지금도 여전하다.

그러나 유교의 폐단은 과거의 폐단과 함께 초래된 것이다. 유학은 경전을 근원으로 하면서도 도덕 실천을 중시했으나 지식인들이 축재와 공명의 유혹에 빠져 수단 방법을 가리지 않고 부정을 저질러 과거에 합격하려고 해서 경전 공부만으로는 도덕성을 기를 수 없다는 것이 증명되었다. 명나라에 와서 과거 시험은 더욱 경직되어 내용상으로는 오로지 주희의 주석에 근거해 도리를 논하고 형식적으로는 반드시 팔고문八股文에 따라 기승전합용起承轉合用 8단락과 700자 분량으로 성인의 본의를 논해야 했다. 결국 과거 시험은 문자의 유희가 되어 모범 답안을 암기하는 것이 공부의 전부가 되었다. 그런 과거 공부의 폐단은 오늘날에도 사법시험을 비롯한 각종 시험에 영향을 미치고 있다.

효도를 위한 변명

내 부모는 내가 고시를 해서 출세해 집안을 빛내고 일으켜주기를 기대하면서 그것을 효도라고 했다. 아마도 한반도에서는 옛날부터 그렇게 살아왔을 것이다. 그래서 사법시험이니 행정고시니 하는 것이 인생 최고의 목표다. 그러나 그 합격자 수는 너무 적어서 대부분의 사람은 실패한다. 그래서 그 시험은 로또 같은 것이다. 대다수 인간을 실패자로 만드는 세상은 좋은 세상이 아니다. 나는 그런 세상이 싫다.

나는 관료로 출세하지 못한 점만으로도 부모에게 불효자였으며, 평생 부모와 정반대되는 삶을 살았고 반항했다. 불효가 하늘을 찌른 셈이다. 부모가 평생 그 점을 안타까워했음에도 나는 그런 불효를 저질렀다. 그런데 나는 항상 그런 불효를 저지른 것을 끔찍하게 자책했다. 불효를 옳다고 마음 편하게 생각할 위인이 못 되었다. 어쩔 수 없이 그렇게 살았지만 평생 불효자로서 울어야 했다.

그래도 나는 교수로 정년퇴직한 것을 정말 다행으로 생각한다. 내가 관료나 정치가가 되었다면 정말 가관이었을 것이다. 집안이니 뭐니 해서 가만 놓아두지 않았을 것이다. 교수든 시민운동가든 대부분 정치에 입문하면 타락한다. 아니 어쩌면 성장하면서 대부분 타락한다. 나는 성장이 싫었다. 성인이 되는 것도, 아버지가 되는 것도 싫었다. 어려서 좋아한 반 고흐나 니체는 일찍 죽었고 독신이었다. 그러나 나는 성장했고 아버지가 되었다. 내 아버지와 같은 아버지가 되고 싶지는 않았으나 어쩌면 나도 똑같은 아버지였을 것이다. 그래서 자녀에 대한 죄의식으로 괴로웠고 그만큼 커진 아버지에 대한 죄의식으로 더욱 괴로웠다.

김용옥은 '신체발부수지부모'를 동양적 인권 사상이라고 했다. 서양의 천부 인권설이 아닌 친부親賦 인권설이라는 것이다. 아마도 그는 훌륭한 동양학자이니 지극한 효자이고 좋은 아버지일 것이다. 어디선가 어머니를 위한 잔치를 성대하게 치렀다고 자랑하는 글을 본 적이 있다. 그 사람뿐만 아니라 효자는 많을 것이다. 부모의 바람대로 성공한 사람도 많을 것이다.

자신의 바람대로 자녀도 성공했을 것이다. 그런 사람은 모두 친부 인권설을 인정할지 모른다. 아울러 유교, 특히 주희의 성리학을 따를지도 모른다. 대단한 양반 집안의 조상들을 자랑스러워할지도 모른다. 그러나 나는 그렇지 못하다.

중국에도 천, 즉, 하늘의 사상이 있었다. 마찬가지로 서양에도 친, 즉, 부모는 있었다. 서양에서도 부모는 존중했다. 그러나 자식의 몸과 마음, 심지어 그 삶이 부모의 것이라고는 생각하지 않았다. '신체발부수지부모'라는 말에서 보듯이 자식의 몸을 부모의 것이라고 생각한 고대 중국에서 인권 사상은 있을 수 없었다. 그때만이 아니라 동양에 인권이라는 개념은 최근까지 없었다. 묵자墨子에게 그런 가능성이 있었으나 그의 사후 평등은 끝났다. 인권은 모든 인간이 평등하다는 사상을 전제로 한다. 지금 중국에 인권이란 개념이 있는가? 중국에는 인간의 보편적 인권, 모든 인간이 가진 인권이라는 개념이 없다. 공산당은 모든 인간의 평등한 인권을 인정하지 않는다. 공산당원의 우월을 인정하는 것은 조지 오웰의 『동물농장』에서 돼지들이 자신이 남보다 '더 평등하다'고 주장하는 것과 같다.

제16장

중국 중세의 문학

빈약한 자유인 전통

나는 좋아하는 사람의 평전을 몇 권 썼는데, 그중 중국인을 대상으로 한 것은 『자유인 루쉰』뿐이다. 앞으로 하나 더 쓴다면 그것은 죽림칠현의 집단 평전이다. 그들이 중국사 최초의 자유인이었기 때문이다. 어려서 죽림칠현에 대한 이야기를 우연히 읽고 조선에도 같은 해동칠자海東七子가 있다는 말을 들어서 열심히 뒤져보았더니 이황이나 이이 등의 유학자들을 가리키는 것이라는 것을 알고 허전해했던 추억이 있다.

나는 지금도 이황이나 이이 등의 평전은커녕 글 한 편을 쓸 생각도 없다. 그들은 서울과 지방에 엄청난 노비와 전택田宅을 소유한 부자였다. 소위 금수저의 자손이고 그 조상도 후손도 대대로 금수저였다. 그들은 안빈낙도니 청빈이니 하는 소리로 숭상되었으나 이는 그야말로 헛소리다. 대지주인 그들에게는 학문이나 벼슬도 취미 활동 같은 것이었다. 그들은 서얼 차별에 반대하기는커녕 부계를 강조한 주자학으로 금수저 양반 수호에만 몰두했다.

지배층의 도덕을 강조한 정약용도 공노비 해방 반대에 앞장섰고 양반을 숭상했으며, 양반의 행실을 비판한 박지원도 신분제나 노비제도 폐지에 대해서는 한마디도 하지 않았다는 점에서 나는 실학에 대해서도 비판적이다. 그들 모두 임금이나 유교적 계급 질서에 대한 충성에서는 누구 못지않았다. 그나마 당시 현실에서는 진보적이었다고? 그나마 그 정도의 비판도 매우 귀한 것이었다고? 그 정도라도 인정해야 한다면 그렇게 하자.

그러나 그들은 무엇보다도 내가 좋아하는 자유인이 아니다. 그들뿐만 아니라 우리의 역사에는 자유인은 거의 없다. 겨우 김삿갓 정도뿐이다. '겨우'라고 한 것은 그도 '삿갓' 외에는 달리 자유의 면모가 없기 때문이다. 원효부터 시작해 자유인의 전통을 찾아보려고 열심히 뒤져보았지만 아직도 찾지 못했다. 사대부가 귀양을 간 이유도 기껏 권력투쟁에 밀려서고, 귀양지에서 언제나 왕을 그리워하며 권력 탈환을 꿈꾸었다. 물론 귀양 생활은 과거의 부귀영화와는 달랐지만 서민들의 존경과 하인들의 시중을 받으며 저술이나 시작詩作에 몰두할 수 있을 정도로 편했다.

자유인 부재의 전통은 중국이나 일본도 예외가 아니었다. 동아시아 한자 문화권에는 자유인의 전통이 빈약하다. 그래도 상대적으로 일본에서 조금이나마 찾아볼 수 있다. 일본은 유교의 영향이 가장 약했기 때문이다. 자유인의 전통이 빈약한 것은 아시아에서도 중국 문화권이 인도 문화권과 다른 점이다.

같은 불교라도 대승불교는 국가와 쉽게 연결되어 호국불교로 변질되었다.

내가 동아시아권에서 유일하게 자유인으로 존경하는 루쉰魯迅의 문학을 '토니 학설 위진 문장'이라고 한다. '토니'란 톨스토이와 니체를 말한다. 톨스토이의 인도주의와 니체의 개인주의를 결합한 사상을 위진 시대 문학의 문장으로 표현한 것이 루쉰 문학이라는 것이다. '위진 문장'은 루쉰이 스승인 장빙린章炳麟의 영향 아래 닦은 동성파桐城派 문장을 극복해 익힌 문체를 말한다. 장빙린은 청대 고증학 최후의 대가이고 동성파는 당송팔대가의 고문을 이상으로 삼은 학파로 그 문장은 귀족적인 화려함을 특징으로 한다.

반면 위진 문장의 특징은 특히 혜강嵇康에게서 보듯이 전통과 상식을 비판하는 것이었다. 루쉰이 위진 문인에게 배운 바는 '지극한 정성'과 '세속에 아첨하지 않는 정신'이었다. 그리고 그것은 단적으로 유교 비판으로 나타났다. 루쉰은 죽림칠현의 중심인 혜강의 문집을 10년 동안 교정해 완성했다. 그리고 중산대학 교수직을 사임하며 '위진의 기풍과 문장, 약 그리고 술과의 관계'라는 제목의 강연도 했다. 1920년대 후반의 「잡감」, 『야초』, 「고독자」 등에서 혜강의 영향은 뚜렷하다.

한편 루쉰은 『삼국지』나 『수호지』를 좋아하지 않았는데 그보다 냉혹하게 그 두 소설을 싫어한 사람은 그 앞의 량치차오梁啓超고, 최근에는 『쌍전』이라는 책으로 그 두 소설을 철저히 비판한 류짜이푸劉再復다. 내가 중고등학교에 다닌 1960년대 후반에도 『삼국지』와 『수호지』는 학생들만이 아니라 일반인에게도 엄청난 인기였다. 1970년대에는 이문열과 황석영의 번안, 심지어 고우영의 만화 작품으로도 최고의 인기를 끌었다. 1980년대 전후에 내가 만난 보수파는 물론 진보파도 『삼국지』와 『수호지』에 열광했다. 모두 『삼국지』의 의리와 『수호지』의 반역을 좋아했다.

그러나 나는 그 두 소설이 싫었다. 류짜이푸의 비판처럼 『삼국지』는 권모술수와 의리의 패거리 문화, 『수호지』는 폭력과 반역, 여성 혐오로 무장한 남성 우월주의와 영웅주의의 기원이었다. 펄 벅Pearl Buck이 『수호지』를 영어로 번역하면서 '모든 사람은 형제다All Men are Brothers'라고 제목을 단 것으로 유명하지만, 루쉰은 그것은 잘못이라고 그녀에게 충고했다. 그 '형제'를 '패거리'라고 번역하는 것이 더 옳았을 것이다.

언젠가부터 우리의 연예 방송에 형과 아우라는 식의 패거리가 그대로 통용되듯이 우리의 패거리 의식은 공사, 좌우를 막론하고 강력하다. 그래서 혈연·학연·지연 따위의 각종 인연이 패거리를 만들고 그 집단 이기주의가 세상을 더럽힌다. 그 패거리가 지향하는 바는 권력이다. 그런 권력 지향이 『삼국지』와 『수호지』의 본질이다. 그런 『삼국지』와 『수호지』의 세계에는 자유인이 있을 수 없다. 권력이 없는 세상은 없겠지만 한국 사회는 너무나도 지나쳐서 그야말로 죽고 살기의 문제다. 즉, 생사여탈의 권력 세상이다.

위진 문학과 죽림칠현

루쉰이 재발견하기 전까지 위진 문학은 오랫동안 중국에서 무시되어왔다. 그 이유는 당대의 고문古文 운동이 위진 문학을 형식적이고 사상적 내용이 없다고 비난한 이래 고문이 중국 문학의 주류가 되었기 때문이다(고문은 그로부터 1,000년도 더 지나 박지원의 『열하일기』가 그것에 반한다는 이유로 문체반정의 근거가 되기도 했을 정도로 끈질긴 것이었다). 20세기에 와서 루쉰 등이 재조명했지만 위진 문학은 아직도 미개척 분야다.

나는 죽림칠현을 문인이 아니라 사상가로 보기도 한다. 중국에서는 죽림칠현을 사상가로 다루지 않는 경향이 있지만 (가령 런지위任繼愈가 편집한 방대한 『중국 철학사』에서는 언급조차 되지 않는다), 나는 비주류 사상으로서는 중국 역사상 최고의 사상가라고 본다. 특히 전체주의적 전제주의가 아직도 뿌리 깊은 중국을 비롯한 아시아에서 평화와 인권을 존중하는 새로운 사상 풍토를 확립하려면 그 무엇보다 강조되어야 하는 반체제 자유 해방 사상을 최초로 모색한 사람들로 평가받아야 한다고 생각한다.

현대 중국의 죽림칠현 연구의 최고봉인 류창劉強이 쓴 『죽림칠현』의 한국어판 제목은 『야만의 시대, 지식인의 길』이다. 중국의 중세도 3세기의 위진 시대(220~420)라는 야만의 시대로 시작한다. 우리가 아는 『삼국지』(정확하게는 『삼국지연의』)의 시대다(중국 중세는 『삼국지』가 쓰인 1,000년이라고 할 수도 있다). 야만의 시대에 수많은 지식인이 희생당했다. 그 시대의 대표적 사상이었던 현학玄學을 창시한 하안何晏, 산수시의 비조였던 사영운謝靈運, 『후한서』를 쓴 역사학자 범엽范曄을 비롯해 수많은 사람이 피살되었다.

하안과 함께 『노자』와 『역경』의 저술로 유명한 왕필王必은 위진 시대 사상사 초기를 대표한다. 그들은 현상의 배후에 있는 근본적 원리를 '본', 현상을 '말'이라고 하고 '본'을 알아야 '말'을 알 수 있다고 했다. 그리고 '본'은 '도'로 그 기본이 '무'인 반면 '말'은 '유'라고 했다. 그들은 『노자』, 『역경』과 함께 『장자』를 3현이라고 해서 가장 중시했다. 그리고 그들의 여유로운 대화를 '청담淸談'이라고 했다.

위진 시대 사상사의 중기를 대표하는 죽림칠현은 어지러운 세상을 등지고 심심산천으로 들어가 함께 술을 마시며 살았다. 그러나 7명이 다 함께 모여 살았다는 것은 아니고, 술을 마시려고 만난 것도 아니었다. 그들은 인생과 세상을 논하고자 만났다. 말하자면 철학을 한 것이다. 당시의 그 이름은 현학이었다. 지금 우리가 흔히 '현학적'이라고 하는 부정적 이미지의 현학이다.

죽림이라고 하지만 그들이 대나무 숲속에 들어간 것은 아니다. 부처의 설법을 들은 어느 부자가 자신의 죽림 동산에 집(죽림정사라고 한다)을 지어 부처에게 주어 최초의 절을 만들었다는 불교 설화에서 그 말이 나왔다. 그런 점에서 보면 죽림이라는 말에는 불교적인 의미가 있다. 그러나 사상적으로 죽림칠현은 불교보다 노자, 노자보다 장자에 가까웠다.

칠현 가운데 중심은 완적阮籍과 혜강이지만 그들은 이백과 두보처럼 서로 너무 달랐다. 완적은 고독을 중시하고 철학적 논쟁을 즐긴 반면, 혜강은 인간관계를 중시하면서도 상식에 반하는 주장을 폈다. 완적은 모친이 죽었을 때 당시의 관습이었던 3년 시묘살이는커녕 술과 고기를 먹고 상주로서 곡도 하지 않았다. 21세기 대한민국에서도 허용되기 어려운 일이 아닌가. 나는 상주로 곡을 하다가 사흘째 목이 쉬어 곡을 못 하게 되자 엄청난 욕을 먹은 경험이 있다.

완적보다 13세 연하지만 친구로 지낸 혜강은 262년 유교에 반한다는 이유로 처형되어 중국사 최초의 반체제주의자라고 할 수 있다. 공자를 하찮게 여기고 장자를 따라 관리 사회를 혐오하고 노동하며 자연을 사랑했던 혜강은 위진의 정권 교체에 휘말려 처형당한 반면 완적은 살아남았다. 심지어 완적을 정권 교체의 배후로 보는 견해도 있다. 여하튼 그들은 중국 역사상 최초의 자유로운 지성이었다. 그들로 인해 왕희지王羲之, 고개지顧愷之, 도연명 같은 자연주의 지성이 뒤이어 나올 수 있었다.

왕은王隱은 『진서晉書』에서 완적에 대해 "머리를 드러내고 머리칼을 흩트렸으며, 알몸으로 두 발을 쭉 펴고 앉았다"고 했으니 고대 그리스의 디오게네스Diogenes를 연상시킨다. 본성을 굽혀 영합하는 것을 싫어해 마음에 드는 사람에게는 '청안靑眼'을 하고 싫은 사람은 '백안白眼'시하는 것도 마찬가지다. 당대에는 인물 비평이 유행했으나 완적은 남을 비판하지는 않았다. 그것이 어지러운 시대를 살아가는 보신술이었다. 또 하나의 보신술은 술을 마시며 정치에 관여하지 않고 은둔하는 것이었다. 그래서 노장에 기울었다.

완적은 「통노자론通老子論」에서 "도는 자연이다"고 했다. 그의 대표작은 「영회시詠懷詩」라는 80여 수의 오언시다. 첫 시가 "한밤에 잠 못 이루어 일어나 거문고를 뜯노니夜中不能寐 起坐彈鳴琴"로 시작하는 것처럼 고독과 불안을 노래한다. 완적이 쓴 「달장론達莊論」은 『장자』의 제물齊物사상을 논한 것이다.

완적과 혜강의 작품은 최근에야 모두 우리말로 번역되었

다. 내가 읽은 최초의 혜강 작품은 우리가 음악을 듣고 애락을 느끼지만 음악 자체에는 그런 요소가 없다며 유가의 음악론을 비판한 「성무애락론聲無哀樂論」이었는데, 중국 최초의 자율적 음악미학론이라고 볼 수 있는 탁견에 감탄했다. 그리고 유가에서 긍정하는 욕망의 포기를 통한 양생의 도를 논한 「양생론養生論」이나 「자연에서 배우는 것을 좋아한다는 주장을 반박하는 주장難自然好學論」에서 유가의 학습론에 반대해 경서 학습은 자연적인 것이 아니라 출세를 위해서라고 주장한 점도 놀라웠다. 또 「절교서絶交書」와 같이 죽림칠현 중 한 사람인 산도山濤에게 자신의 결점을 말하면서도 주장하는 태도를 보인 점도 신선했다. 나는 죽림칠현이 노장에 빠지고 묵자의 평등 사회를 부활시키지 못한 점이 아쉽다. 도연명은 그런 평등 사회를 그렸으나 그것은 꿈속의 이야기였다.

곽상과 도연명

위진 시대 말기를 대표하는 곽상郭尙은 무와 유의 조화론을 전개했다. 즉, 무와 자유로운 삶을 긍정하면서도 세속적 생활이나 규범을 부정할 필요가 없다고 보았다. 그러나 그가 「대종사주大宗師注」에서 "천지 만물의 모든 것은 하루라도 없을 수 없다故天地萬物凡所有者 不可一日而想無也"라고 해서 현실을 인정하고, 군신 상하의 관계를 자연의 천리에 합치되는 것이라고 본 점은 아쉽다.

이는 왕필이 『주역약례周易略例』에서 "다수는 다수를 다스릴 수 없고 소수만이 다수를 다스린다夫衆不能治衆 治衆者 至

寡者也", "소수는 다수가 귀하게 여기는 것이고, 적은 것은 많은 것이 근본으로 삼는 것이다夫少者 多之所貴者也 寡者 衆之所宗者也"라고 하고, 『노자』 제42장에서 "만물만형은 하나로 귀속된다萬物萬形 其歸一也"고 하거나 『논어』에서 "하나로써 꿰뚫는다一以貫之"라고 한 것을 봉건군주제를 뜻하는 것으로 보았던 것과 같다. 이런 논의들은 위진 시대 현학이 어지러운 시대에 대한 인민의 저항을 반영했다기보다 도리어 그것을 저지하기 위한 것이었음을 부정할 수 없게 한다. 인민의 저항을 뒷받침하는 사상이 나타나기에는 시기상조였다.

그런 저항을 소극적으로나마 보여준 것은 도연명의 유토피아 사상이다. 텔레비전 등에서 중국 전문가라는 사람들이 중국의 무릉도원이라며 심산유곡의 오지를 보여주는 방송을 몇 번이나 보았지만 무릉도원은 그런 경치 좋은 곳을 뜻하지 않는다. 중국에서 유토피아 사상을 보기 어렵지만 도연명은 「도화원기桃花源記」에서 무릉도원이라고도 하는 곳의 사람들은 "서로 격려하며 농사일에 힘쓰고相命肆農耕 해 지면 서로 더불어 돌아와 쉬었다日入從所憩", "가을에는 수확해도 세금이 없다秋熟靡王稅"며 무릉도원의 편린을 보여준다. 그곳에는 왕도 귀족도 없고, 사대부도 노비도 없이 모두가 농부다. 이런 유토피아 사상은 『삼국지』에 나오는 영웅상에 대립한 반영웅상으로서, 죽림칠현에 이은 자립형 지식인에 와서야 비로소 가능했다.

자립형이라고 했지만 중국적 사대부 전통에서 완전히 자립한 것은 아니었다. 30~40대에 가끔 낮은 관직에 올랐지만 언제나 전원을 그리워한 도연명은 귀족적 분위기에서 벗어나지 못한 죽림칠현과 달리 스스로 시골에 돌아가 농사를 지으며 자급자족하고 사대부 세계에서 완전히 벗어나려고 했다. 우리나라에는 도연명의 은둔을 반드시 자연과 관련짓지 않고 장소와 무관한 초월로 보는 사람도 있지만, 나는 그렇게 보지 않는다. 도연명의 「귀거래사歸去來辭」는 '자연으로 돌아가라'는 선언이었다.

「전원의 집으로 돌아와歸園田居」에서 도연명은 "어려서부터 일상의 틀에는 맞지 않았고 / 본시 성품이 언덕과 산을 사랑하였네 / 잘못하여 먼지 속 그물에 빠져들어 / 어느덧 13년간 집을 떠났네 / 조롱 속 새는 태어난 숲을 그리워하고 / 연못속 물고기는 옛 산 웅덩이를 기억하네 / 이제 나는 황폐한 황무지를 일구고 / 우둔한 천성이나 지키려 전원으로 돌아왔네"라고 노래했다. 시인은 자신의 벼슬살이를 조롱과 연못에 비유하면서 그곳에서 벗어나 얻은 자유의 기쁨과 자연으로 돌아가고자 하는 갈구를 절절히 토로했다. 그는 사대부 지배계급에서 벗어나 농민의 세계로 들어갔다.

도연명을 상징하는 시는 "동쪽 울타리 아래서 국화꽃을 꺾다가 한가로이 남산을 바라본다采菊東籬下 悠然見南山"(「음주[飲酒] 5」)는 것이다. 그러나 그의 이미지를 보여주는 시로 내가 가장 좋아하는 것은 다음이다. "거대한 변화의 물결 속에서 기뻐하거나 두려워하지도 마시게나. 끝내야 할 곳에서 끝내버리고 다시는 홀로 깊이 생각하지 마시게從浪大化中 不喜亦不懼 應盡便須盡 無復獨多慮."(「신석新釋」)

이백, 두보, 백거이

내가 20여 년째 살고 있는 당음唐音이라는 마을 이름은 당나라의 시라는 뜻이다. 과거에는 시를 음이라고 했다. 소리 높여 읽은 탓일까? 이 마을을 처음 찾을 때 나는 『당음선』이라는 시집을 읽고 있었다는 이유만으로 이 마을에서 마지막까지 살기로 결심했다. 물론 위추위가 말하듯이 당시가 존재하는 중국 풍경을 피리 소리 구슬픈 외딴 성, 거대한 황허의 흰 구름, 텅 빈 산에 내리는 봄비 등으로 묘사한 것과 나의 당음리 서경敍景은 다르지만 나는 소박한 나의 마을을 더 좋아한다.

위추위는 당시의 전형을 이백의 시에서 찾았다. 이백은 중앙아시아(튀르크계라고 보는 견해도 있다) 출신으로 당나라로 이주한 사람이다. 중국인인 두보와 달리 이백은 튀르크계 말로 쓴 시가의 영향을 받아 독특한 한시를 썼다. 즉, 딱딱한 당시의 중국 시와 달랐다. 튀르크를 비롯한 유목민 세계에서 선호하는 두운과 각운을 맞춘 표현을 많이 사용했다.

이백은 유교를 배웠지만 도교 사상에 젖어 절대적 자유를 추구했고, 세상의 모든 것을 멸시했다. "잔 들어 밝은 달님 청해오니 그림자까지 모두 세 사람이다擧杯明月　對影成三人"라고 하며 가족을 버리고 술과 달을 벗 삼아 고독한 여행을 계속한 낭만주의 시인이었다. 요순을 경시하고 공자를 비웃었으며 지배계층과 대등한 입장에서 상하 간의 예절을 지키지 않았다는 점에서 자유인이기도 했다. 그는 반생을 방랑자로 살면서 협객, 자객, 은사, 도사, 모사, 주정뱅이 등 다양한 면모를 보인 시인이면서 모순의 시인이기도 했다. "살인을 삼베 베듯 하는殺人

如麻"권력을 욕하고 "어찌 허리 굽혀 권력자를 섬기랴, 도저히 내 마음 즐거울 수 없도다安能眉折腰事權貴 使我不得開心顔"라고 하며 고관대작을 멸시했다. 그들과 사귄 것을 자랑하기도 하고, 부귀영화를 멸시했지만 그것을 흠모하기도 했다.

그래서 나는 이백보다 두보가 좋다. 자신의 뜻을 펴지 못하자 술에 빠진 이백과 달리 두보는 백성에게 접근한 점에서 명실공히 민중 시인의 모범이었다. 두보도 이백처럼 유교를 배웠지만 유교를 벗어났다. 그에게 유교란 평생을 두고 백성을 근심하는 것이었지만 유교에 절망해 "유교 술책이 나에게 무슨 쓸모 있으랴. 공구, 도척, 외착 없이 진토로 변했다네儒術干我何有哉 孔丘盜俱塵埃"라고 한탄했다. 또한 과거를 보고 입신출세해 황제를 받들고자 했으나 나라가 썩고 백성이 도탄에 빠졌음을 알고서 시란 마땅히 "백성의 고통을 알려주는知民疾苦" 것이어야 한다고 했다.

그래서 시인은 황제가 온천에서 가진 화려한 술자리를 보고 그곳에 서민이 한 사람도 없다고 개탄했고, 궁궐에서 나누어주는 비단은 가난한 여인네들이 짰건만 그 남편을 붙잡아 곤장을 안기며 긁어모아 대궐에 바치라 한다고 비판했다. 나아가 "변강에 피 흘러 바닷물 되었건만 한 무제는 강토 넓힐 생각만 한다네邊庭流血成海水 武皇開邊意未已"라고 당시의 황제인 당 현종의 전횡을 비판했다. 그러나 "도적은 왕과 신하다盜賊本王臣"라고 하면서도 그들에게 반항해 봉기한 농민도 도적으로 보아 "도적 무리 승냥이, 범처럼 도사리니 사람 잡아먹는데 처자를 남길 소냐群賊相隨踞虎狼 食人更肯留妻子"라고 비난한 점은 아쉽다.

우리에게는 이백과 두보가 당나라의 대표 시인으로 알려져 있지만 한때 나는 백거이白居易를 더 좋아했다. 일찍부터 가난을 경험한 그 역시 말단 벼슬을 했으나 권력과는 거리를 두고 유유자적하게 살면서 불교에 귀의했다. 그는 현종과 양귀비의 사랑을 다룬 「장한가長恨歌」로 유명하지만 내가 좋아하는 시는 따로 있다. 그것은 "문장은 반드시 시대를 반영하기 위해 써야 하고 시는 반드시 그 사실을 방영하기 위해 지어야 한다 文章合爲時而著 詩歌合爲事而作"는 그의 시론에 맞게 현실을 폭로한 풍유諷諭들이다.

풍유 중에서 황제를 포함한 지배층을 준열히 비판하는 시도 좋지만 「숯 파는 늙은이賣炭翁」와 같은 리얼리즘 시를 더 좋아했다. 밤새 눈이 내려 쌓였는데, 노인이 숯 수레를 몰고 간다. 노인의 낯은 재투성이로 불길에 그을리고 귀밑머리에는 서리가 앉았으며 열 손가락은 검디검다. 불쌍하게도 홑옷만 입었건만 숯값이 떨어질까 걱정되어 날이 춥기를 바란다. 그런데 화려한 옷을 입은 환관과 졸개가 그 수레를 희희낙락하며 끌고 간다고 개탄한 노래다. 고관대작의 사치를 풍자한 「꽃을 사네賣花」에서는 "짙은 빛 모란꽃 한 묶음이 중산층 열 집의 세금 一叢紫色花 十戶中人賦"이라고 탄식하고 「고관대작들輕肥」에서는 환관과 장군들이 동정호의 귤을 쪼개어놓고 천지 물고기로 회를 쳐서 먹지만 그해 강남에는 재해가 들어 사람이 사람을 잡아먹는다고 노래했다.

『삼국지』와 『수호지』

나는 '쌍전'이라고 불리는 중국 고전문학의 쌍벽인 『삼국지』와 『수호지』를 싫어했다. 어려서부터 몇 번이나 읽으려고 노력했지만 언제나 싫어서 한 번도 완독하지 못했다. 그래서 그것을 중요한 담화 소재로 삼는 중고등학교의 동급생들과 어울리지도 못했다. 반면 『서유기』와 『홍루몽』은 좋아했는데 그 점에서도 남자답지 못하다는 친구들의 놀림을 받았다. 나이가 들어서도 마찬가지였다.

소위 좌우를 막론하고 누구나 『삼국지』와 『수호지』를 좋아했는데 나는 그 어디에서나 밀려났다. 그래서 최근 『쌍전』에서 류짜이푸가 그 두 권을 비판해주어 얼마나 반가웠는지 모른다. 그 책이 중국이나 타이완에서 얼마나 팔렸는지 모르지만 한국에서는 출판 1주일 만에 재판을 찍을 정도로 반향이 컸다. 서평이라는 것을 잘 보지 않는 내가 그 책의 서평을 열심히 찾아본 것도 관심이 컸기 때문인데, 아니나 다를까 격렬한 반발도 있었다. 중국 등에서도 그런 반발이 있었는지 모르지만, 어쩌면 중국보다 훨씬 유교적인 한국에서 그렇게 반발하는 것은 당연한 일일지 모른다.

여기서 『삼국지』나 『수호지』의 내용을 요약하거나 그 내용에 대한 『쌍전』의 비판을 다시 말할 필요는 없을 것이다. 중국의 민가에서도 일찍부터 어려서는 『수호지』를, 늙어서는 『삼국지』를 읽지 말라는 충고가 전해졌다. 『수호지』는 끔찍한 반란을 이상화하는데 그 반란은 정권 탈취의 방법이지 신분 계급 철폐 등의 혁명이 아니다. 『삼국지』 역시 정권 탈환의 이야기로, 그 방법이 패거리 작당의 권모술수일 뿐 정의를 좇는 것이 아니다. 중국이나 한국에서 지금까지 이어지는 지독한 당파 싸움과 정권 복수의 악순환이 그 두 권의 소설 때문이라면 과장일까? 『수호지』의 이규나 무송, 『삼국지』의 유비나 제갈량을 숭배하기 때문이라면 과도할까? 그것이 중국인과 한국인의 집단적 무의식이 되었다면 지나친 자학일까? 그것이 뻔뻔스러운 처세술이자 통속적인 인생 교과서로 여전히 통하고 있다면 우리의 수준을 너무 낮추는 자괴일까?

나는 『삼국지』와 『수호지』에 대해 『쌍전』보다도 더 철저한 비판이 필요하다고 본다. 류짜이푸는 문화를 원형原形 문화와 위형偽形 문화, 즉, 진짜와 가짜로 구분하고 『홍루몽』과 『서유기』를 원형 문화, 『수호지』와 『삼국지』를 위형 문화로 본다. 그는 독일의 전체주의 사상가 오스발트 슈펭글러Oswald Spengler에게서 개념을 빌려왔으나, 적어도 『홍루몽』과 『서유기』가 『수호지』와 『삼국지』보다 뒤에 나오는데 그런 식으로 말할 수 있을지, 또 문화를 그렇게 본질적인 것과 아닌 것으로 구분하는 것이 과연 타당한지에 의문이 있다. 그보다 타당한 구분은 인간적인 문화와 비인간적인 문화라는 구분이다. 즉, 『홍루몽』과 『서유기』는 인간적인 반면 『수호지』와 『삼국지』는 비인간적이라고 나는 주장한다.

류짜이푸는 5·4운동에서 공자보다도 『수호지』와 『삼국지』를 비판했더라면 좋았을 것이라고 한다. 그러나 그 자신이 말하듯이 공자의 유교야말로 『수호지』와 『삼국지』의 원형이고 둘 다 비인간적인 것이 아닌가? 단적으로 "여자와 소인은 다루기 힘들다"고 한 것은 공자가 『논어』에서 했던 말이 아닌가?

어디 그뿐인가? 그런 표현이 끝없이 나오는 『논어』야말로 여성 차별의 성전 같은 책이 아닌가? 삼강오륜이 후대에 만들어 졌다고 해도 그 뿌리는 이미 공자의 말에서 나온 것이 아닌가? 류짜이푸는 루쉰이 『수호지』와 『삼국지』를 철저히 비판하지 못해 유감이라고 하지만 내가 보기에는 그 자신도 비판에 철저하지 못하다. 게다가 류짜이푸는 여성만을 문제 삼지만 피지배 백성과 아동의 처지는 더 심각했다.

한나라 이후 중국에서 유교는 군주독재의 통치 사상이 되어왔다. 『삼국지』의 이야기는 한나라 말기에 생겨나 송나라와 명나라의 유교 해석을 거쳐 명나라 초기에 책으로 나왔다. 그것은 삼강오륜을 천리天理로 만드는 1,000년의 작업이었다. 그래서 왕도, 아버지도, 남편도 절대 권력자가 되고 백성과 여성과 아동은 절대 복종자가 되었다. 여기에 권력자는 양으로, 복종자는 음으로 장식하는 음양의 천리도 가해졌다. 그리고 그것은 20세기 이전의 2,000년을 지배했다. 『삼국지』보다는 조금 늦은 송나라 때 나온 『수호지』도 마찬가지였다. 백성과 여자와 아동은 독립성을 상실하고 남자 성인 지배자의 종속물이 되었다. 무서운 권력 지배의 세상이었다. 동아시아는 아직도 그런 세상이다.

루쉰과 중국의 전통 미술

1980년대 초 일본 오사카에서 만난 중국 유학생들에게 중국의 혁명 가요와 혁명 판화를 빌려서 이를 복사해 보고 들으며 몇 년간 사랑했다. 그 10년 뒤 톈안먼사건으로 미국에 망명한 중국 지식인들을 통해 한국계인 최건崔健을 비롯해 저항 가수들의 노래를 듣고 반체제 회화를 즐겨 보았다. 내가 특히 좋아한 최건의 〈일무소유〉 같은 노래는 지금도 유튜브에서 쉽게 들을 수 있다. 그의 새로운 노래를 잘 듣지 못해 유감이지만 옛 노래도 여전히 매력적이다.

그 뒤로 나는 중국의 현대 예술을 좋아하게 되었다. 그래서 해방구라고도 불리는 베이징 다산쯔大山子 798예술구의 공장터나 상하이 모간산루莫干山路50을 자주 찾아간다. 톈안먼 광장에 엎드려 입을 맞추는 퍼포먼스처럼 자유를 갈망하는 예술을 보고 들을 수 있기 때문이다. 현실에는 없는 자유를 예술에서만 맛본다는 것이 서글프기는 하지만 언제 어디서나 예술이란 그야말로 전위, 아방가르드가 아닌가? 현실을 추종한다면 거짓 예술이지만 현실을 거부하기에 참 예술이 아닌가? 중국에는 여전히 국가의 선전예술이라는 거짓이 주류 예술로 존재하지만 그것을 거부하는 소수의 참 예술도 존재한다.

그동안 터부시한 마오쩌둥毛澤東상을 원용해 체제 비판을 시도하는 미술이 대표적이다. 물론 마오쩌둥을 영웅시하는 선전미술은 북한에서처럼 중국에서도 여전히 극성을 부리고 있다. 북한에는 선전미술밖에 없지만 중국에는 선전미술과 함께 반선전미술도 있다. 남한은 어떤가? 좌우의 선전미술만이 존재하는 것이 아닐까? 그래도 남한에는 창작의 자유가 있어서 가수의 화투 그림까지 요란스럽게 팔린다. 반면 북한에는 그런 자유가 없다. 최소한이라고 할 창작의 자유조차 없다.

내가 루쉰을 좋아한 것도 그의 반체제 판화에 대한 관심과 관련 있다. 나는 루쉰의 미술론을 한국에서는 처음으로 『우리문학』 1호(1986년 12월)에 소개했다. 그 직후에 신학자 정하은의 『케테 콜비츠와 루쉰』이 나왔다. 루쉰은 케테 콜비츠Kthe Kollwitz를 중국에 소개했다. 루쉰의 미술론을 소개한 랑사오쥔郎紹君의 『중국 근현대 미술』의 우리말 번역에서는 콜비츠를 그로츠라고 오역했지만(콜비츠는 아예 책에 나오지도 않는다), 루쉰이나 중국 미술을 조금이라도 아는 사람이면 그것이 오역인 줄 당연히 알 것이다(그것을 모르는 것은 그 역자나 출판사뿐일 것이다. 1930년대에 죽은 루쉰은 그 후에 활동한 엘리자베스 그로츠Elizabeth Grosz를 알았을 리 없다).

랑사오쥔의 책은 1980년대에 나왔으니 40년 전의 책이다. 따라서 제목에서 말하는 '근현대'라는 말은, 그 뒤 중국 미술은 그야말로 눈부신 세계적 변모, 특히 자유에 대한 갈망을 전혀 알 수 없게 하니 '현대'라는 말은 빼는 것이 좋겠다. 게다가 그 부제인 '전통을 딛고 새로운 지평을 열다'의 '전통'도 중국의 오랜 전통을 말하는 것이 아니다. 한국에서 흔히 '한국적'이라고 하는 말에 대응되는 '중국적'이라는 말과도 아무런 상관이 없으니 역시 빼는 것이 좋겠다. 이것도 물론 원저에 없는 말로 역자나 출판사가 멋대로 붙인 것이다.

랑사오쥔은 중국의 전통 미술이 일본에 수출된 반면 현대 미술은 일본에서 수입되었다고 하면서 그사이에 한반도가 있었다는 말은 전혀 하지 않아 우리로서는 조금 서운하기는 하지만 그냥 지나치자. 그가 그 책의 6장에서 루쉰의 미술론을 지금까지 나온 어떤 책보다 상세하게 설명해주기 때문이다. 그러나 내가 여기에서 언급하고자 하는 것은 6장 「아름답고 힘 있는 예술에 대한 절규-노신의 미술 사상」에서 말하는 중국 전통의 중세 미술이 한나라와 당나라의 호방하고 강건한 미술이라는 것이다. 그 반대로 원나라, 송나라, 명나라 미술, 특히 문인화를 '은폐와 기만'의 예술이라고 보았다. 그의 관점으로 보면 고려의 공민왕 이래 조선의 김정희에 이르는 우리의 문인화도 가짜 미술에 불과하다. 문인화만이 아니라 미술 전체가 그럴 것이다. 그러니 동양화나 한국화 같은 것도 대부분 루쉰에게는 참된 예술이 아닐 것이다.

루쉰이 중국 중세 미술이 힘을 가진 예술이었다고 본 이유는 한대와 당대에는 거리낌 없이 외래 문물과 형상 등을 회화나 조각으로 소화하고 수용했기 때문이다. 반면 근대에 와서

는 외국 문물을 두려워해 거부하고, 옛것만을 그리워해 퇴화
될 수밖에 없었다고 보았다. 따라서 흔히 루쉰을 민족주의자라
고 보는 견해와 달리 그는 도리어 반민족주의-반국수주의자
이자 세계주의자-개방주의자였다. 그래서 그는 콜비츠를 비
롯해 외국의 진보적이고 우수한 리얼리즘 예술을 소개하는 데
누구보다도 적극적이었다. 1990년대 이후 중국 미술이 세계적
인 명성을 갖게 된 이유도 바로 여기에 있다.

나는 방탄소년단의 음악에 대해 백남준의 비디오아트 정
도의 시대적 가치를 인정하지만, 한국에서만 통하는 이중섭이
나 박수근 등에 대해서는 이미자나 나훈아 정도의 가치밖에
인정할 수 없다. 그리고 백남준이나 방탄소년단에게서 신라의
화랑처럼 신나게 놀면서도 시대를 보고 세계와 호흡하는 모습
을 발견할 수 있어서 흐뭇하다. 우리 예술은 그렇게 나아가야
한다. 더는 민족주의라는 가면 아래 폐쇄적인 국수주의를 숨겨
서는 안 된다.

절이라는 공공 예술의 탄생

루쉰이 중국의 전통 예술에 대해 내린 박한 평가는 당대의 절
박한 현실과 무관하지 않았다. 루쉰이 니체와 톨스토이의 영향
을 많이 받았다고 하지만 그들의 미술관, 특히 톨스토이의 공
공 미술관에 대해 관심을 가진 적은 없다. 그러나 화가로서는
거의 유일하게 밀레를 존경한 톨스토이도 콜비츠를 알았더라
면 밀레 이상으로 높이 평가했을 것이고, 자유를 갈망하는 현
대 중국의 예술도 높이 평가했으리라고 생각한다. 최근에 주목

받는 공공 미술은 주로 서양 쪽에 치중되어 있고 중국을 포함한 비서양에는 관심이 없는 듯하지만, 공공 미술의 논의는 도리어 비서양에서 더욱 적극적으로 이루어졌다.

한반도를 비롯해 동아시아의 마을에는 장승이나 솟대를 비롯한 공공 미술의 전통이 최근까지도 남아 있었다. 장승·솟대는 마을 축제나 노동요 등과 함께 공공 예술의 중요한 부분이었다. 최근에 와서 그 모든 공공 예술이 급격히 쇠퇴했지만 여전히 공공적 성격을 띤 공간이 남아 있다. 대부분의 마을 주변에 있기 마련인 절이다. 나는 한반도 중세 예술의 절정으로 평가되는 석굴암이나 불국사에 대해서는 그다지 큰 관심이 없지만, 그것들을 비롯한 수많은 불상이나 절이 종교, 휴식, 예술, 교육, 문화 등 다양한 공공성을 가진 곳이었음을 인정할 필요가 있다. 그런 점은 서양의 교회도 마찬가지다. 물론 서양의 교회처럼 동아시아의 사찰도 권력자나 부자가 건립한 경우가 많지만 일단 건립된 뒤에는 그것이 놓인 주변의 사람들이 공유하고 공동으로 향유하는 공동체 문화가 되었다.

서양 중세의 교회와 마찬가지로 동아시아 중세도 사찰이 문화와 예술의 중심이었다. 그곳에 건축과 조각과 회화와 음악이 있었다. 중국이든 한국이든 일본이든 베트남이든 태국이든 어디든 마찬가지다. 어디의 중세 예술사를 보아도 절이 중심이다. 그리고 중국권이나 대승불교권이라고 할 수 있는 동북아시아의 불교미술은 대체로 유사하다. 나라별로 큰 차이가 있지 않다. 그래서 나는 어느 나라의 절에 가든 비슷한 느낌을 받았고 그 미묘한 차이에 대해서는 별로 관심이 없다. 반면 불교미술을 전공한 학자들은 그 차이에 관심이 크다. 특히 한국이나 일본의 학자들이 그렇다. 그들은 자국의 불교미술이 중국이나 여타 나라와는 다른 독자적 개성이 있다고 주장한다.

이는 불교미술만이 아니라 전통 예술 전반에서 나오는 주장이다. 대표적인 것이 지붕 모양의 차이에서 미의식의 차이를 논하는 것이다. 그러나 나는 그렇게 주장하는 '한국적'이라는 미의식에 별로 관심이 없다. 동아시아인들은 불필요한 민족주의를 내세우는 대신 동아시아 공통의 예술에 관심을 가질 필요가 있다. 그래서 각국의 독자적인 문학사·미술사·음악사를 집필하는 것보다 동아시아 공통의 책을 쓰는 것이 옳다. 나아가 동아시아 차원에서 역사를 서술할 필요가 있다. 20세기 이전에는 독립국가라는 개념이 없었고 주종 관계도 없었다. 강대국인 중국을 중심으로 일종의 연방처럼 여러 나라가 서로 느슨하게 연결되었다. 그런 역사적 사실을 숨기거나 자랑스러워하거나 부끄러워할 필요는 전혀 없다.

가령 8세기 작품인 석굴암 건축의 기원이 인도 본토나 인도 서북 지방인 간다라, 중국 신장 등지의 석굴이라고 본 전통적 견해에 반해 아프가니스탄 지역 고대 석굴이 석굴암의 설계 당시 유력한 모티브였으며, 그 뿌리는 1~2세기 로마시대 신전 건축(판테온)까지 거슬러 올라간다는 견해가 발표되어 화제를 모은 적이 있다. 그 발표가 나온 지 벌써 10년이 넘어 그동안 어떤 결론이 나왔는지 궁금해 자료를 찾아보았지만 특별한 논의가 없다. 판테온을 언급하는 이유는 석굴암의 천장 양식과 관련된 것이고 이는 신라의 유리 용기가 로마에서 온 것이 있는 것과도 연관된다고 할 수 있다. 고구려의 무용총 벽화 등에서는 페르시아의 영향을 볼 수 있다. 한반도는 중세에 세계 여러 나라와 교류했다.

흔히 석굴암이 세계 유일의 인조 석굴이라는 점을 강조하지만, 한반도에는 자연 석굴이 없어서 그것을 만들었다면, 인조 석굴이라는 데에 큰 의미가 있는 것은 아니다. 의미 있는 차이를 찾자면, 북조부터 원나라 때까지 축조된 중국의 석굴에는 석굴암에서는 볼 수 없는 벽화가 있다는 점이다. 석굴은 초기 불교의 활동 무대였다. 절은 그 뒤에 생겨났다. 절을 뜻하는 사寺는 한나라에서는 관청을 뜻했다. 절은 불교의 특색을 나타내려고 인도식 탑을 세우고 이를 불사佛寺의 중심으로 삼았다. 우리나라에서도 행해진 탑돌이가 그 유산이다. 수나라와 당나라 때 불상이 만들어지면서 절은 탑 중심에서 불전 중심으로 바뀌었다. 그때 형성된 산문山門에서 대웅전과 법당을 지나 장경각에 이르는 불전의 일직선 배치 형태가 동아시아 사찰 건물 배치의 기본이 되었다. 산문에 들어서면 좌측에 종루鐘樓가 있고 우측에 고루鼓樓가 있는 것도 마찬가지다. 이처럼 절의 배치도 동아시아에서 공통적인 것이고 각각의 지형에 따라 다양한 변화가 나타난 것뿐이다.

대장경도 해인사에만 있는 것이 아니라 동아시아의 큰 절에는 다 있었다. 대장경 편찬도 중국에서는 남북조시대에 시작되었으며 일본이나 중국에서는 최근까지 계속되었다. 반면 우리나라의 대장경 편찬은 1251년에 완성된 팔만대장경에서 그쳤다. 조선시대에는 불교가 억제된 탓이라고 해도 해방 후 지금까지도 새로운 대장경의 편집이 없다는 것은 유감이다. 도대체 우리의 불교는 그 후 약 1,000년간 무엇을 해왔는가? 팔만대장경도 국가 위기 상황에서 15년 만에 완성한 것이 아니었던가? 지금 통일을 위해서, 또는 한반도 역사상 최악의 물질주의에 빠져 부처의 가르침을 저버린 현실을 극복하기 위해서 새로운 대장경의 편집이 필요하지 않은가?

절은 새로운 공공 문화의 터전으로 부활해야 한다. 나는 평생 처음으로 여행을 간 곳이 법주사였고 신혼여행을 간 곳도 통도사였다. 그 전후로 우리나라의 수많은 산과 사찰을 찾아다녔다. 붓다를 좋아했지만 그를 신으로 생각한 적이 없어서 불교 신자가 되지는 않았고, 다만 속세를 떠난다는 기분으로 1년에도 몇 번씩 절을 찾았다. 속세의 때가 뒤룩뒤룩 붙은 금부처 같은 중들을 보면 얼른 도망쳤지만 조용한 산사에서 몇 시간을 보내기 좋아했다. 그러나 절에 갈 때마다 분위기가 바뀌어야 한다고 생각했다. 특히 획일적인 시멘트 기와집이 아니라 새로운 양식의 건축을 고민할 필요가 있다. 마찬가지로 살찐 황금색 부처도 붓다의 삶이나 가르침처럼 속세를 초월한 인간의 모습으로 바뀌어야 한다. 아니 한국 불교 자체가 바뀌어야 한다.

내가 가장 좋아하는 한반도 중세 예술 작품은 석굴암의 불상을 비롯한 수많은 살찐 불상이 아니라 백제의 금동미륵보살반가사유상이다. 일본 교류사廣隆寺에 있는 목조미륵보살반가상과 호류사法隆寺에 있는 백제관음상도 좋아한다. 내가 좋아하는 불교의 이미지와 맞기 때문이다. 반면 살찐 불상은 전제군주를 연상하게 해서 싫다. 반가사유상의 양식은 중국에서 6세기부터 성행했지만 한반도와 일본에 건너와서 더욱 섬세하게 만들어졌다.

동양화의 탄생

나는 그림을 보려고 중국에 자주 가지만 중국의 전통 그림인 동양화를 보려고 가지는 않는다. 미술관이나 박물관에 가도 전통 예술 작품 앞에서는 이른바 작품 감상이라는 것을 하지 않는다. 우리가 일상적으로 접하는 가장 친근한 중국 예술도 서예나 동양화일 것이지만 나는 그것을 보고 감동한 적이 한 번도 없다. 김정희든 정선이든 나에게는 무감동이다. 평생 서예와 동양화를 한 아내와 살고 있지만 그것들이 수양에 대단한 역할을 하는 것 같다고 여기면서도 그 자체를 예술이라고 느껴본 적은 없다. 그것이 '중국 예술의 최고 형식'이라고 해도 말이다.

그런 부제가 붙은 동병종董秉琮의 『서법과 회화』는 그 제목에서 보듯이 회화보다 서법을 먼저 내세운다. 그러나 그 책의 1장에서는 서화동원書畫同源을 중국 예술만의 특징이라고 설명하면서 그림에서 글씨가 나왔다고 한다. 중국 문자, 즉, 한자 쓰기의 역사는 고대부터 시작되지만 예술로서 서법은 전통적인 전서체나 예서체 외에 행서와 초서가 출현한 한나라 말기에 생겼다. 이어 위진남북조시대에 서성書聖이라고 불린 왕희지王羲之가 나왔고 당나라 때 안진경顏眞卿 등이 나왔다. 서법은 문학과 함께 지식인의 활동 분야로 발전했다.

반면 예술로서의 그림은 위진남북조시대에 생겼지만, 지식인이 아니라 직업 화가의 활동 영역으로 여겨지며, 주로 종교적인 색채를 띠었다. 고개지 등이 대표적인데 그들이 산수화가 아니라 인물화에 능했다는 점은 동양화에 대한 우리의 상식과 다르다. 이는 후한 말기 이래 개인의 정신과 독창성을 중시한 사조와 연관 있다. 고구려의 담징이나 신라의 솔거와 같은 화가들이 등장한 사정도 비슷했을까? 그러나 그들은 위진의 상승요張僧繇 같은 불교 화가라고 할 수 있다. 불화의 대표인 당나라의 오도자吳道子는 화성畫聖이라고 불린다. 동진과 남조시대에 산수시와 함께 산수화가 싹텄으나 이는 수당시대에 와서 성행했고, 그중 하나인 수묵산수를 대표한 왕유王維의 그림은 문인화의 원조가 되었다. 불교와 더욱 연관이 깊은 것이 조각으로, 북방의 석굴 예술이 대표적이었다. 당나라 조각가인 양혜지楊惠之는 소성塑聖으로 불린다.

붓글씨를 중국에서는 서법, 한반도에서는 서예, 일본에서는 서도라고 한다. 서예란 한대의 이름이고, 서도란 위진과 당대에 불린 이름이다. 동병종은 한국에서는 중국의 한문화가 한국을 거쳐 일본에 전해졌다고 주장한다고 언급하면서 그 진위에 대해서는 판단하지 않는다. 그는 일본 호류사의 벽화도 당대 둔황석굴의 벽화를 모방한 것이라고 하지만 우리가 그것을 그린 화가라고 알고 있는 고구려의 담징에 대해서는 전혀 언급하지 않는다. 이런 태도는 일본이나 서양도 마찬가지다. 동병종은 일본의 서화에 대해서는 상세히 설명하면서 그 독자성을 인정하는 반면 한반도의 서화에 대해서는 매우 짧게, 중국의 영향에 대해서만 언급한다.

일본화에 대응하는 한국화라는 말이 있지만 그것이 중국화나 일본화와 얼마나 다른지 나는 잘 모르겠다. 정선 이래 조선의 풍물을 그렸다고 하지만 얼마나 독창적인지 모르겠다. 중국의 전통 서화나 일본식 서화는 분명히 다르다. 옛날에도 달랐고 지금도 다르다. 반면 한국의 서화는 여전히 정통 중국의 그것을 답습한다. 한글 서예가 있지만 나는 특별한 느낌을 받지 못한다. 독재자들의 소위 휘호라고 하는 것에 질린 탓일까? 그래서인지 소위 민주 투사의 휘호에도 감동이 없다. 그런 것을 걸어놓은 민주화 단체에 가나 관료나 사장의 거창한 사무실에 가나 똑같은 혐오를 느낄 뿐이다. 감동은 없다. 길거리의 간판만큼의 감동도 없다. 그래도 간판은 그 상점이 무엇을 파는지는 알려주지 않는가?

사실 동양의 특징적인 예술이란 간판이나 휘호에 있는지도 모른다. 시끄러운 거리나 공공장소의 소음과 함께 요란스러운 원색의 간판이나 휘호나 플래카드가 사라지는 날을 손꼽아 기다리지만, 내가 살아 있는 동안에는 이루어지지 않을 것 같다. 천편일률이어서 역시 감동은 별로지만 그래도 우리 소리라고 할 만한 판소리와 같은 독자적 음악이 있는 것과 비교하면, 한국 서화의 독자성 주장에는 문제가 많다. 더는 한국화라는 말은 하지 말기 바란다. 동양화라는 말도 불필요하다. 그림이라는 말로 충분하다.

중국 중세의 음악

장이머우張藝謀가 만든 1987년의 중국 영화 〈붉은 수수밭〉을 처음 보았을 때 큰 충격을 받았는데, 그 붉은 색조와 함께 들려온 웅장한 음악 때문이었다. 이를 작곡한 자오지핑趙季平의 음악은 1993년 천카이거陳凱歌가 만든 〈패왕별희〉에서 더욱 빛났다. 그러나 중국 과거의 음악가를 보여주는 작품은 1991년

〈현 위의 인생〉이다. 〈현 위의 인생〉에 나오는 음악가가 살았던 시대는 특정되지 않았지만, 20세기 이전의 언제라고 해도 좋을 것이다. 특히 마지막 장면의 〈오도송悟道頌〉은 압권이었다. "언젠가 우리 모두 노래하리라. 노래하면 슬프지 않고, 노래하면 즐겁기만 할 거라고." 그러나 중국의 음악가는 민간의 예인藝人은 물론 조정의 악공樂工이나 가기歌妓까지 사회적 지위가 낮았고 대부분 가난하고 불행했다. 여하튼 〈오도송〉을 비롯해 중국 영화에 나오는 음악들이 중국의 전통음악과 얼마나 연관되는지 나는 아직도 잘 모른다. 그런 점을 소상하게 밝힌 논저를 찾아보려 했지만 제대로 찾지 못했다. 중국 영화나 중국 음악에 대한 책들을 뒤져보아도 이에 관한 이야기는 없었다.

국악(나는 국가주의를 풍기는 이 말이 대단히 싫다)을 하는 분들은 나를 한심하다고 할지 모르지만 나는 중고등학교에서 처음 들었던 이후 최근까지 우리 전통음악에 항상 관심을 기울여왔다. 그렇지만 최근까지 겨우 알고 있는 것이라고는 궁상각치우宮商角徵羽가 우리의 음이름이고 아악雅樂이 우리의 궁중음악이라는 정도다. 궁상각치우가 중국의 음이름이고 각각 군주, 신하, 백성, 일事, 물物을 뜻해 궁음을 중시하며, 아악도 중국 서주西周의 궁중음악이라는 것을 알게 된 것은 2004년에 나온 류짜이성劉再生의 『중국 음악의 역사』라는 책을 읽고서였다. 그전에는 중국 음악의 역사에 대한 책이 우리나라에 나온 적이 없다. 한국 음악에 대해서도 열심히 찾아보았지만 내가 쉽게 읽은 책은 거의 없다.

『중국 음악의 역사』에서 더욱 충격을 받은 것은 중국과 일본의 음악 교류에 대해서는 하나의 장을 할애해 상세히 언급할 정도로 2,500년의 역사와 그 내용이 풍부한 반면(일본에서는 궁상각치우를 다른 이름으로 부른다) 한국에 대해서는 어떤 언급도 없다는 점이었다. 수나라와 당나라의 300년간 일본은 19차례나 견당사遣唐使와 견수사遣隋使를 보내면서 수많은 음악인도 보냈다고 하는데 삼국시대에도 마찬가지였을 것이다(번역자가 그런 점을 보충했으면 좋았을 것인데 역주가 전무하다).

　　우리나라에는 관련 기록이 거의 없는 반면 일본에 남아 있는 너무나도 상세한 기록을 보면서 놀란 이유는, 그동안 일본의 고대나 중세의 음악도 다른 문화 분야와 같이 중국에서 한반도를 거쳐 전해진 것이라고 막연히 생각했기 때문이다. 그 직후에 일본 음악사 책을 읽어보았는데, 역시 한국에 대한 언급은 없었다. 적어도 담징과 달리 일본에 고구려 악사가 가지 않았다고 해도, 백제와 일본이 그렇게 친했다는데 음악 교류가 전무했을까?

　　여하튼 중국 중세의 음악에 대해서는, 이 책을 비롯해 몇 권의 책 중에서 특별히 언급할 내용은 별로 없다. 고대 그리스와 마찬가지로 중국에서도 연극은 고대부터 가무로 이야기하는 것에서 비롯되었고 배우라는 말은 이미 기원전 771년에 등장했다. 원래 배우는 코미디언을 뜻했고 가무를 하는 이는 창우倡優, 악기를 연주하는 이는 영우伶優라고 했다. 그들은 모두 남자로 통치자 주변에서 해학의 형식으로 풍자하는 일종의 정치적 역할을 했다. 이런 점도 고대 그리스와 유사하다. 다르다면 중국에서는 진나라 때부터 유명한 배우들의 이름이 등장하는 반면 그리스에서는 유명한 희곡작가들이 나타났다는 점이다. 희곡은 한나라와 당나라에 와서 더욱 발전했다.

여기서는 특히 완적과 혜강이 문인이자 음악인이었으며, 중요한 음악을 남겼고 음악론까지 썼다는 점을 강조하고자 한다. 가령 완적이 작곡한 〈주광酒狂〉은 그 제목처럼 술 취한 사람의 몽롱하고 비틀거리는 상태를 나타냈다고 하는데, 아무리 찾아보아도 그 음악을 들 수 없어 유감이다. 그래서 다시 들어본 것이 〈취권〉이라는 영화에 나오는 음악이었다!

완적의 「악론樂論」은 표면적으로는 유가의 음악 사상처럼 반체제적 음악을 비판하고 통치 계급을 옹호하는 듯이 보이지만, 실제로는 당시 지배계급의 사치와 음란을 비판한 것이라는 견해도 있다. 물론 그가 지배계급에 굴복했듯이 그의 음악론도 유심주의적이라고 보는 견해도 있다. 반면 혜강은 「성무애락론聲無哀樂論」에서 음악은 객관적이고 감정은 주관적인 것이므로 서로 무관하다고 주장해 당시의 유교적 음악 사상을 비판했다. 『중국 음악의 역사』에서는 혜강의 논리가 19세기 유럽 음악 사상의 최고봉인 에두아르트 한슬리크Eduard Hanslick의 『음악적 아름다움에 대하여』와 매우 유사하다고 보았다.

반면 송대의 음악 사상은 유교 일변도의 복고주의였다. 중국 고대 최대의 음악 사전인 『진양악서陳暘樂書』가 그 전형이다. 복고화와 함께 음악의 수준이 낮아졌다. 종묘지악宗廟之樂이 대표적이다. 우리나라에서 당악唐樂이라고 불리는 것은 송대의 것이 전해진 것으로, 그 수준이 대단히 낮다고 할 수 있다. 그러나 민가民歌는 송대에 발전했고 그중에는 800년이 지난 지금까지도 남아 있는 것이 있다. "조각달은 얼마나 많은 곳을 비추는가? / 즐거운 집은 얼마나 되고 슬픈 집은 얼마나 되는가? / 부부가 함께 잠을 자는 집은 얼마나 되는가? / 가족이 흩어져서 다른 곳을 떠도는 집은 얼마인가?" 이와 유사한 노동요도 많이 불렸다.

당시唐詩, 송사宋詞와 함께 원곡元曲은 중국의 중세를 대표하는 예술 양식이라고 한다. 원곡은 희곡 형식인 잡극雜劇과 예술 가곡인 산곡散曲으로 나누어진다는 점에서 문학인 동시에 음악이라고 할 수 있다. 산곡은 구체적인 인물의 배역과 대사가 없이 음악의 곡패曲牌를 이용해 인물의 사정과 서사를 표현하는 일종의 청창淸唱 형식으로, 잡극이 변한 것이다. 이는 북방 민족의 슬픈 음악에서 발전한 것이어서 한반도 음악과도 관련이 있을 듯하다.

중국에서는 북방 민족을 막기 위해 만리장성을 쌓았다고 한다. 그것을 세계 최대의 건축물이라는 점에서 예술로 보는 사람들도 있는 듯하지만, 나에게는 관심 밖이다. 마오쩌둥을 비롯해 그곳에 서서 사나이니 호연지기니 운운하는 자들도 있지만, 나는 그것을 쌓은 수많은 사람의 피와 땀과 눈물만 생각났다. 자금성紫禁城도 마찬가지지만, 자금성은 중세에 지어진 것은 아니다. 만리장성은 기원전 7세기에 쌓기 시작했다지만 대부분 명나라 때에 축조되었다니 역시 중세 것이라고 할 수 없다. 이화원頤和園도 마찬가지다.

베이징과 달리 시안西安은 중세 도시지만 진시황의 병마용이나 비림 등은 중세 것이 아닐 뿐 아니라 나에게는 관심 밖이다. 반면 항저우杭州는 내가 너무나 좋아해 가장 오래 머문 중세 도시다. 서호 바로 앞에 머물면서 매일 몇 번이나 서호를 산책해도 항상 즐거웠다. 13세기에 항저우에 온 마르코 폴로는 그곳이 세계에서 가장 아름다운 도시라고 했다. 그곳은 백거이나 소동파蘇東坡를 비롯해 중국사를 빛낸 수많은 시인과 화가의 도시이기도 했다. 그리고 중세의 한반도 사람들이 자주 드나든 곳이기도 했다. 당시 중국은 한반도 사람들, 특히 골품 제도로 묶인 신라인의 해방구였다. 지금은 한반도가 중국의 해 방구이기를 빈다.

제18장

한반도 중세 이야기

모두가 양반의 후손이라는 나라

오랜만에 참석한 교수 모임에서 나온 이야기는 어떤 성씨가
양반이니 아전이니 쌍놈이니 하는 것이었다. 국사학자들의 모
임이 아니라 공학이나 경영학 같은 첨단 현대 학문을 공부한
사람들의 자리였다. 그런 이야기는 내가 약 40년 전 대학원생
으로 교수들의 술자리에 처음 불려갔을 때부터 들었고, 교수가
되어서는 회식 때마다 들었다. 20여 년 전 학장이 되어 회식을
폐지하고 나서부터는 듣지 않아 살만 했는데, 다시 20여 년 만
에 듣게 되어 그동안 끊다시피 했던 술을 엄청나게 마셨다. 조
선시대 이래, 아니 골품제의 신라 이래 인간을 신분이나 계급
으로 구분하는 반인간적 차별은 21세기에도 변하지 않았다는
절망감에서였다. 그것도 명색이 최고 교육을 받은 소위 지성인
들이었는데도 말이다.

　그 교수들은 대부분 자타가 공인하는 양반 명문가 출신이

었다. 어쩌다 찾은 그들의 집에는 왕이 자기 조상에게 내린 교지敎旨를 비롯해 명문가 출신임을 증명하는 많은 골동품이 있었다. 우리나라의 수많은 양반 가정에는 그런 물건이 많이 있을 것이다. 한국은 박물관이 매우 적고 그 소장품도 빈약한 것으로 유명하지만 각 가정에는 엄청난 보물이 있을 수 있다. 마찬가지로 나라의 역사는 빈곤하지만 각 가정의 역사는 그야말로 찬란할지 모른다. 고려 이후의 조상 수만 명의 이름이 모두 적혀 있다는 족보가 몇천만 명의 집에 있다니 말이다.

그야말로 한국에서는 보물 중의 보물, 역사 중의 역사가 족보이고 인물 중의 인물은 위대한 조상이다. 미국의 저명한 한국사학자인 유진 Y. 박에 의하면 족보와 관련된 인터뷰를 했을 때 중국인이나 일본인은 수 대에 걸쳐 농사를 지었거나 심지어 살인을 해서 감옥에 간 조상에 대해서도 솔직하게 언급한 반면, 한국인은 누구나 자신의 조상이 위대한 인물이고 최소한 양반이라고 말했다고 한다. 중국인이나 일본인에게는 족보 자체가 없거나 무의미하다. 서양인을 비롯한 그 밖의 사람들도 마찬가지다. 골동품도 그 역사적 가치를 따지는 다른 나라 사람과 달리 한국인은 조상의 업적을 빛내는 것에 의미가 있다. 그래서 묘를 장대하게 꾸미고 종친회를 육성하는 방향으로 나아간다.

자기 조상을 욕하면 원수가 되듯 자기 나라를 욕하거나 외국, 특히 일본을 조금이라도 좋게 말하면 매국노 취급을 당한다. 무조건 애국이어야 한다. 가문 자랑이 나라 자랑으로 이어진다. 내 나라, 내 집안이 최고라고 한다. 물론 나라보다 집안이 앞선다. 충보다 효가 앞선다. 왕도 중국의 황제 앞에서는 하나의 가문 출신에 불과했기에 사대부는 왕과도 맞먹었다. 율곡이나 퇴계도 그랬다. 그래서 왕이 불러도 거절하고 벼슬길에 올라도 쉽게 돌아섰다. 나라가 망하기 직전에 의병 대장으로 나섰으나 일본군과 전투를 치르기 직전 부친상을 당했다고 귀향한 선비의 이야기는 너무나 유명하다. 그런데 무슨 민족 타령이냐? 내 집안의 우월을 자랑하기 위한 가설 정도가 민족이냐?

어디까지나 집안이 먼저다. 내 집안이 최고다. 그래서 과거에는 가문 단위로 당쟁도 했고 지금도 정쟁을 일삼고 있는 것이 아닌가? 그것이 대학에서는 학벌 가족주의, 관료 세계에서는 관벌 가족주의로 확대되어 어디서나 '우리가 남이가'라는 집단주의 구호가 울려 퍼지고, 각 집단마다 죽고 살기의 결사주의로 나아간다. 좌우를 가리지 않고 선후배, 형님 아우의 의리는 모든 가치를 압도한다. 어디에나 개인은 없고 집단이 우선한다. 이기적 집단주의에 의한 사생결단주의다. 한국은 그래서 분단되었다. 철저히 갈라섰다. 그런데 무슨 통일이냐?

족보라는 거짓

왜 그럴까? 지금 국민 대부분이 양반이고 그 근거가 족보라는 것은 역사도 과학도 상식도 무시하는 엉터리 신화에 불과한데도 왜 그럴까? 혹시 그렇기 때문에, 자기 집안이 양반 출신이 아니라는 것이 드러날까봐 기를 쓰는 것은 아닐까? 한국인의 과도한 교육열도 그런 탓이 아닐까? '개천에 용 난다'는 속담은 '일확천금'이나 '로또'처럼 황당한 말이다. 개천에는 피라미들이 살아야 하고 그 피라미들이 서로 도우면서 함께 잘 살아야 한다. 용이 나면 피라미들을 다 잡아먹고 개천을 흐리게 해서 다시는 피라미들이 살 수 없다. 개천에 피라미가 편하게 살게 하라.

'성씨를 가진' 양반은 조선 초기 10퍼센트도 안 되었으나, 지금은 거의 100퍼센트고 반대로 90퍼센트가 넘던 '이름도 성도 없는' 평민의 후손은 아예 없다. 반면 중국이나 북한에서는 그것을 봉건적 유물이라고 해서 모두 없앴다. 그래서 조상이 누구인지도 잘 모르는 사람이 태반인데, 유독 민주주의를 한다는 남한에서만 조상을 챙기며 그들을 상놈이라고 욕한다. 대부분의 성씨가 메이지유신 이후에 생겨나 족보라는 것이 아예 없는 일본에 대해서는 두말할 필요도 없다. 대부분 자연과 직결되는 일본의 성을 성적인 농담으로 비웃기도 한다. 반면 한국의 성은 대부분 중국에서 왔단다. 따라서 성을 믿는다면 한국인은 모두 중국인인 셈이다. 그러면서도 중국인을 되놈이니 하고 욕하지 않는가?

한반도 역사에서 처음으로 개인의 출판이 허용된 일제강점기의 출판물 중 1위는 족보였다. 일제강점기 때 족보를 사고파는 일이 잦아져서 그랬을까? 일제강점기 때 민사소송 중 비율이 가장 높은 것도 문중 재산 관계였다. 1949년에도 『동아일보』에는 「아직도 족보 타령」이라는 기사가 실렸다. 그래도 한국전쟁이 터지자 모두 족보부터 챙겼다. 내가 교수가 되었을 때 가장 먼저 축하 인사를 보낸 단체는 밀양 박씨 화수회로 관련 단체의 가입과 서적의 구입을 요구했다. 내가 거절하자 참으로 이상하다는 듯이 몇 번이나 되물었다. 일제강점기부터 소수지만 한국인의 족보 열의를 비판하고 심지어 족보를 태운 사람도 있었다. 그러나 그들은 정말 소수였다.

30여 년 전부터 노동법을 가르치면서 첫 시간에 학생들에게 "상놈, 손 들어보라"고 했다. 언제나 아무도 손을 들지 않아 나 자신을 상놈이라고 소개했다. 집안에서는 양반이라고 하면서 족보를 자랑하지만 나는 그것이 진실이든 아니든 도리어 우리 모두 상놈의 후손, 노동자의 후손임을 자랑스러워해야 '상놈법'인 노동법을 배울 수 있다고 말했다. 우리 역사의 주인도 상놈인데 상놈을 무시하고 지배한 양반과 왕족의 역사만이 우리에게 전해졌다고 하면서 그런 역사를 거부해야 한다고도 했다. 화려하게 꾸며진 역사 드라마나 역사소설도, 가부장제하의 아름다운 아이돌인 왕, 왕자, 화랑, 여왕, 공주, 심지어 중도, 그들을 주인공으로 한 집단주의도, 보수주의도 싫었다. 개인의 자유와 평등을 기본으로 한 민주주의에 어긋나기 때문이다.

나는 드라마를 잘 보지 않지만 어쩌다 우연히 사극을 보게 되면 그 화려함에 놀라 저게 과연 몇천 년 전 삼국시대나 고려시대, 또는 몇백 년 전의 이야기인지 의심스러워진다. 사람도 건물도 실내도 거리도 자연도 모두모두 너무 화려하다. 그 옛날에 저렇게들 화려하게 잘 살았을까? 저 화려한 화장이나 의상은 모두 현대적인 것이 아닌가? 왜 역사를 다루면서 저렇게들 고증 없이 하는가? 우리는 몇십 년 전까지도 너무나도 가난하게 살지 않았던가? 게다가 사대부란 청렴결백을 이상으로 삼지 않았던가? 왕도 그런 사대부의 하나였으니 화려할리 없지 않은가? 그런데도 화려하게 꾸미는 것은 한국인의 화장이 세계에서 가장 짙고 성형수술이 세계에서 가장 빈번하게 행해진다는 것과 무관할까?

중앙집권 국가라는 신화

'살아 숨 쉬는 21세기 대안 교과서'라는 말이 표지 맨 위에 나오는 2002년에 출간된 『살아 있는 한국사 교과서』에서 삼국시대를 다룬 장의 제목은 「중앙집권 국가가 나타나다」다. 그 내용은 6개 절로 나뉘는데 1절이 「삼국의 성립, 그리고 가야」이고 2절이 「중앙집권 국가로의 발전」이다. 이어 3, 4, 5절은 각각 백제, 고구려, 신라를 설명하는데 그것은 '중앙집권 국가의 완성'을 뜻하는 것처럼 보인다.

나는 오래전부터 이 '중앙집권 국가'라는 말을 역사에서 함부로 쓰지 말자고 주장해왔는데 내 주장과는 반대로 그런 말의 사용이 더욱더 심해진 것 같은 인상을 받는다. 나는 국가라는 말도 함부로 사용해서는 안 된다고 주장했다. 지금 우리가 사용하는 국가라는 개념은 서양에서도 19세기부터 사용했고 한반도에서 최근에야 정착된 개념이라는 이유에서였고, 지방 분권에 대응하는 중앙집권이란 더욱 최근에 정착되었다는 이유에서였다.

삼국시대는 물론이고 고려나 조선까지 '나라'라는 것은 '집단 정착지' 정도의 의미에 불과했다. 따라서 사대주의니 조공이니 하는 것도 그런 차원의 교류에 불과한 것이지 오늘날의 제국주의나 식민주의와는 근본적으로 달랐다. 그러니 민족 수난사 운운할 것이 아니다. 그것은 아시아 유일의 기독교 중심 국가가 되려는 선교용 역사관이 빚어낸 이스라엘 역사의 모방이었다.

동아시아에서 기원전 2세기 무렵에 성립된 중화中華 중심의 책봉 체제에 의해, 당시 한반도의 동북부를 지배한 위만이 한무제에 의해 조선 왕으로 책봉되었지만 그것은 그야말로 유교의 예라는 관념에 의거한 관계에 불과했다. 화이華夷라고 불린 중국의 주변이 중국 황제의 덕을 사모해 내조하고 황제는 주변에 덕을 미치는 의무를 진다는 것이었고, 그 예가 수용되는 범위도 주변의 수장과 지배층에 한정되었다. 유교나 불교도 그런 예의 일환으로 수용되었다. 바다나 육지를 통해 중국과 직접 대면한 고구려나 백제는 유교와 불교 수용에 큰 저항이 없었지만 한반도의 동쪽 구석에 있는 신라에서는 저항이 있었다. 그래서 삼국 중에 유일하게 불교 수용 시 이차돈의 순교가 발생했다. 특히 골품제는 불교의 평등과 어긋났다.

그러나 10세기에 중세 동아시아 세계는 끝났다. 907년에 당나라가 망하고 이어 발해(926년)와 신라(935년)가 망하면서였다. 그 뒤 고려는 베트남이나 일본과 마찬가지로 중국에서 벗어나 명실공히 독립했다. 문화적으로도 중국 북부의 요나라에서 거란문자가, 중국 남부의 서하에서 서하문자가 창안되고 일본에서는 가나가 고안되어 독립했다. 반면 중국과 가장 가까웠던 고려에서는 독립 문자가 나오지 못하고 신라 이후 한자로 우리말을 표기하는 이두를 사용하다가 조선조 세종 때에 와서야 한글이 제정되었다. 그때까지 문화적 독립은 지연되었다. 실제로 당시에는 물론이고 19세기 말에 와서 중국의 왕조가 망하기까지 독립이라는 의식조차 없었다. 반면 경제적으로는 동아시아 교역권이 성립해 고려도 국제적으로 코리아라는 이름을 얻었다.

그러다가 15세기에 명나라가 책봉 체제를 부활시키면서

한반도는 다시 중화권에 들어가 지리적으로 떨어진 일본이나 베트남보다도 오랫동안 중화권에 포함되었다. 그러나 그 정치적 관계는 통치 계급 차원의 것이었지 사회적으로나 문화적으로 심화된 것은 결코 아니었다. 그래서 고려는 물론 삼국시대에도 불교가 민중에게까지 파고들었다고 보기 어렵다. 한국의 종교는 여전히 무당에 의한 샤머니즘 중심이었으며 불교도 여기에 섞일 수밖에 없었다. 유교도 마찬가지였다. 한반도 지배층이 독립된 국가 개념을 인식한 것은 19세기 말이었다. 그러나 유교적 사고방식을 하던 지배층에는 종주국이 중국에서 일본으로 바뀐 것을 의미했을 뿐, 독립을 쟁취한다는 차원의 것은 아니었다. 중국 중심의 유교권에서 문화적으로 독립하는 것은 21세기인 지금도 남한에서는 힘들어 보인다. 그것과 다른 차원이지만 유교적 정치 이념은 중국에서와 같이 북한에도 여전히 남아 있다.

민족이라는 신화

『살아 있는 한국사 교과서』의 부제는 '민족의 형성과 민족 문화'다. 조동일의 『한국문학통사』 등에서도 고대부터 민족 문학이 있었다고 주장한다. 그 민족이란 한민족을 뜻하니 그런 책으로 수업 시간에 공부하는 동남아시아 민족 출신의 어머니를 둔 '완득이' 같은 아이들은 당혹스러울지 모른다. 그런 아이들이 더욱 많이 늘어날 2030년대 이후에는 그런 제목을 지워야 한다. 국사니 국어니 국악이니 하는 '국' 자 돌림의 모든 것을 없애는 것이 옳다.

동조동근同祖同根이라는 의미의 '민족'이라는 말은 1900년 전후에 일본에서 서양어 'nation'을 번역한 것으로, 우리나라에서는 소위 을사늑약이 체결된 1905년에 처음 사용되었다. 즉, 일본의 침략과 함께 일본인이나 일본 민족에 대응한 조선인이나 조선 민족이라는 말이 생겨난 것이다. 그전에는 그런 말도, 그런 의식도 없었다. 중국에서도 20세기 이후에야 '중국인'이라는 의식이 생겨났고 중국의 국토를 표시하는 지도가 처음으로 만들어졌다. 이와 함께 량치차오梁啓超에 의해 '중국사'라는 개념이 생겨났고 그 시작을 약 4,000년 전의 황제 헌원씨軒轅氏로 보게 되었다. 그 직후 1905년부터 조선에서도 유사한 발상에서 단군이 강조되었고 1907년 신채호는 량치차오의 『이태리 건국 삼걸전』을 번역했으며 이어 『이순신전』(1908), 『을지문덕전』(1908), 『최영전』(1909) 등을 썼다.

이런 시도들은 1872년 일본에서 기원전 660년에 진무神武 천황이 즉위한 날(2월 11일)을 기원절로 삼은 것과 관련 있다. 일본의 기원절은 1948년에 폐지되었다가, 반공주의가 창궐한 1951년 이후 격렬한 찬반 논의 끝에 1966년 건국 기념일로 부활했다. 폐지와 부활 반대의 근거는 진무 천황 즉위의 연월에 대한 근거가 부족하고, 과거에 진무 동정東征 이야기가 만주사변과 태평양전쟁에 이용되어 편협한 충군애국 교육으로 일본을 망쳤다는 것이다.

반면 한국에서는 1949년 단군이 약 4,000년 전에 고조선을 세웠다고 하는 10월 3일을 개천절로 정했다. 당시 일본의 기원절 폐지 논의를 참조하지 않았다고 해도 그 근거에 대한 충분한 논의가 있어야 했으나 그렇지 못했다. 한편 중국에서는 공산당 정권이 수립된 10월 1일, 타이완에서는 신해혁명이 일어난 10월 10일을 건국 기념일로 삼았다. 신화의 건국일을 국경일로 삼는 나라는 한국과 일본뿐이다. 일본이 먼저 그렇게 했으니 한국이 모방했다고 해도 할 말이 없다. 일제강점기 때 건국 기념일에 고개 숙인 친일파가 개천절을 만들었다고 해도 할 말이 없다. 어쩌면 일제 잔재의 하나일지 모른다.

일본에서 일본 신화를 황실 기원 신화로 보고, 역사적 사실이 아니라고 부정한 쓰다 소키치津田左右吉의 책은 황실의 존엄을 모독했다는 이유로 출판법에 저촉되었다. 쓰다는 그 사실만으로도 일본 최고의 양심으로 불린다. 그는 『중국 사상과 일본 사상』에서 일본 문화와 중국 문명을 완전히 별개로 보고, 고래로 일본이 중국 문화를 수용했다고 해도 그것은 지배계층만의 것이었지 민중 생활 문화와는 무관하다고 주장해 지식인의 환영을 받았다. 그러나 그는 중국이나 한국의 문화는 하나라고 보고 그 속에도 상층 문화와 민중 생활 문화가 있다는 점을 전혀 인정하지 않았다. 나아가 그는 당대 일본인은 유럽 문화를 받아들였기에 중국의 것과 더욱 큰 차이가 있고, 그렇게 된 이유는 과거부터 중국과 일본은 서로 달랐기 때문이라고 주장했다. 그러나 그 점은 중국이나 조선에도 마찬가지가 아니었는가? 일본이 서양 문화를 받아들인 것도 겨우 몇십 년 빨랐던 것에 불과했다.

여하튼 쓰다식의 역사관이 지금 한국인의 주류 역사관이 되었다. 가령 유교 전통에 대해 그것이 전통 사회의 상층부 양반의 것이고 하층부 민중과는 무관했다거나 계급적이고 보수적인 농경 사회에는 적합했지만 민주 사회인 지금은 적합하지 않다는 비판이 당연히 나올 법한데, 그것에 대한 숭상만 존재하는 이유가 무엇일까? 종주국인 중국에서도 유교 비판이 성행하고 일본이나 베트남에서는 과거와 달리 유교 자체에 대한 흥미가 거의 없어진 반면 한국에서만 유교에 대한 객관적인 연구 없이 조선시대, 아니 유교가 처음 들어온 삼국시대와 똑같은 한문 공부로 유교 경전을 기독교 『성경』처럼 주해하는 것에 그치는 이유가 무엇일까? 유교가 양반의 덕목으로 중시된 수천 년 전통이 그대로 유지되는 탓일까? 그것이 '한국적인 것'일까? 그래서 유교로 한국이 망하느니 흥하느니 하면서 야단법석을 떠는 것일까?

최근 일본의 어느 교수에게, 일본 불교는 일본 신도와 접합된 일본식 불교인데 한국 불교는 한국식이 아니라 중국식이나 인도식이라는 말을 들었다. 나는 한국 불교는 물론 중국 불교도 고유 신앙과 접합된 것이며, 이는 일본은 물론 세상 어떤 곳에서도 마찬가지라고 답했다. 그러니 신채호가 한국 인문은 한국적인 것이 아니라고 한 말은 잘못된 것이고 그런 말은 신채호가 매우 싫어한 일본인들이 주로 하는 말이니 조심해야 한다. 내 말은 어떤 문화든 고유하거나 순수한 것일 수 없다는 것이다. 즉, '순수한 한국적인 것'은 있을 수 없다.

모든 문화는 잡종이다. 문제는 내용이 무엇이냐는 것이지 형식이 아니다. 가령 어떤 단어가 일본에서 온 것이니 사용해서는 안 된다는 논의가 자주 있지만, 그렇게 따지면 지금 우리가 사용하는 단어의 반 이상이 일본에서 온 것이므로 사용해서는 안 된다. 특히 소위 '순수 한국어' 사용을 주장하는 사람들에 대해서 나는 할 말이 없다. 오래전 아이들의 생활 글쓰기가 좋아 이오덕과 교사들의 모임에 몇 년 참석했다가 그의 순수 한국어 주장 때문에 그만둔 적이 있다. 유영모 등의 창작적인 한글 사용 등에도 공감하지 못하는 것을 한글 사랑이 얕아서라고 욕해도 할 수 없다.

한반도의 중세

내가 '한반도'라는 말을 쓰는 이유는 보통은 남한을 뜻하는 '한국'이라는 말을 쓰기 어렵기 때문이다. 이 글의 지리적 범위는 고구려나 발해를 포함하는 것이므로 한반도라는 말에도 문제가 있지만, 그 모두를 정확하게 표현하는 지리적 명칭이 없어 한반도라는 말을 현재의 남북한 영토 또는 경우에 따라서는 만주 지역까지 포함하는 뜻으로 사용하기로 한다. 중세라는 말에도 문제는 있다. 한국사에서 중세란 보통 고려를 말하는데 나는 불교가 전래된 4세기 삼국시대부터 중세로 보기 때문이다.

대일본제국이라는 말에서 나온 듯한 대한제국이라는 말을 바꾼 대한민국이라는 말이나 그것을 줄인 한국이라는 나라 이름은 한반도 역사에서 최근을 말하고 그 영역도 보통은 남한에 국한되는 것이므로 고대나 중세는커녕 근대에도 해당되지 않는다. 그래서 편의상 한반도라는 말을 사용하는데, 이는 국명이 아니라 지명이다. 나는 국명보다 지명이 중요하고 기본이라고 생각한다. 한반도는 영원하지만 그 위에 세워지는 나라는 다양하기 때문이다.

한반도 외에 우리 역사에 등장하는 지역으로 만주나 랴오닝遼寧 등이 있다. 고구려나 발해가 그곳을 지배했다는 이유에서다. '만주는 우리 땅'이라는 노래는 없지만 한국인의 마음속에는 그런 생각이 숨어 있어서 만주를 되찾아야 한다는 주장도 뿌리 깊다. 고구려 이전에 고조선을 세운 단군이 그곳을 정복했으므로 우리 민족의 발상지라고 보는 견해도 있다. 그러나 단군이라는 존재는 고려 말기인 13세기에 일연一然에 의해 『삼국유사』에 처음으로 기록되었다.

2011년에 나온 아서 코터렐Arthur Cotterell의 『아시아 역사』에는 한국 역사 최초의 기록으로 위만조선을 설명한다. 따라서 단군신화를 비롯한 신화는 등장하지 않는다. 그러나 코터렐은 잘못 기록한 것이다. 고조선이 기록에 처음 나타나는 것은 '중국 제나라와 교역했다'고 하는 기원전 7세기부터이기 때문이다. 코터렐에 의하면 위만은 한고조에 대항해 반란을 일으켰다가 실패해 한반도 북부의 고조선에 정착했는데 그곳에는 시베리아 출신이 살았다고 한다. 이어 고구려가 고조선의 옛 땅을 되찾았고 그곳에 중국인이 그대로 살았다. 이어 삼국에 불교가 전래되었다고 코터렐은 말하는데, 그전 한반도에는 어떤 문화도 없었다는 것이다.

고조선이 있던 당시 만주에는 다양한 종족이 살았고 고조선은 그중 하나였다. 당시 한반도에는 고조선과 다른 종족이 살았을 것인데, 그 종족은 남쪽에서 바다를 건너왔을 수도 있다. 고조선은 기원전 108년에 망하고 한사군이 세워졌다. 한사군의 위치에 대해서도 한반도냐 랴오닝이냐를 둘러싼 논쟁이 있다. 고조선을 우리 역사에서 최초의 국가로 보는 것이 일반적이지만, 과연 지금 우리가 아는 국가와 같은 것이었다고 볼 수 있을까? 나아가 고구려를 국가를 넘어선 제국으로 볼 수 있을까? 고구려가 오늘날의 만주 등을 지배했다고 하지만 당시 만주에는 다양한 지배 세력이 공존했다. 고구려나 발해나 다종족 국가이지 않았을까? 신라나 백제도 마찬가지가 아니었을까? 단일 민족이기는커녕 하나의 국가를 형성했다고 볼 수 있을까? 나는 우리 역사를 국가에 권력이 집중되는 과정으로 본다거나 고대부터 국가를 이루었다고 보는 방식에 항상 의문이 있었다. 다른 나라의 역사에는 아예 존재하지도 않는 그런 방식이 왜 우리나라에만 있는 것일까? 역시 국가를 잃은 일제 식민지 시대에 역사학이라는 것이 만들어진 탓이 아닐까?

한반도의 역사를 서양식으로 고대-중세-근대로 나누는 경우 중세는 보통 고려에 해당한다. 즉, 918년부터 1392년까지를 뜻했다. 그러나 나는 소위 통일신라시대(676~935)도 중세라고 본다. 통일신라가 세워진 676년 이전은 분단국가였으나 그 이후는 통일국가였다. 장보고가 활약한 통일신라 이후 고려까지, 또는 적어도 임진왜란 전까지 한반도는 아시아는 물론 세계로 뻗어나간 대단히 개방적인 국가였고 유불선의 공존을 인정하는 다양성의 국가였다. 그런 개방성과 다양성은 통일신라 이전에도 인정된 것이지만 조선, 적어도 임진왜란 이후에는 인정되지 못했다. 그 뒤 조선은 폐쇄적인 유교(성리학) 일색의 나라로 변해 결국 망하고 말았다.

개방성과 다양성을 고려시대의 특징으로 인정하는 박종기 교수의 견해는 내 생각과 크게 다르지 않다. 그러나 박종기 교수가 통일신라를 골품제라는 하나의 원리로 유지되었다고 보는 점은 나의 견해와 다르다. 통일신라는 물론이고 삼국시대에도 고려와 같이 유불선의 공존이 인정되었기 때문이다. 반면 성골이니 진골이니 육두품이니 하는 골품제는 신분제에 불과한 것이다. 그런 신분제는 고려는 물론 조선에도 있었다.

동아시아의 중세

나는 통일신라와 고려를 포함한 우리 중세를 개방과 다양과 통일의 시대로 본다. 그리고 그 개방의 영역은 적어도 동아시아를 포괄한 것이었다. 중국만이 아니라 동아시아, 인도 등 남아시아, 이슬람권의 서아시아까지 포함한 아시아에서 아시아와 함께한 찬란한 중세였다. 그 중세에 유일하게 정체된 유럽이 중세 이후 득세해 16세기 이후에 아메리카, 19세기 이후 아시아를 포함한 전 세계를 지배했지만 이제 그 시대는 끝나고 있다. 21세기가 새로운 시대라고 하면 그것은 아시아의 시대다. 적어도 동아시아의 시대다.

한반도의 중세는 고대의 봄을 이은 찬란한 동아시아 여름이었으나 그 세월은 조선의 유교에 의해 망각되었다. 그러나 우리는 다시 동아시아와 함께 살고 있다. 내가 사는 시골에도 동아시아에서 온 여인들이 함께 살며 많은 '완득이'를 낳았고, 내가 일한 시골 대학에도 많은 동아시아 유학생이 함께 공부하고 있으며, 동아시아에도 한국인이 많이 살고 있다. 김정은이 방문했다고 해서 유명해진 베트남 다낭에 가보았더니 한국 도시를 방불케 했다. 그러나 아직도 동아시아에는 문제가 많다. 내가 30여 년 전부터 구상한 동아시아의 인권과 평화의 공동체는 아직도 요원하지만 분명히 희망은 있다. 그 출발은 중세 동아시아의 인문 공동체에서 찾아야 한다.

제19장

한반도 중세의 사상

원효·설총·일연의 마을

지금 내가 살고 있는 마을의 이름은 압량면의 압독로이고, 얼마 전까지는 같은 면의 당음리에 살았다. 압독은 신라가 건국하기 전에 이곳에 있던 진한 12개국 중 하나의 이름이고, '당나라의 시'를 뜻하는 당음은 조선시대 지식인들이 한시를 처음 배울 때 읽은 당시집 이름이다. 압량면은 『삼국유사』에서 원효가 태어났다고 한 압량군의 행정명이 바뀐 것이다.

내가 사는 마을에서 바로 보이는 산은 삼성산으로 원효·설총·일연을 세 성인으로 모시는 곳이다. 제석사帝釋寺라는 절이 있는 옆 마을이 원효의 출생지라고도 하고, 다른 견해도 있는데 모두 이 부근이다. 설총이 태어난 곳도 마찬가지다. 조금 먼 곳에 일연이 『삼국유사』를 쓴 인각사麟角寺도 있다. 내가 사는 곳에 신라 때 군마에게 물을 먹였다는 전설에 나오는 말못과 군사 훈련장 터도 있다.

나는 오래전부터 내가 근무한 대학교에서 출발해 삼성산과 제석사 등을 순례하면서 원효·설총·일연에 대해 공부하는 도보 학습 코스를 만들고자 했으나 아무도 관심을 두지 않았다. 서울에 원효로가 있지만, 그런 의미가 없다는 것은 두말할 필요도 없다. 이곳에 '원효의 길'이나 '인문학의 길'을 만들고 그런 의미를 부여해도 좋을 것인데, 그런 시도는 전혀 없다. 원효는 불교 사상가나 운동가로, 설총은 한문을 우리식으로 읽는 이두의 창조자로, 일연은 한국 최초의 역사가로 이른바 '문사철'이라는 인문학의 비조들이다. 그래서 내가 사는 동네에 대해 나름의 자부심을 느끼지만 그런 자부심이야 자신이 사는 곳에 대해 누구나 느끼는 자부심이지 내 동네가 최고라는 것은 아니다.

나는 산티아고 순례길이나 제주도 올레길보다 내가 아침저녁으로 걷는 마을 길을 가장 사랑한다. 제주도는 물론 스페인까지 비행기를 타고 가는 것부터 생태적이지 못하다. 길뿐만 아니라 모든 점에서 내가 사는 마을이 좋다. 내 마을과 그 부근에 모든 것이 있다. 절과 교회가 있고 대학을 비롯한 학교가 있으며 다양한 사람이 있다. 이 마을에 20여 년 동안 살면서 나는 매일 걸어 직장에 갔고 주변 쓰레기를 모아 집을 지었으며 농사를 지어 자급자족했다. 마을 여기저기에서 사람들과 만나고 책을 읽고 그림도 그렸다. 이곳에 연구소 겸 도서관이 하나 있으면 딱 좋겠다고 생각해 새로 지을 생각도 했지만, 요즘은 내가 사는 작은 집을 그런 용도로 남기는 것이 생태적으로는 더 좋겠다고 생각한다.

내가 사는 집에 특별한 의미를 부여하는 것은 아니다. 내가 경작하는 밭이 한국 땅에서 산을 빼고 인구수로 나눈 평균치이듯이, 마을마다 연구소 겸 도서관 하나는 있으면 좋겠다고 생각한 것에 불과하다. 미술관이나 음악관도 있으면 좋겠지만 나는 화집과 CD로 만족한다. 젊어서는 세계 곳곳의 예술을 찾아다녔지만 이제는 비행기를 타는 것 자체가 생태적이지 못하다고 생각한다. 무엇보다 스스로 그리고 노래하는 것이 좋다. 생각도 남의 것을 좇기보다 스스로 하고 스스로 글을 쓰는 것이 좋다. 그렇게 살게 된 나의 시골 생활 20년은 행복했지만 단하나, 정치적인 견해가 맞지 않아 괴롭고 외로웠다. 더 근본적인 사상의 차이라고 해야 할지도 모른다. 그것은 내 평생의 고민이었는지도 모른다. 그러나 최근에는 사상의 중요성에 대해서도 회의한다. 특히 나만의 사상, 우리만의 사상이 꼭 필요한지 회의한다. 사상으로 망한 나라이자 시대가 아닌가?

한국인의 사상사

비토리오 회슬레Vittorio Hösle는 『독일 철학사』에서 "독일어로 말하는 수많은 철학자가 존재했다 할지라도, 그것만으로는 아직 의미 있는 방식으로 설명할 수 있는 그들의 역사가 존재한다는 것을 결코 의미하지 않기 때문"에 독일 철학의 역사가 존재한다고 볼 수 없다고 하고 그 이유로 "정신적 유대가 없기 때문"이라고 말한다. 한국 철학사는 어떨까? 고대부터 현대에 이르는 많은 철학자에게 정신적 유대가 있다고 말할 수 있을까? 고려시대까지 승려들과 조선시대의 유학자들, 서양철학을 전공한 현대 철학자들이 어떤 정신적 유대를 가졌다고 볼 수 있을까? 나아가 자신이 쓴 철학사에서 라틴어로 저술한 철학자를 뺀 회슬레처럼 한문으로 글을 쓴 사람들을 빼고 한글로 글을 쓴 사람들만 포함시킨다면 한국 철학사는 20세기 이후로 좁혀질 수밖에 없다. 즉, 원효부터 박은식까지 대부분의 사람은 제외되어야 한다.

그렇다고 해서 20세기부터 한글로 쓴 철학자들이 과연 정신적 유대가 있다고 말할 수 있는가? 좌우로 갈리고 남북한으로 갈린 그들에게 정신적 유대가 있다고 할 수 있는가? 북한으로 간 철학자들은 1988년까지 거명조차 금지되었다. 나아가 현대의 동서양 철학 전공자들 사이에 어떤 정신적 유대가 있다고 할 수 있는가? 회슬레가 좌우를 모두 독일 철학으로 다루는 것은 두말할 나위가 없다. 그러나 우리의 경우 그 모두가 한국에서 생겨난 것이 아니고 그렇기에 남북 분단처럼 서로가 도저히 만나지 못하고 따라서 한국 철학으로 다룰 수 없는 것이 아닐까? 그래서 남북한 모두 철학조차 따로 다루는 것이 아닐까? 이는 정치적으로 통일이 되어야 합해질 수 있는 것일까? 통일이 되면 정신적 유대가 즉시 생겨날까?

좌파 철학자인 신남철이나 박치우를 비롯한 월북 지식인들의 글이 해금되었어도 그들이 즐겨 쓴 말, 가령 인민이라는 말은 지금까지도 해금되었다고 할 수 없다. 이 말은 전통 사회의 조선은 물론 중국에서도 자주 사용되었으나 해방 후 우파가 그 말을 좌파 전용어인 것처럼 몰아붙여 남한에서는 사용하기 힘들어졌다. 지금도 누군가 1948년 유진오가 만든 헌법안처럼 국민 대신 인민이라는 말을 사용하자는 제안을 한다면 당장 빨갱이 운운하는 주장이 나올 것이다. 회슬레식으로 말하자면 그런 언어 분단 상황에서 한국 철학사가 가능한가?

그런데 회슬레는 일원론이라는 함정에 젖어 독일 철학사에 하나의 원리가 있다고 생각하는 잘못을 저질렀다. 어느 나라, 어느 민족의 철학도 단 하나일 수 없다. 일원적이 아니라 다원적이다. 그런 구조적 다양성이 모든 인류의 공통된 생각의 틀이다. 한국인도 마찬가지다. 가령 유교와 불교라는 사상이, 천손 신화와 난생 신화라는 두 가지 신화가 공존했다. 마찬가지로 신라에는 의상과 원효라는 생각의 대가가 공존했다. 고려에는 김부식과 일연이 공존했다. 조선에는 퇴계와 율곡, 정약용과 박지원이 공존했고, 한국에는 박종홍과 박치우가 공존했다.

이는 보수와 진보의 공존, 타율과 자율의 공존, 폐쇄와 개방의 공존, 배제와 포용의 공존, 복수와 용서의 공존, 이기와 이타의 공존, 경쟁과 협동의 공존, 폭력과 비폭력의 공존이다. 시대와 나라에 따라 그 저울은 한쪽으로 기울기 마련이지만 평형을 유지할 때가 가장 이상적이다. 우리는 평형을 유지하는 지혜를 배워야 한다. 그것이 대화이고 협의이며 공생이고 상생이다. 그러나 그것은 독재와 민주의 공존, 계급과 평등의 공존, 억압과 자유의 공존을 뜻하지는 않는다. 왜냐하면 독재와 계급과 억압은 더는 우리 모두가 공통으로 인정하는 가치가 아니기 때문이다. 특히 불평등은 우리의 가치가 아니다. 불평등이 낳는 억압도 우리의 가치가 아니다. 불평등에 기초한 독재 권력도 우리의 가치가 아니다. 진보와 보수도 민주·자유·평등을 인정하는 우리의 공통 가치 위에 서야 비로소 진정한 가치가 될 수 있다.

헬조선·헬고려·헬신라

신라 사람들은 자기 나라를 불국佛國이라고 불렀다고 한다. 부처의 나라라는 뜻이다. 모두가 부처가 되는 나라라는 뜻이라고도 한다. 반면 지금은 헬조선이라고들 한다. 지옥이라는 것이다. 보이지 않는 계급이 있어 1대 99의 사회라는 이유에서다. 그러나 신라야말로 우리 역사상 가장 노골적인 계급인 골품제의 나라가 아니었던가? 부처는 진골이니 성골이니 하는 왕이나 그 가족에게 붙여진 이름이고 불국사란 그들만의 절이 아니었던가? 그래서 모두 그런 계급제가 없는 중국에 가서 살려고 하지 않았던가? 당시 중국에는 그런 계급제가 없었던가? 정말 그러했다면 중국이야말로 불국이 아니었던가? 반면 신라는 역시 '헬신라'가 아니었던가? 물론 당시 중국에 갈 수 있는 사람은 원효나 최치원 같은 육두품 정도로 제한되었다. 그 나머지는 꿈도 꿀 수 없었다. 이런 형편은 지금도 마찬가지다.

나는 원효나 최치원 같은 신라의 위대한 지식인들이 무엇보다도 당시의 골품제가 부당하며 불국을 평등 사회로 만들어야 한다고 주장하기를 바랐다. 그래서 원융회통圓融會通이니 일심一心이니 하는 그들의 책이나 관련 서적을 열심히 읽었다. 그러나 그들이 남겼다는 책이나 그들의 일화에서 그런 흔적을 전혀 찾을 수 없었다. 그들은 육두품으로 신라에서는 출세가 불가능해 외국인에까지 능력이 있으면 출세를 허용한 당나라로 가려고 했다. 신라의 불평등을 개혁하는 것이 아니라 자신의 출세만을 생각했다. 그래서 그들이 싫었다. 계급을 비판하는 지식인은 고려에도, 조선에도 없었다. 그러니 헬신라·헬고

려·헬조선이다. 옛날 옛적부터 '헬'이었다. 어제오늘의 '헬'이
아니었다.

　　이렇게 말하면 매국노라고 욕할 사람이 있을지 모르지
만, 계급사회가 지옥이라는 것을 어떻게 부정할 수 있다는 말
인가? 그래도 지금은 조선시대보다는 낫다. 적어도 계급을 이
마에 계급장처럼 붙이고 노골적으로 주장하지는 않지 않는가?
그것만으로도 행복한 것이라고 해야 하지 않는가? 누구는 근
대 이전의 소농 사회를 행복했다고 말하지만 당시의 지배층인
양반이 아니었다면 과연 행복했을까? 소농들이 과연 행복했을
까? 소농은 원치 않는데 소농 사회로 돌아가자는 것이 생태 사
상인가? 차라리 원시 야만 사회로 돌아가자고 하는 것이 생태
적으로 맞는 말이 아닌가?

　　나는 한반도 중세의 가장 위대한 사상가는 고려의 만적萬
積이라고 생각한다. 그가 남긴 말은 "왕이나 귀족, 장수와 재상
의 씨가 따로 있는 것이 아니다. 때가 오면 아무나 할 수 있는
것이다. 우리라고 해서 어찌 힘든 일에 시달리고 채찍질 아래
에서 고생만 하고 지내야겠는가?"라는 것뿐이지만 나는 원효
나 최치원, 의천이나 지눌보다 만적이 위대한 사상가라고 생각
한다. 그에 비하면 삼국과 고려의 모든 중이나 학자는 사상가
라고 할 수도 없다. 요즘 한국의 교수들처럼 남의 나라 책이나
읽고 그대로 베껴 쓰는 자들이지, 세상에 대한 생각을 바꾼 사
상가라고 할 수 없다. 모두 집안 족보나 챙기고 출세할 길이 없
는지만 생각하는 속물인데 무슨 사상가란 말인가? 그러나 한
국에 나온 사상사나 철학사에 만적의 이름은 볼 수 없다.

　　전호근 교수가 900쪽에 이르는 『한국 철학사』를 내서 화

제가 되었다. 하지만 나는 그 내용이 과거에 나온 책들과 얼마나 다른지 모르겠다. 삼국시대에는 유교·불교·도교가 균형을 이루었으나 고려에서는 불교만, 조선에서는 성리학만 있었다고 한 것은 특이한 견해로 보인다. 그러나 고려에도 유교와 도교가 있었고, 조선에도 불교와 도교가 있었다. 게다가 고려에 불교만 있었던 것이 당나라와 같다고 하지만 당나라에서는 도교가 불교보다 성행했고 유교도 발전했다. 또 저자는 통일신라 때 유불선이 조화를 이루는 데 결정적으로 기여한 사람이 원효라고 하지만, 원효의 화쟁和諍이란 불교에 대한 이야기에 불과하다. 그것이 종교 다원주의나 통섭 등의 학제적 학문 연구에도 적용되는 것이라고 주장하는 것은 원효의 생각을 과도하게 확대해석하는 것이다.

이 책은 '한국적'이라거나 '한국만의 고유한' 철학을 주장하지 않아 좋다. 신화를 다루지도 않고 7세기에 등장하는 원효부터 언급한다. 따라서 공자가 한국인이라는 이야기는 물론 중국 고대 문명의 개척자는 한족이 아니라 동이족이므로 유교는 외래 사상이 아니라 고유 사상이라는 이야기도 하지 않아 좋다. 그러나 샤머니즘이나 화랑, 밀교나 풍수지리 또는 도참을 다루지 않는 점은 유감이다. 샤머니즘은 그것을 철학이라고 보지 않아 다루지 않은 듯한데, 사상의 원초 형태로 이해한다면 언급할 필요가 있다. 그러나 나는 한국의 샤머니즘에 다른 나라의 샤머니즘과 구별되는 특유한 무엇이 있다고 생각하지 않는다. 고대의 다신교적인 자연종교라고 보는 것으로 충분하다. 그런 다신교는 일신교가 아닌 이상 다양한 외래 종교를 쉽게 받아들이는 '포용'을 발휘하는 고유한 특징이 있다.

샤머니즘·도교·화랑·밀교·풍수지리·도참

전호근 교수는 삼국의 도교에 대해서만 간단히 다루는데(고려의 도교가 훨씬 비중이 크다), 그 내용은 처세와 군사전략에 이용된 경우에 국한된다. 삼국시대에 도교가 불교보다 훨씬 빨리 전래되었고, 전래 이전부터 우리의 고유 종교가 도교적이었다는 점은 전혀 언급하지 않는다. 특히 화랑에 대해서는 전혀 언급하지 않는다. 화랑이 독재정 시대에 부당하게 다루어지긴 했지만 그렇다고 해서 우리 사상사에서 화랑의 의미를 무시할 수는 없다.

화랑은 사상사가 아니라 일반사에서 다루어지는데 그 경우에도 세속오계를 예로 들어 유교의 영향이 더 강하다고 한다. 그러나 『삼국유사』에 의하면 원광圓光법사가 600년에 세속인에게는 불교의 보살십계가 적합하지 않으므로 세속오계를 지키라고 말한 것에 불과하다. 세속오계는 굳이 화랑을 위한 것이 아니었다. 세속오계가 언급되기 훨씬 전인 진흥왕(재위 540~575) 때 만들어진 화랑에 관한 기록에 "도의로써 갈고 닦고 서로 노래로써 즐기며 자연과 벗하기 위해 먼 곳이라도 마다하지 않는다"고 하고 선仙이라는 표현도 많이 나오는 것을 보면 도리어 자연 속에서 도교의 신선처럼 노닐며 수행한 결사結社로 보인다. 최치원이 뒤에 풍류라고 한 것도 이를 두고 한 말인 듯하다. 따라서 세속오계로 인해 호국불교로 나아갔다고 보는 통설에는 문제가 있다.

도교는 중국에서 자연 발생적으로 생긴 민간신앙으로 다른 종교를 자유자재로 끌어들이는 특징이 있어 명확하게 규정하기는 힘들지만, 신선 사상을 배경으로 불로장수와 현세 이익을 목표로 삼는 점은 분명하다. 중국에서는 3세기 무렵 도교를 기반으로 태평도와 오두미도 같은 비밀결사가 만들어졌고, 당나라에 와서 도교가 크게 발전했다. 그것이 화랑의 형성에도 영향을 미치지 않았을까?

한편 밀교는『삼국사기』에 의하면 635년 당나라에서 귀국한 명랑明朗법사에 의해 신라에 전래되었다고 한다. 도교와 마찬가지로 고유 종교와 유사한 측면이 있어 이차돈의 순교에 의해 공인된 대승불교보다 빨리 전해질 수 있었을 것이라는 생각이 든다.『왕오천축국전』을 쓴 혜초도 밀교 수행승이었을 정도로 밀교는 신라에서 번성했고, 고려 때에는 왕실과 귀족 중심으로 더욱 발전했다.

밀교는 대승불교의 공空 사상을 배격하고 영원한 실체인 '대일여래大日如來'를 주장한다. 또 현세를 부정하는 대승불교와 달리 현세적이다. 즉신성불卽身成佛을 목표로 하고 현실 세계야말로 유일하며, 이 세상의 살아 있는 신체에 작용한다. 보이지 않는 관념이 아니라 눈에 보이는 만다라로 세계를 표현하는 밀교는 현실에 작용해 변화시키며 그 효과도 현실적이고 눈에 보이는 것이라고 주장한다. 이러한 밀교는 원시종교로 회귀라고도 볼 수 있다. 또한 밀교에는 샤머니즘이나 도교처럼 다른 문화를 절충적으로 받아들이는 '포용'이 있다. 나는 그러한 포용적 사고가 원효 등의 화쟁 개념에 영향을 주었다고 생각한다.

풍수지리는 중국의 상주商周시대에 시작되었지만, 우리의 풍수지리는 삼국시대에 토속신앙과 불교가 결부되어 만들어졌다고 보는 견해를 비롯해 다양한 견해가 있다. 그러나 그것이 중국의 『주역』과 음양오행설을 토대로 한 것임은 분명하고, 삼국시대는 물론 그 후 지금까지도 한국인에게 중요한 사상이다. 풍수지리와 관련된 도참圖讖 또는 참위讖緯는 길흉화복이나 성쇠득실盛衰得失에 대한 예언 혹은 징조를 가리키는 말로 역시 삼국시대 이래 지금까지 이어졌지만 현대 한국에서는 풍수지리만큼 중요하지는 않은 듯하다.

원효와 범일

나는 평생을 두고 원효에 매달렸다. 그나마 그의 화쟁 사상이나 정토淨土 사상이 불교의 계급 타파 사상에서 나온 것이라고 볼 수 있으리라 생각했기 때문이다. 인도는 힌두교가 정당화한 카스트에 지배되고 있었기 때문에 인간 평등을 주장한 불교가 나오자 사람들은 그것을 믿었다. 그 뒤에 들어온 이슬람도 평등을 주장했기에 사람들이 믿었다. 그러나 우리의 불교 수용사에는 그런 점이 없다. 당시 중국에서 온 불교가 왕을 부처로 보게 하는 지극히 왜곡된 것이었다고 해도, 나는 '그래도 불교는 불교 아니냐', '그래도 평등의 종교 불교가 아니냐'라고 생각했다. 그래서 한승원이나 김선우 등의 소설에서 그려진 반전주의자 원효나 아미타공동체주의자 원효에 감격하기도 했다. 이광수의 원효조차 호국불교로 윤색된 것이라고 해도 인간 평등은 인정했다. 그러나 소설은 어디까지나 소설에 불과하다.

게다가 소설이라면 나는 주인공 이름부터 달리하겠다. 왜 꼭 원효여야 하는가? 또는 화랑이어야 하는가? 그 명성에 꼭 기대어야 하는가? 신라에는 원효말고도 수십만 명의 사람이 있었다. 그 대다수는 최하품에 속하거나 아예 품에 들지도 못하는 하층민 노비였다. 그들 중에는 고려의 만적처럼 골품제의 부당함을 성토한 사람이 분명히 있었을 것이고, 그래서 원효나 최치원 같은 지식인에게 항변하는 사람도 있었을 것이며, 비분강개하다가 자살하거나 산속으로 들어가 산적이 된 사람도 있었을 것이다. 지금 우리는 그들의 이름을 전혀 모르지만 소설가라면 마땅히 그 이름들을 창작해야 하지 않을까? 사상가도 마찬가지로 그들의 사상을 새롭게 생각해내야 하지 않을까?

성골은 물론 진골도 아닌 원효가 화랑이었다고 주장하는 텔레비전 프로그램이야 오류라고 해도 원효가 권력을 탐했다는 증거는 많다. 원효가 전쟁에 관여한 것이 승복을 벗은 뒤이니 그를 호국불교의 원조로 볼 수 없다는 주장도 있지만, 원효는 승복을 벗은 뒤에도 평생 포교에 종사했다. 게다가 승복을 입고서 요석궁이라는 국가권력에 접근했고 왕의 여동생에게 설총을 낳게 하지 않았던가? 권력의 사찰인 황룡사가 아니라 그 맞은편의 분황사에서 지낸 것을 두고 반권력이니 친민중이니 하는 희한한 해석도 하지만, 그것으로 원효를 반권력인 인물로 보기는 어렵다. 당대의 불교가 권력과 유착된 것이나 엄청난 부를 누리며 상당수의 노비까지 거느렸다는 점을 원효가 비판했다는 기록은 찾아볼 수 없다.

도리어 공주를 통해 권력에 접근할 정도로 출세에 눈이 먼 사람이라고 볼 수 있지 않을까? 원효가 파계 뒤에 모든 일에 장애가 없다는 뜻의 무애無碍라는 이름을 짓고 노래를 부르며 불교를 전파했다고 하지만, 골품제라는 장애가 있는 신라에서 무애라고 했다는 것은 자신은 공주와 사랑해 아들까지 두어서 계급을 초월했다는 것이 아닐까?

나는 일상생활 속에서 도가 이루어진다고 가르친 신라 사굴산파사闍崛山派의 개산조 범일梵日에 더 주목한다. 그가 신라 고승 중 왕궁 출입을 하지 않은 유일한 인물이라는 점에서 특히 중시한다. 불교가 국교였던 고려 때에는 그런 예외조차 거의 없었다. 우리 불교는 철저히 권력 불교였다. 또한 범일은 도는 수행하거나 분별심으로 얻을 수 있는 것이 아니라 일상적인 생활 속에서 이루어진다고 해서 '평상심시도平常心是道'를 주장했다. 또 '조사서래의祖師西來意'를 통해 깨달음은 부처를 통해서가 아니라 직접 자신의 몸으로 체험할 때에만 가능하다고도 했다. 이러한 평상심과 관련해 그는 '자심自心'이 곧 부처라며, 이를 통해 깨달음을 얻어야 하고, 이를 아는 것이 선禪의 목적이라고 했다. 또한 깨달음은 문자로 헤아릴 수 있는 경계가 아니라 오직 자신의 수행을 통해서만 체험할 수 있다고 주장했다. 수도자의 본분에 대해서는 "철두철미한 자기 본분의 자각을 수행의 목표로 삼을 것"을 강조했다.

지눌과 요세의 결사

한국 불교사에서 흥미로운 이야기 중 하나는 일제강점기 때인 1920년에 중들이 만든 비밀결사 만당卍黨을 비롯한 불교 개혁 운동이다. 그 뒤에 경허鏡虛와 효봉曉峰의 정혜결사定慧結社, 성철性徹의 봉암사 결사 등이 있었고 그 앞에 고려 때 지눌知訥과 요세了世에 의해 각각 만들어진 정혜결사와 백련결사百蓮結社가 있었다. 그런데 지금까지 불교사에서는 만당을 제외한 결사들은 비밀결사라고 하지 않았다. 모든 결사는 만당처럼 소수의 비밀결사로 시작되었다가 많은 사람의 관심을 받게 되면서 공개되는 것이 아닐까?

비밀결사와 관련된 흥미로운 점은 가면극의 기원이다. 가면극에 대한 책들에서는 연회에서 기원을 찾지만, 더욱 거슬러 올라가면 아프리카에서 볼 수 있듯이 수렵을 주로 했던 모계 사회에서 유래를 찾을 수 있지 않을까? 가면을 쓰고 조상의 영혼이라고 주장하며 특권층의 소유를 부정하고 함께 먹을 것을 주장했던 것을 가면극의 기원이라고 볼 수 있지 않을까? 즉, 가면극은 공동소유라는 사회 인식하에서 생겨난 것이 아닐까?

처음 불교가 전래되었을 때, 적어도 신라에서는 이차돈의 순교로 공인되기 전까지는 비밀결사 형태였을 것이다. 공인되었다고 해도 고려에서와 같은 국교가 아니었으므로 여타의 종교, 샤머니즘은 물론이고 도교와 유교와도 공존했을 것이다. 불교는 왕이 부처로 여겨지면서 정치와 가까워졌고 고려시대 국교가 되면서 정치와 직결되고 불교 내에서 고리대금업까지 성행했다. 당연히 그것이 불교 본래의 모습이 아니라는 자각이 생길 수밖에 없다. 이러한 상황에서 지눌의 결사가 불교 개혁 운동으로 등장했으니, 그것은 적어도 초기에는 비밀결사이지 않았을까? 나는 지눌이 선교禪敎를 일치시키려고 한 점보다 명리를 버리고 산속으로 들어가 수행을 중시하며 정치 세력과 거리를 유지한 점, 육체노동까지 인정하는 붓다 시대의 불교 공동체로 돌아가고자 했다는 점을 높이 평가하는데, 그런 평가는 일반적이지 않다.

지눌의 정혜결사에 참여했던 요세는 백련사 방장方丈에

서 "오직 삼의三衣, 일발一鉢로써 생활"했고, "세상의 일을 말하지 않았으며 개경의 땅을 밟지 않았고, 또 평소에 방석 없이 좌정하면서 거처에다 등불도 밝히지 않았으며, 형편이 닿는 대로 경전의 소요疏要를 찬하여 도중徒衆에게 반포하고, 시주들의 보시를 빈궁한 사람들에게 골고루 나누어"주었다고 한다. 실천을 강조함으로써 불교계의 세속화와 사회 모순을 극복하고자 한 백련결사의 사상적 경향은 서민의 지지를 얻음으로써 몽골 침입이라는 국가적 위기를 극복하는 데 크게 기여했다.

요세가 지었다는 소요는 남아 있지 않다. 그뿐만이 아니라 고려시대까지 중이 쓴 많은 책은 조선시대에 대부분 불탔을 것이다. 그 점에서도 조선의 유교는 지탄받아야 마땅하다. 일본 중세의 중들이 남긴 수필들이 지금도 일본에서 국민문학 수준으로 널리 읽히고 특히 자발적 가난과 생태의 기원으로 사색되는 것과 달리 우리는 읽을 것이 별로 없다. 그러니 생각도 제대로 못 한다. 오늘의 분단은 어제오늘의 일이 아니다. 제발 사상 때문에 서로 죽이고 불태우지 말자. 그럴 바에야 차라리 사상을 없애자. 사상이 먼저가 아니라 인간이 먼저다. 투쟁이 먼저가 아니라 평화가 먼저다. 우리는 아직도 생각하는 사람, 호모 사피엔스가 아니다.

제20장

한반도 중세의 문학

리얼리스트이자 아나키스트, 코스모폴리탄 최치원

최근 부산대학교 강명관 교수는 박지원의 『허생전』을 아나키
즘 차원에서 새롭게 조명했다. 나는 그런 아나키즘적 전통이
적어도 최치원에서부터 비롯되었다고 본다. 최치원의 「강남녀
江南女」는 우리 시대 부자들에 대한 풍자로도 손색이 없다.

> 강남은 풍속이 방탕해
>
> 고이 자란 부잣집 여자 교태만 부리네
>
> 바느질은 부끄럽다 손에 들지 않고
>
> 분단장에 거문고 줄만 튕기누나
>
> 배운 바가 원래 높지 못한지라
>
> 타는 곡조마다 음탕하고
>
> 제 얼굴 예쁘다 자랑하며
>
> 꽃다운 청춘으로만 있을 듯 뽐내지

그러고도 도리어 이웃 여인을 비웃네

"아침 내내 베틀에서 북을 놀려

저렇게 수고로이 비단을 짜지만

비단옷은 네 것이 아니야"라고.

한국 문학사에서는 보기 드물게 이 시를 다룬 조동일 교수는 교태를 부려도 기생이고 베를 짜도 가난뱅이이므로 "가련하기는 두 집 딸이 다 마찬가지"라고 해석하지만, 이는 참으로 이상한 해석이다. 재벌 집 딸이 베를 짜는 노동자를 무시하는 빈부 차이와 계급을 비판하는 시를 불쌍한 두 집 딸의 이야기로 격하시키다니 기가 차다. 최치원의 시인 「소박한 생각」에서도 통치 계급의 야만성을 비판한다.

여우는 미인으로 변하고

삵은 서생으로 나타나니

그 누가 알았으랴 짐승의 무리들이

사람의 탈을 쓰고 세상을 유혹할 줄을.

사람의 탈을 쓴 짐승이 세상을 지배한다고 비판하는 이 시를 두고, 동물의 왕국 이야기로 짐승이나 사람이나 가련하기는 마찬가지라고 할 것인가? 그런 비판은 다음의 「붓질 가는 대로」에도 그대로 드러나지만, 이 시는 그런 현실과 타협하지 않겠다고 결단하는 시인의 맹세를 들려준다.

바라고 원하노라 이욕利慾의 문 굳게 닫고

내 한 몸 그런 것에 더럽히지 않으리
권세와 탐욕을 다투는 추악한 무리
죽음을 무릅쓰고 바닷물 속까지 뛰어드네
부귀를 탐내면 티끌에 물들기 쉽고
마음이 어지러워지면 그 잘못 씻기 어려우리
깨끗하고 맑은 삶을 그 누구와 의논할꼬
세상 사람 모두가 단술만 즐기고 있으니.

그래서 현실에 절망한 최치원은 세상과 벼슬을 거부하고 혼자 가야산에 숨어 자유롭게 자급자족하며 살다가 죽었다. 조동일 교수를 비롯한 우리나라 국문학자들은 최치원을 성공한 중국 유학생이자 귀국 후 번민으로 살았던 불우한 가객으로 다루지만, 나는 빈부 차이를 가장 절실하게 느낀 리얼리스트이자 아나키스트로 최치원을 평가한다.

국문학자들은 최치원이 중국에서 글로 유명했다는 것을 강조하지만 그것이 무슨 의미가 있다는 것일까? 미국에 간 유학생이 그곳에서 유명했지만 한국에 돌아와 알아주는 사람이 없어 비탄에 빠졌다는 정도가 최치원의 가치란 말인가? 특히 그가 쓴 「토황소격문」은 농민 폭동에 대한 이해가 부족하다는 것을 보여주었다는 점에서 찬양되기보다는 오히려 비판받아 마땅하다.

그럼에도 최치원은 여성해방의 선구자이기도 했다. 그가 쓴 소설 「두 여자의 무덤」은 아버지가 부자에게 시집보내려 하자 죽음으로 항거한 두 딸의 이야기다. 나아가 최치원은 지리산 쌍계사에 있는 진감선사탑비 비문의 처음에 나오는 "대저도가 사람에게 멀지 아니하고 사람은 다른 나라가 없다夫道不遠人 人無異國"에서 보듯이 우리 역사에서 가장 분명한 코스모폴리탄이었다.

아나키즘이 우습다?

강명관 교수의 '아나키스트 박지원관觀'에 대해 아나키즘이라니 가당치도 않다는 비판이 나돌았듯이, 최치원이 아나키스트라니 웃을 사람이 많을지 모르지만, 나는 그의 자유-자치-자연의 면모를 아나키스트로 본다. 그리고 그런 면모를 글로 보여준 최초의 사람이 최치원이다. 아나키스트라는 말이 불편하면 그냥 자유인이나 자연인이라고 해도 좋다. 유학자라고 하기에는 유학이라는 것의 이미지와 내가 아는 자유인 최치원의 이미지가 달라도 너무 다르다.

아나키스트라고 하면 신채호를 떠올리는 사람이 많다. 신채호의 아나키스트적 면모를 부정하고 민족주의자라는 면만 강조하는 사람들도 있지만, 신채호는 자신이 아나키스트임을 숨기지 않았고 아나키스트로 붙잡혀 죽었다. 그의 목표는 무엇보다도 빈부 격차와 계급이 없는 세상을 만드는 것이었고, 그런 세상을 만들기 위해 민족 해방이 필요하다고 본 것이지 그 반대가 아니었으므로 그를 단순히 민족주의자로 볼 수는 없다.

그러나 신채호의 아나키즘에 대해서는 여러 가지 의문이 있다. 1920년대부터 아나키스트였던 신채호가 1930년에 쓴 「조선 역사상 일천년래 제일 대사건」에서 1135년 서경에서 일어난 자주적이고 전통적인 묘청의 난을 사대적이고 유가적인 김부식이 진압하면서 우리 역사가 결정적으로 후퇴했다고 주장하고 나아가 강화도로 옮긴 무신 정권을 항몽 정신의 수호자라고 한 것이 옳았을까? 도리어 무신 정권이 인민의 고통을 외면하고 정권 연장을 위해 천도했듯이 묘청의 서경 천도론도 권력 다툼의 일환이었을 뿐이지 않았을까?

신라 말부터 조선 초에 이르기까지 집권 세력의 권력 분포에 근본적 변화가 없었다는 연구 결과가 있다. 존 던컨John Duncan이 그 시기 중앙 고위 관료의 가계도와 관직 현황, 시대에 따른 권력 이동 과정 등을 세밀하게 분석한 『조선 왕조의 기원』에서 밝힌 것인데, 신라 말 이전이나 조선 초 이후에도 근본적 변화가 있었는지 의문이다. 이 책에서 밝힌 또 하나는 조선의 성리학이 개인적 자기 수양과 지방의 자치 기구를 통해 사회를 재건한다는 본래의 성리학과는 거의 무관했다는 점이다.

이인로와 진화의 아나키즘

한국에서 가장 오래된 시화집이자 독자적인 문학론이라고 하는 『파한집』을 쓴 이인로李仁老는 죽림칠현을 닮은 강좌칠현江左七賢, 또는 해좌칠현海左七賢의 한 사람이었다. 강좌칠현은 무신 정권에 의한 박해와 탄압으로 산속에 숨어 살거나 방랑하며 불우하게 살면서 형식과 모방을 배격하고 현실에 부합한 주체적 문학을 추구했다. 이인로는 3편의 「세상살이 어려워라」 중 둘째 편에서 다음과 같이 노래했다.

내 일찍 하늘 문을 두드려
은하수 퍼내다가
이 세상 더러운 것들
깨끗이 씻어버리고자 했노라.

분해라 비록 어리석은 뜻일망정
내 한번 시험조차 못 해보고
심산 속에 갇히어 숨어 산 지
그 몇 해나 지났던고.

나의 거문고 소리
한평생 알아주는 사람 없고
범, 승냥이 무리를
무찔러 없애는 사람도 없었네.

갈 길 험하구나
내 노래는 슬퍼라
칼집에 든 두 자루 칼
분노의 울분을 토하는구나.

「세상살이 어려워라」 중 셋째 편에서 분노는 더욱 커진다.

마음 착한 사람들은 가난하여
팔을 베개 삼고 도시락밥을 먹건만, 권세 있는 놈들은
사람의 간을 말려 먹도다.

......
내 꼬부라지고 비뚤어진 것을
펴고 바로잡아 화살처럼 만들리라
불어난 강물 유리처럼 맑으니
한 점인들 더러운 것 남길 리 있으랴.

이인로의 현실 고발은 그가 왕을 떨게 한 다음 민요를 채록한 점에서도 볼 수 있다.

뭇 볕에 등을 쪼이며 온종일 밭 갈건만
우리에게는 단 한 말의 좁쌀도 차려지지 않네
우리 신세 바뀌어 벼슬아치 된다면
아마도 양식은 천 섬 만 섬도 넘으리라.

이런 애환은 『고려사』에 전해진 민요 「사리화沙里花」와 「장암長巖」에서도 볼 수 있다.

농사란 털끝만치도 알지 못하는
요놈의 참새 새끼 어디로 오가며
홀아비 늙은이 애써 지어놓은
조 기장을 모조리 먹어치우느냐.

걸렸네 걸렸네
겁에 질린 참새 새끼
그물에 걸려 할딱거리네

눈알은 어디에 두고서
그물에 걸린 참새 새끼
어리석은 네 모습 가련하구나.

당시 농민들은 부역 때문에도 고통을 당했음을 『고려사』
에 실린 민요 「그리운 님」에서 볼 수 있다.

울타리 꽃가지에 새벽까치 지저귀고
거미는 상머리에 가는 줄 늘이네
그리운 님 머지않아 오시려나 봐
어쩐지 마음에 미리 알리네.

『파한집』에서 이인로는 지리산 청학동을 찾았으나 끝내
찾지 못했다고 했다. 고려가요 「청산별곡」을 청학동과 관련된
것이라고 보는 사람은 없지만, 나는 그 '청산'이 청학동으로 떠
나는 사람들의 노래일 수도 있다고 본다.

살어리 살어리랐다
청산에 살어리랐다
멀위랑 다래랑 먹고
청산에 살어리랐다
얄리 얄리 얄랑셩 얄라리 얄라.

우러라 우러라 새여
자고니러 우러라 새여

널라와 시름한 나도
자고니러 우니노라
얄리 얄리 얄랑셩 얄라리 얄라.

진화는 「도원가」에서 무릉도원이 따로 없고 농촌이 도원
이라면서 도원을 망치는 관리들을 다음과 같이 비판했다.

그대는 보았는가
우리 땅 강남 마을
대로 사립 엮고
꽃은 울타리라.

달밤에 시냇물은
졸졸졸 흐르고
나무엔 산새들
재재잭 거린다네.

다만 한스러울 자
이 땅 백성들
살림살이 나날이
쪼들려만 가는데.

고을 관리 놈들
세금 내라 쌀 내라
문을 두드리며

날마다 성화로세.

이렇게 백성들을
못살게만 굴지 않으면
우리나라 산마을은
모두가 도원일세.

시인은 국가권력이 없다면 세상은 무릉도원이라고 노래
한다. 진화는 금나라에 사신으로 가며 지은 「봉사입금奉使入金」
이라는 시에서 고려가 아시아의 새로운 중심이 될 수 있다는
희망을 피력했다.

서쪽으로 중국은 이미 쓸쓸해지고
북쪽 변방은 아직 혼미하기만 하다
앉아서 문명의 새벽을 기다리노니
하늘 동쪽에서 해가 붉어지도다.

진화는 중국의 송나라나 금나라를 대신해 고려가 문명의
중심이 되는 새로운 시대를 대망했다.

이규보의 아나키즘

최치원과 이규보李奎報, 박지원을 우리 문학의 3대 최고봉이라
고 한다. 나도 동의한다. 그러나 나는 그들이 현실을 비판하고
그 현실을 벗어나려고 했다는 점에서 위대하게 본다.

최치원이나 이인로는 국가의 최고 권위인 법을 부정하지 않았지만 이규보는 법을 부정함으로써 결국 반권위주의로서 아나키즘에 이른다. 다음 시 「나라에서 농사꾼이 맑은 술과 이밥 먹기를 금지하는 영을 내렸다는 소리를 듣고」에서 그는 악법을 부정한다.

구슬같이 희디흰 이밥과
깊은 물같이 맑은 술은
바로 농사꾼이 만든 것이니
그들이 먹는 것을 하늘인들 허물하랴
여보게 권농사 내 말 듣게
나라의 법이라도 잘못되었다네
장안의 높은 벼슬아치들은
술과 이밥이 썩어나고
시골에서 글 읽는 선비들도
언제나 술쯤은 마시고 사는데
놀고먹는 자들도 이러하거니
농사꾼을 왜 이리도 천시하는가.

이 시의 속편으로 쓴 「며칠 후에 다시 쓰노라」에서는 원숭이가 산열매를 딴다고 누가 야단치는 것을 보고서 다시 악법을 거부한다.

곡식은 산열매와는 판판 다르거니
그것은 바로 농부가 열심히 가꾼 것

하나에서 열까지 그들의 힘이니

농부의 땀 아니면 어디서 나왔으랴

맑은 술과 이밥은

그들의 농사짓는 힘을 돋우니

제 것 제 먹게 마음대로 맡겨두지

여기에 법령이 무슨 소용이랴.

곡식은 농민이 가꾼 것이고 그것으로 이밥과 술을 해 먹는 것은 농부의 타고난 자유이고 권리이니 그것을 금하는 법은 부당하다는 것이다. 「군수 몇 놈이 뇌물을 받다가 죄를 입었다는 말을 듣고」에서는 백성들은 짓눌리고 고역에 시달려 "뼈와 살이 맞붙고……거의 다 죽게 되었는데" 그 몸에 남은 몇 점의 고기마저 깎아내려는 탐욕스러운 관료란 "강물을 마시는 두더지"보다 더한 놈들이라고 하며 "대체 네놈들은 입이 몇 개나 되어 만백성의 살을 탐욕스럽게 먹느냐"고 비판했다. 「이불 속에서 웃노라」는 다음과 같이 시작한다.

사람이 사노라면 우스운 일 하도 많아

낮에는 바빠서 다 웃지도 못하고

밤중이면 이불 속에서 혼자 웃노라

손뼉을 치며 소리 내어 웃노라.

그러면서 다음과 같은 이들을 풍자한다. "글재주가 모자라 보통 때는 쩔쩔매다가도 높은 사람 앞에서는 유식한 체 뽐내는 자", "뇌물을 받아 깊숙이 감추어둔 것을 사람들이 다 알고 있는데도 자기는 물같이 맑고 청백하다고 떠드는 자", "거울을 보고도 못난 것을 모르고 그 누가 곱다고 추어주면 정말로 잘난 체 아양을 떠는 자", "매사에 요행을 바라면서도 제 잘나서 높아졌다고 떠드는 자". 그리고 음흉한 중도 풍자한다.

그러나 이규보는 13세기 초 청도 운문산에서 일어난 농민 폭동을 도적 떼로 보고 진압에 참가했다. 전호근 교수는 이규보의 대표적 문장으로 여겨지는 「진정표」를 중국에 고려를 침략하지 말아 달라고 한 굴욕적인 글이라고 보고, 이규보가 그것과 대립되는 애국적 글인 「동명왕편」을 쓴 것은 자기 분열이라고 보았다. 그러나 「동명왕편」은 20대에 쓴 것이고 「진정표」는 40대 후반에 쓴 것이니 그런 견해는 부당하다. 도리어 「동명왕편」 머리시에서부터 현실을 비판했음을 주목할 필요가 있다.

세월이 흘러 흘러
사람들의 마음이 야박해지고
풍속이 분에 넘쳐 사치해지자
세상에 성인이 나지 않고
신비로운 자취도 드물어졌도다.

그리고 맺음시는 다음과 같다.

예부터 제왕이 일어날 때는
성스러운 징조 이렇게 많았지만
그다음 자손들이 게으르고 거칠어

조상의 업적을 잇지 못하거니

옛 법을 잘 지키는 임금은

어려움을 당할수록 스스로 경계하도다.

이규보는 「전승 소식」에서 침략자인 거란족의 만행을 폭로하며 그들을 물리쳤음을 노래한다.

원수를 모조리 때려잡지 못해

밤에 누워도 잠들 수 없더니

나는 듯 빠른 우편이

아군의 전승 소식 싣고 왔구나

온 나라는 기쁨에 넘치고

축하하는 사람들 구름처럼 모여드네.

일본 중세 문학

40여 년 전 처음 간 일본에서 내가 느낀 열등감은 전공인 법이 아니라 문화에 대한 것이었다. 일본에 가기 전까지 나는 적어도 문화에서는 우리가 일본보다 앞선다고 생각했다. 그러나 도착하자마자 『마이니치신문』 논설위원의 부인에게 무료로 일본어를 배웠는데, 첫 시간에 8세기 전후에 쓰인 『만요슈萬葉集』 20권에 4,536수의 시(와카和歌)가 있다는 소리를 듣고 신라 향가가 28수라는 점과 비교되어 놀라웠다.

또 『고지키古事記』와 『니혼쇼키日本書紀』라는 역사서가 『삼국유사』나 『삼국사기』보다 400년 정도 앞섰다는 점도, 11세기 소설인 『겐지 이야기源氏物語』가 54권에 이르는 방대한 연애소설이고 무라사키 시키부紫式部가 히라가나로 쓴 세계 최초의 소설이며 신분을 넘는 보편성이라는 주제로 지금도 끊임없이 영화나 애니메이션으로 만들어진다는 점도, 일본 지식인들이 지금도 가장 사랑한다는 불교 수필인 「마쿠라노소시枕草子」, 「호조키方丈記」, 「쓰레즈레구사徒然草」 등이 13~14세기 작품이라는 점도, 그때까지 우리 역사서나 문학작품을 거의 읽어보지 못한 나로서는 정말 놀라웠다.

당시 일본에서 처음으로 우리의 전통 문학작품을 찾아서 읽기 시작한 것은 그 때문이었지만 당시에는 북한에서 번역한 것 외에는 찾지 못했다. 내가 앞에서 인용한 시도 대부분 북한 자료에서 찾아 즐겨 읽어온 것이다. 앞의 시들은 당시 남한에서 나오지 못했던 것이어서 북한 번역을 구해본 것이 도리어 다행이었다. 문학만이 아니라 사상·역사·미술·음악 등에 대한 북한 측 번역과 저술을 닥치는 대로 구해 읽었다. 그리고 일본 작품들과 비교해보았다. 일본의 전통 미술과 음악도 열심히 찾아서 보고 들었다. 북한 측 자료들은 1990년대에야 한국에 소개되기 시작했다.

그런데 일본 문학에 대한 무관심이나 무시하는 경향은 지금도 여전하다. 가령 『만요슈』는 2012년에 처음으로 우리말로 완역되었지만 내가 근무한 대학교 도서관에는 아직도 들어오지 않았다. 일본어문학과가 있는 대학교인데도 그 책이 없어서 참으로 기가 찬다. 그 대신 일본 소설은 엄청 많다. 다른 분야도 마찬가지다. 1990년대 『조선일보』는 『만요슈』가 한국어 시집이니 한국어로 해석해야 한다는 연재물을 오랫동안 싣기도 했는데, 대학교 도서관의 사서도 그런 신문을 읽고 나서 도서관에 소장할 필요가 없다고 생각한 것인지도 모른다. 아니, 일본의 옛날 시집이라는 이유만으로 무시했을지도 모른다. 한편 『만요슈』의 작가는 천황부터 서민까지 다양한 계층이고 그 노래 대부분이 충군애국을 주제로 한다는 것이 아직도 일본이나 한국에서는 통설이지만, 이는 소수에 불과한 애국적 작품을 군국주의 시대에 선전한 탓이다. 사실은 상류층이 사랑이나 일상을 소재로 쓴 작품이 대부분이다. 2014년에야 나온 『겐지 이야기』의 완역도 내가 근무한 대학교 도서관에는 없다.

일본 고전 중에서 내게 가장 인상 깊은 것은 가모노 조메이鴨長明가 800년 전의 움막 생활을 적은 「호조키」다. 1983년 이후, 특히 2000년 교토에서 1년간 강의할 때 그가 태어난 시모가모下鴨 신사와 그곳에 있는 움막(복원된 것), 그리고 실제로 움막을 짓고 자급자족하며 살았던 히노야마日夜산을 자주 찾았다. 3평이 채 안 되는 암자는 『월든』에서 헨리 데이비드 소로Henry David Thoreau가 지은 5평 정도의 오두막보다 작고 낮다. 산기슭에 있는 산지기의 열 살 먹은 아이가 예순 살인 그의 유일한 친구였다. 「호조키」에서 가장 감동적인 부분은 마지막에서 초가 암자를 사랑하는 마음조차 집착이라는 마음의 죄라고 고백한 것이다. 그런 책이 우리에게도 있을 법한데 아직 찾지 못했다. 원효를 비롯한 신라 스님들의 책도 어렵지만 고려 스님들의 책도 마찬가지다.

수난과 저항

나는 베트남을 좋아해 자주 간다. 처음에는 베트남전쟁 때 한국 군인들이 베트남 사람들을 잔인하게 학살한 것을 사죄하고 싶어서 갔다. 한국군만이 아니라 중국군·프랑스군·미군과 싸워 이긴 베트남 사람들의 용맹에 감탄한 탓이기도 했다. 그 전쟁들을 승리로 이끈 호찌민을 비롯한 베트남 사람들의 애국심에 감동한 탓도 있지만, 베트남 사람들의 왜소함과 순박함과는 어울리지 않는 그 전승의 비밀을 알고 싶었다. 특히 같은 유교권이면서 우리와 달리 관념주의에 빠지지 않고 실용주의를 지킨 비밀을 알고 싶었다.

베트남에도 우리의 한사군처럼 한무제가 기원전 111년에 남월을 멸망시키고 7개 군을 설치한 역사가 있다. 우리와 다른 것이 있다면 대규모 저항이다. 우리는 기나긴 수난사의 시작이라고 하지만 베트남에는 기나긴 저항사의 시작이었다. 항상 당하는 사람과 항상 맞서는 사람이라는 차이였다. 우리는 900번이 넘는 침략을 당하면서 1번도 침략하지 않은, 토끼를 닮은 국토에서 평화를 사랑하는 민족 운운하지만 900번을 당하기만 했다면 바보가 아닌가라는 생각을 한 적도 있다.

베트남 저항사는 우리와 다르다. 그 최초의 저항도 쯩 자매라는 여성들에 의한 것이다. 쯩 자매의 언니는 동생과 함께 중국군을 쳐부수고 왕이 되었으나 군사력의 열세로 싸움터에서 죽었다. 그 뒤 가뭄이 왔을 때 왕의 꿈에 나타나 옥황상제의 명으로 비를 내리러 왔다고 했다. 쯩 자매를 기리는 거리는 베트남 도시 어디에나 있다. 우리에게는 그런 여성이 없었을까?

그런 여성이 있었어도 남존여비 탓으로 지워진 것은 아닐까? 여하튼 베트남은 모계사회고 여성의 지위가 높다. 특히 민족 투쟁사에서 여성의 활약이 눈부신 점도 우리와 현저히 다르다.

저항은 베트남 문학의 가장 뚜렷한 전통이기도 하다. 11세기 문인의 한시에도 베트남이 "어찌하여 오랑캐는 우리 땅을 침범하는가 / 너희들은 참담한 패배를 맛보고야 말 것이다"라고 추상같이 중국의 송나라에 맞서는 구절이 나온다. 이런 구절은 고려의 한시에서도 볼 수 있다. 그러나 중국식 음풍농월吟風弄月도 많다.

베트남도 중국 영향으로 불교와 유교가 성행했으나 그 내용은 우리와 다르다. 회통이니 돈점이니 이기니 하는 우리의 오랜 관념의 역사가 베트남에는 없다. 그래서 우리의 역사가 심오하고 우월하다느니, 독자적이라니 하는 주장도 있지만 나는 도리어 베트남의 반관념, 즉, 실용이 좋다. 내가 보기에는 우리의 종교사나 철학사는 불교나 유교의 범주일 뿐이다.

베트남어는 어렵지만 우리와 같은 복잡한 경어법이 없어 좋다. 베트남어만이 아니라 세상 어느 나라에도 우리식의 계급적인 말은 없다. 말이 평등해야 인간관계도 평등하다. 평등해야 민족이라는 하나의 집단도 가능하다. 불평등한 인간들이 어떻게 단결할 수 있는가?

이도 수난의 역사와 저항의 역사라는 차이와 무관하지 않을지 모른다. 베트남에는 철학이 빈곤한 반면 역사는 왕성하다. 1479년에 응오시리엔吳士連이 쓴 『대월사기전서大越史記全書』는 중국에 맞서 독립과 자주를 선양하기 위해 쓴 책이다. 즉, 원나라와 명나라 군대를 물리치고 독립을 유지한 역사의 기록이다.

그런데 베트남에는 한글과 같은 고유문자가 없다. 지금 사용하는 문자는 알파벳에 성조 표시를 한 것으로 17세기에 프랑스 선교사들이 만들어준 것인데, 그런 문자를 사용하는 것에 대해 그들은 조금도 이상하게 생각하지 않는다. 우리가 그랬다면 엄청난 소란이 벌어지지 않았을까? 베트남에서는 전통 문학이나 예술에 베트남 고유의 독특한 것이 있다는 이야기를 듣기 쉽지 않다. 건축이나 미술, 문학 등에서 중국의 영향이 우리보다 훨씬 분명하다. 게다가 현대 베트남의 예술이나 문학은 거의 서양 일색이다. 베트남 거리에서는 영어 병기를 보기 어렵지만 식민지 시대 프랑스인의 휴양지를 놀이공원으로 만든 곳에서 루브르니 마르세유니 보르도니 하는 프랑스 지명을 붙인 프랑스식 건물과 식민지 시대 사진 전시를 보고 깜짝 놀란 적이 있다. 프랑스 사람이 많이 찾아오는 것도 아닌데 왜 그랬을까? 우리나라에서 놀이동산에 일본의 도시 이름을 붙이는 것이 가능할까?

베트남을 여행하다 보면 베트남이 우리보다 훨씬 못살고, 베트남의 국부라는 호찌민이 정약용을 존경해 『목민심서』를 즐겨 읽었으며, 베트남 현대화를 촉발시킨 도이머이 운동이 박정희의 새마을운동을 모방한 것이라는 이야기를 자주 들을 수 있다. 여행 가이드 탓인지 주재원 탓인지 모르지만 정약용 이야기도, 새마을운동 이야기도 사실과 다르다. 설령 사실이라고 해도 베트남에 대한 한국인의 우월감은 불필요한 것이 아닐까? 월남에 와서 잔인하게 민간인을 학살한 과거처럼 부끄러운 일이 아닐까?

제**21**장
한반도 중세의 예술

획일의 나라, 획일성의 민족

나는 중학교에 들어갔을 때부터 수염이 나기 시작했는데, 그 수염 때문에 또는 면도를 잘못해 얼굴에 난 상처 때문에 아침 등교 때마다 소위 '기합'이란 것을 당했다. 머리칼도 남보다 빨리 길어 항상 문제였다. 게다가 내가 다닌 중고교의 교복은 특이해 지정 교복 제조사에서 맞추지 않으면 안 되었다. 내 부모는 항상 시장에서 옷감을 사서 아는 양복점에서 교복을 맞추어 입게 하여 '기합'을 강화했다. 저절로 나는 수염을 어떻게 하느냐, 머리칼이 빨리 자라는데 어떻게 하느냐, 부모가 맞추어준 교복을 입는 것이 왜 나쁘냐고 항의하면 '기합'은 더 세어졌다. 수염 때문에 나이가 많아서 학교에 들어왔다는 오해를 받았고, 여학생을 만날 때도 수치감을 느껴 피해야 했다. 그래서 나의 사춘기 중고교 시절은 악몽의 세월이었다. 대학 시절에는 기합을 주는 교사는 없어졌으나 면도나 이발이나 복장의 강요는 여전했다. 참으로 어처구니없는 세월이었다.

　수염으로 인한 기합이 절정에 이른 군대에서 제대할 때 이제는 해방이라고 좋아했더니 교수가 되어서도 면도를 하지 않으면 '기합'을 당했다. 부모나 선배는 "내가 죽거든 수염을 길러라"라거나 "외국에 가서 살아라"고 협박했고, 그 밖의 다른 사람들도 언제나 이상한 눈초리로 쳐다보았다. 외국이라고 처음 나간 일본에서 마음껏 수염을 길렀더니 한국인들이 나를 왜놈같다고 욕하며 깎으라고 성화였다. 그런 소리를 듣지 않으려면 한국인이 없는 곳에서 살아야 했다.

　물론 한국에서는 더 심했다. 이발을 오래 하지 않거나 옷을 아무렇게나 입어도 마찬가지였다. 학생들까지도 그랬다. 20여 년 전 농사를 짓겠다고 시골에 들어올 때도 모두 반대했다. 교수가 농사를 짓는 것이 이상하다는 것이었다. 그래도 억지로 이사를 해서 농사를 짓는데, 이번에는 유기농으로 짓는다고 기존 농부들이 야단법석이었다. 귀농한 이유 중 동물을 자유롭게 키운다는 것도 있었는데, 개를 끌고 다니니 교수라는 게 개나 끌고 다닌다고 야단이었다. 한국은 획일의 나라, 한국인은 획일성의 민족이었다.

　예술이니 문화니, 개성이니 다양성이니 할 것도 없이 나는 생활의 불편함 때문에 획일성이 질색이다. 획일성의 저변에 있는 유교는 질색이지만, 유교 가르침 중에 '신체발부수지부모'란 말은 엄청 좋아한다. 면도는 물론 이발 거부의 근거가 되기 때문이다. 그래서 볼 때마다 면도나 이발을 강요하는 부모에게 거부의 근거로 말했다. 또 화장이나 성형을 거부하기는 물론이고 그것들을 모멸하는 근거로 삼는다. 물론 나는 화장이나 성형, 면도나 이발을 좋아하는 사람들의 취향을 인권의 차원에서 존중하지만 동시에 그것을 싫어하는 나의 인권도 존중해주기를 바란다. 용모만이 아니다. 회사의 사원 모집 요강이나 학생 평가에 나오는 용모 단정만이 문제가 아니다. 가령 한국의 아파트는 왜 획일적일까? 아파트 앞에 기와집이나 초가집이나 양옥 또는 새마을 주택이 획일적이었기 때문일까? 집만 그렇게 획일적일까? 나에게는 한국의 모든 것이 획일적으로 보인다.

그 획일성의 기원을 종래 나는 유교에서 찾았지만, 미국의 아나키스트 인류학자 제임스 C. 스콧James C. Scott은 농경문화 들판의 획일성에서 찾는다. 그에 의하면 "들판의 획일성은 사회적·문화적 획일성을 가져왔고 가족 구조, 남성 노동 및 남아 선호, 식습관, 건축 양식, 농업 의례, 시장 교환 등에 그 획일성이 표현되었다". 한국인이 들판을 좋아하는 것은, 특히 사철마다 단일색의 들판을 좋아하는 것은 그 아름다움이 아니라 획일성 때문이 아닐까? 스콧의 말에는 빠진 것이 많다. 의복, 장식, 화장, 음악, 영화, 연극, 드라마, 책, 소수자 경멸, 동성애자와 장애자와 이주노동자 경멸, 가정과 교육과 군대와 회사 등에서의 삶, 요컨대 한국의 정치·경제·사회·문화·종교·예술 등 모든 것이 획일적이다.

획일성은 보수성과 직결된다. 모두가 다르게 변하는 것을 거부하기 때문이다. 게다가 다른 것은 틀린 것이고 나쁜 것으로 취급한다. 모두가 면도를 하기에, 그것을 거부하면 나쁜 놈이다. 1,000만 명이 보는 영화, 시청률이 40퍼센트 이상인 드라마를 모르면 국민이 아닐 정도지만 나는 보지 않는다. 스콧의 말대로 그 획일성이 농경문화에서 비롯되었다면 그 역사는 짧게는 한반도에서 벼농사가 시작되었다는 2,000년 전부터, 아니면 길게는 농경문화가 시작되었다는 1만 년 전부터이니 이제는 5,000만 국민의 확고한 DNA가 되어버렸는지 모른다. 기원전 1세기 또는 기원후 1세기부터 벼농사를 했다고 하는데 그래도 중세에는 인구가 적어 농토 개간이 크게 없었고 따라서 지금보다는 산악지방이 더 많아 획일성이 적지 않았을까 생각한다.

조동일의 예술관

나는 중국의 전통 미술이 아니라 현대미술을 보러 중국에 자주 간다. 그러나 중국 현대미술을 싫어하는 사람도 당연히 있다. 가령 그림도 그린다는 국문학자 조동일은 중국 현대미술을 "미친 짓을 하는 괴상한 그림 세계 본부의 미술관 북경 지부 노릇을 하겠다고 나서는 것 같아 보기 흉하다", "왜 이런 짓을 하는가? 서양인들이 와서 작품을 사가 돈이 되기 때문이다. 공산당이 위세를 자랑하면서 돈이 되면 무엇이든지 하는 양면성이 극명하게 나타난다"고 운운했다. 교수가 아니라 시정잡배가 한 말이라고 해도 대단히 거친 말이다. 요즘 유행하는 소위 태극기부대나 일베의 말처럼도 들린다. 조동일은 자신의 책이 중국어로도 번역된다는 것을 자랑하는데, 그 책이 번역되어 중국인이 읽는다면 뭐라고 할지 궁금하다. 물론 중국인이 자신의 책을 번역하는 것은 공산당이나 돈과 관련되기 때문이 아니라고 할 것이다.

중국의 현대미술을 어떻게 보든 그것은 보는 사람의 자유
다. 그와 반대로 나는 중국의 현대미술을 좋아하고, 나보다 더
많은 중국인이나 세계인이 그것을 좋아한다는 것을 알고 있
다. 그것은 오로지 서양인들에게 팔기 위한 것은 아니다. 그것
을 사는 서양인들도 그것이 좋아서 사는 것이지 공산당의 선
전 등에 의해 사는 것은 아니다. 도리어 중국 현대미술에는 공
산당을 비판하는 그림이 많고, 내가 좋아하는 그림도 그런 쪽
이다. 그런 화가들이 공산당과 관련된다는 이야기는 들어본 적
이 없다. 중국 현대미술은 톈안먼 사태 이후 중국 정부와 사회
를 비판하는 냉소적 사실주의와 정치적 대중예술의 혼합을 그
특징으로 한다. 따라서 그것은 오랜 중국 미술사에서 유일한
반체제 미술이라고 해도 과언이 아니다.

　　조동일은 중국의 현대미술만 욕하는 것이 아니라 현대미
술 전반을 욕한다. 그가 말한 '미친 짓'의 '본부'라고 하는 것은
낭만파 이후의 프랑스 회화를 말하는데, 피카소를 그 대표로
치며 "피카소는 피카소이고, 나는 나다"라고 자신과 피카소를
대응시키며 자신의 그림을 보라고 소리친다. 대단한 자부심인
데 이왕이면 '미친' 피카소가 아니라, 자신이 미치지 않았다고
보는 모네 이전 화가, 가령 그가 유일하게 좋아하는 듯한 루벤
스와 자신을 대응시키는 것이 언뜻 보기에는 더 좋았을 것이
다. 게다가 내가 좋아하는 반 고흐(흔히 미쳤다고 오해받는)를 그
런 의미의 '미친 짓'을 했다고 하지 않아 다행이라고 할까? 조
동일이 현대음악이나 현대무용 등에서도 무슨 말을 했는지 모
르지만 아마도 현대미술에 대해서도 비슷할 것이다.

　　나는 조동일의 현대미술 혐오에 대해 뭐라고 말할 생각이

없다. 그가 『해외여행 비교문화』라는 책의 처음부터 끝까지 자랑하는 그의 문학관에 대해서도 뭐라고 평가할 생각이 없다. 한국의 전통 미술에 대해서 그는 김홍도 외에 언급하지 않아 어떤 생각을 하는지 알 수 없지만, 미술에 대해 언급할 생각이었다면 책을 한두 권 정도는 쓰는 것이 좋았을 것이다. 전통음악에 대해서는 아예 언급하지 않으니 뭐라고 평할 말은 없는데, 그 노래의 가사는 문학으로도 언급되기 때문일지도 모른다.

한국 중세 미술

무토 마코토武藤誠의 『일본 문화사』는 1961년에 나왔지만 대단한 인기를 끌어 1983년 내가 일본에 갔을 때에도 20쇄 이상을 기록했다. 저자는 미술사학자가 아니라 고고학자로 부제는 '미술과 역사'인데 그 점이 이 책의 특징이다. 미술을 통해서 역사를 본다고 할 수 있을 만큼 그 관점이 컸다고 할 수 있다.

　가령 6세기에 백제에서 불상이 오기 전 일본에는 신을 사람의 모습으로 표현하는 조형 습관이 없었고, 일본의 신들은 복과 함께 화를 주는 두려운 존재인 반면 부처는 노함이 없는 자비와 관용의 모습이어서 일본인은 경탄하고 불교를 수용했다고 설명한다. 이런 설명은 한국 미술사를 다룬 책에서는 볼수 없는데, 무토 마코토의 책을 읽고 난 뒤 나는 아마도 삼국시대에도 마찬가지였을 것이라고 생각해왔다. 또 무토는 불상이 짧은 몸통에 큰 얼굴을 예배의 대상으로서 강한 인상을 주기 위한 탓으로 설명하는데 이 점에도 나는 동의한다. 즉, 한국 불상도 그렇다.

한국인들, 삼국시대나 통일신라시대나 고려시대 사람들도 마찬가지였을 것이다. 처음에는 하늘이나 산이나 강을 보고 빌다가 불교가 들어오면서 자비로운 부처상이 처음으로 나타나자 그 모습에 반해 기도를 올렸을 것이다(그 뒤 부처의 권위가 몰락하자 예수의 얼굴이 다시 구원자로 보였으리라). 내가 사는 경북 경산의 외촌면에는 팔공산 관봉 석조여래좌상이 있는데 머리에 갓을 쓴 모양이어서 흔히 갓바위라고 불리는 그 불상은 수많은 사람의 기도 대상이다. 다른 불상도 그렇지만 높은 산의 정상에 있는 거대한 불상이어선지 영험이 있다고 믿어져 사시사철 기도하는 사람들로 북적인다. 그 모습은 석굴암 본존불과 비슷하지만 신성하게 보인다는 본존불과 달리 상당히 권위적으로 보인다는 것이 중평이다. 그러나 나에게는 어느 얼굴이나 다 권위주의적으로 보인다. 그런 모습에서 영남인의 권위주의까지 읽는다. 물론 영남인이라고 할 필요가 없을지 모른다. 갓바위와 같이 9세기경 이후에 만들어지는 불상은 전국적으로 그런 경향을 띠기 때문이다. 가령 '은진미륵'이라고 불리는 충남 논산 관촉사 석조미륵보살입상이나 부여 대조사 석조미륵보살입상 등이 있다.

나는 불상 중에서 일본 호류사의 백제관음상을 가장 좋아한다. 세상에서 내가 본 그 어떤 불상보다도 아름답기 때문이다. 백제에서 일본으로 건너간 것이라고 기록되었기 때문에 백제관음상이라는 이름이 붙었으니 우리 미술품이라고 본다. 일본에서는 비슷한 양식의 목조불상이 그 당시 중국이나 한국에서 발견되지 않고, 그 재료인 녹나무가 일본에서만 자란다는 이유로 일본에서 제작되었다고 주장하지만 녹나무는 한국에서도 자란다. 문제는 목조불상이 통일신라 때까지는 한국에 없었다는 사실인데, 이 점을 이유로 한국에서 만들어진 것이 아니라고 주장하는 한국 학자도 있으나, 한국 것이라고 하는 일본 측의 옛 기록을 굳이 부정할 필요가 있는지 모르겠다.

목조니 불에 탔을 가능성은 얼마든지 있다. 남아 있는 백제의 불상을 볼 때 비슷한 느낌도 받는다. 늘씬한 금동관음보살입상도 그렇지만 마애불이나 석불을 볼 때도 마찬가지다. 마애불 중에서 최고는 '백제의 미소'라고도 불리는 서산 마애삼존불이다. 삼존불은 모두 웃음을 짓고 있다. 충청도에 갈 때 곧잘 느끼는 여유 같은 것도 그 삼존불의 미소를 받아 나도 모르게 흐뭇하게 웃는다. 이처럼 미소 짓는 불상이 민중이 사랑한 최초의 불상이 아니었을까? 그래서 민중은 기꺼이 불교를 받아들이지 않았을까?

나는 일본 고류사의 미륵보살반가상도 좋아한다. 그것에는 백제라는 말이 붙어 있지 않지만, 우리나라의 금동미륵보살반가상과 거의 같은 형식을 보이고 있다. 그 재료인 적송은 한국에서 주로 자라는 것이어서 우리나라에서 만든 것이 더욱 확실하다. 명상에 잠긴 그 모습은 미륵의 고뇌를 표현하지만 인도에서 불상이 처음 만들어지면서 석가여래가 출가 전에 생로병사를 고뇌하는 모습을 나타낸 것이 기원이므로 부처의 가르침을 전하기 위해 법당에 안치했을 것이다. 또한 석조로 더 크게 만들어 야외에 두기도 했음을 석조반가사유상으로 짐작할 수 있다. 중세에는 그런 불상들이 전국에 흘러넘쳤을 것이다.

나는 석굴암과 불국사를 소위 호국불교의 산물로 보기보다도 김대성의 개인적 발원에 의한 것이라고 보아도 무방하다고 생각한다. 고려 불화도 마찬가지로 본다. 거대한 사찰이나 불화도 지배계급의 권력 과시용으로 만들어졌고 피지배계층은 당연히 그 장대함에 놀랐을 것이다. 시골 사람들이 서울의 고층빌딩을 보고 놀라듯이 말이다. 그런 고층빌딩이 미국 문화의 모방이듯이 사찰이나 불화 등도 당시 중국이나 인도에서 고정된 패턴에 따른 것이므로 한국인의 창의가 개입될 여지가 별로 없었다.

우리 건축사에서 고려시대 건물 중 저택은 남아 있는 것이 없지만, 관청으로는 유일하게 강릉 임영관臨瀛館 삼문三問이 남아 있다. 그것을 유홍준은 "소박한 가운데 단아한 멋을 풍기고 있다"고 하지만 나에게는 권위주의적인 건물로 보인다. 부석사 무량수전이나 봉정사 극락전이나 은해사 거조암 영산전 같은 건축도 마찬가지다. 그러나 사찰은 종교의 전당이자 놀이의 전당이자 예술의 전당 등 공공예술의 기능을 했다는 점에서 중요하다. 경주 남산은 통일신라시대에 그 주변 1,000만 평의 광대한 영역에 44개의 절과 수많은 마애불과 석불을 만들었다고 하는데 남산만이 아니라 경주 전역, 아니 신라 전 국토가 그러했을 것이다. 그렇지만 이 모두는 왕족 문화나 귀족 문화라고 보아야 한다. 고려청자 등이 보여주는 귀족 문화의 찬란함과 대조적으로 피지배계급의 문화는 비참한 수준이었을 것이다.

일본 중세 미술

내가 일본에서 충격이었던 것은 동네마다 있는 도서관, 수많은 미술관과 전시관에서 본 미술작품들이었다. 거의 매주 세계 각국의 명작들과 일본의 명작들을 볼 수 있는 전시회가 일본 전국에서 열렸다. 서양 미술이든 동양 미술이든 유명한 작가들의 작품을 소장하고 전시하는 일본 미술 문화의 수준은 세계 최고라고 해도 과언이 아니었다. 한국은 물론 중국도 그 상대가 되지 못한다. 조동일은 중국 미술처럼 일본 미술도 무시하는 경향을 보이지만 나는 솔직하게 인정할 것은 인정할 필요가 있다고 생각한다.

그럼에도 나는 한국인답게 일본 미술작품이나 건축을 애써 외면해왔지만 어쩔 수 없이 보게 되어도 항상 열등감을 느껴야 했다. 가령 일본 11세기 소설인 『겐지 이야기』를 그림으로 그린 에마키繪卷는 1세기 정도 뒤에 그려졌으나 글 이상으로 뛰어나다는 평가를 받았다. 같은 시대에 그런 그림이 우리나라 미술사에 있다는 이야기를 들어보지 못했다. 54장의 글을 그린 80~90점 가운데 13개 장을 그린 19점만이 남아 있고 여러 사람이 그렸지만 그 독특한 화풍에서 받은 감동은 지금도 뇌리에 남아 있을 정도로 강렬했다. 다이내믹하게 전개되는 여러 장면을 연속적으로 그려 일종의 영화와 같은 효과를 보인다는 점에서 대단히 독창적인 미술 양식이다. 특히 문학과 결합한 미술이어서 종합예술과 같은 느낌도 준다.

이보다 더 충격적인 것은 12세기 중엽에 벌어진 두 귀족 가문의 권력 투쟁을 그린 『헤이지 이야기平治物語』의 에마키다. 참담한 유혈극과 전쟁을 그린 에마키는 서양의 전쟁화가 그려지는 르네상스 시대보다 몇 백 년이나 앞선다. 이러한 궁중 화가들의 그림 이상의 감동은 12세기에 화승畫僧들이 불교나 세속의 이야기를 에마키로 그린 것이었다. 그중에서 『조수鳥獸인물회화』는 의인화된 풍자화로 세계 미술사 초유의 지배계급에 대한 비판을 그린 그림이 아닐까?

화승들은 13세기부터 중국 송나라와 원나라의 수묵화를 배워 일본에 유행시키기도 했다. 일본인들은 14세기에 불교 신자이자 예술가 관료들인 아미파蛾眉派처럼 일찍부터 막부가 수집한 중국 미술품을 분류하고 비평하고 제작했다. 그러나 일본 미술사에서 일본의 화풍이 시작된 것은 훨씬 빨랐다. 즉, 10세기 무렵에 나타나는 야마토에大和繪라는 일본화의 원류로 그것이 에마키로 발전했다.

한국 중세 음악

『청소년을 위한 한국음악사』 제1부를 읽다가 깜짝 놀랐다. 시 「광야」를 소개하면서 저자인 이육사를 청록파라고 했기 때문이다(그것도 큰 활자로 강조한다). 또 우리나라가 옛날에 '가무의 나라'였다는 말이 나오는데, 이는 흔한 말이지만 이 세상에 '가무의 나라'가 아닌 나라가 어디에 있는가? 어디에서든 사람들은 노래하고 춤추기 때문이다. 중세 음악을 보여주는 고구려 벽화에도 노래하고 춤추는 모습이 그려졌는데, 흥미로운 점은 황해도 안악의 제3호 고분 벽화에는 서남아시아 쪽 외국인 연주단이 그려졌다는 점이다. 이는 당시 고구려인들이 서남아시아인들과도 활발하게 교류를 했다는 증거다.

일본에 대해서는 우리가 일방적으로 전했다는 식으로 언급하지만 다른 나라처럼 서로 교류했다고 보는 것이 옳을 것이다. 백제나 신라, 고려에는 그런 벽화가 남아 있지 않지만 그런 곳에서도 외국 음악인과의 교류가 있었을 것이다. 악기의 교류도 당연히 있었을 것이다.

고조선의 노래인 〈공후인〉을 이 책에서는 고구려의 노래라고 소개하고 역사적 사실인지에 대해 의문이 제기되는 허황옥을 사실로 소개한다. 여하튼 〈공후인〉은 강을 건너가다가 죽은 뱃사공을 따라 그 아내까지 죽은 이야기를 담은 노래인데, 이는 당시의 노동자가 홍수나 태풍과 같은 자연재해를 만나 목숨을 잃는 구체적인 노동 현실을 담은 노래라고 볼 수도 있는데 그런 점에 대한 언급이 전혀 없다. 그 밖에도 많은 노동요가 있었을 것이다.

또 통일신라시대의 연희演戱를 보고 최치원이 지은 시「월전月顚」은 "어깨는 높이고 목은 움츠렸는데 머리털은 삐쭉삐쭉 / 팔소매 걷어 부친 선비 무리들이 술잔을 다투네 / 노랫소리 들리자 웃음소리 요란한데 / 밤중에 꽂은 깃발이 새벽을 재촉하네"라고 하여 술투정하는 지배계급의 추악한 몰골을 풍자한 놀이가 밤새도록 진행되었음을 보여준다. 연희에는 이러한 지배계급을 풍자하는 놀이가 많았을 것이다. 고려시대도 마찬가지였을 것이다.

중세 음악과 관련되어 풍류에 대한 논의가 왕성하지만 그 많은 논의에도 그 실체로 알려진 것은 아무것도 없다. 기껏 샤머니즘 같은 것인데 그것은 어느 나라에서나 볼 수 있는 것이므로 우리만의 것이라고 할 수 없다. 그것을 무교나 무속이라고 보는 사람도 있지만 그 점도 우리만의 특별한 것이라고 볼 필요는 없다. 이른바 불변의 고유한 '한국적인 것'이 본질적으로 존재한다고 생각하는 버릇에서 나오는 것일 뿐이다.

서양 중심의 중세

내가 1983년 일본에 간 것은 그때 공부하고자 한 노동법의 선배 교수로서는 그곳 교수들이 가장 훌륭하다고 생각했기 때문이다. 훌륭하다는 것은 사회주의자라는 것과 통했지만, 일본에서 알게 된 것은 일본 사회주의란 기껏 일본주식회사의 한 분과에 불과하다는 점이었다. 일제강점기는 물론 그러했고 그 뒤에도 크게 변하지 않았다.

나는 이에나가 사부로家永三郎의『일본 문화사』를 찾아 읽었다. 이에나가는 1965년에 교과서 검정제도가 위헌이라는 소송을 제기했는데, 1982년의 역사 교과서 왜곡 문제로 인해 국제적인 주목을 받았다. 그러나 소송 제기 후 32년 만인 1997년에 일본 대법원은 합헌이라는 결정을 내렸다. 그런데『일본 문화사』에서 이에나가는 우리가 아는 상식, 즉 적어도 일본 중세 문화는 한반도에서 크게 영향을 받았다는 점을 거의 언급하고 있지 않다. 1959년에 초판이 나온 이 책은 40년 뒤인 1999년 한국어로도 번역되었는데, 번역자는 그 점에 대해 전혀 언급하지 않아 나를 다시 놀라게 했다.

1989년 미국에 가서도 일본 문화사에 대한 책을 찾아 읽었다. 당시 미국에서 가장 유명했던 폴 발리Paul Varley의『일본 문화사』인데 그 내용은 이에나가의 책과 대동소이했다. 그 책만이 아니라 대부분의 일본 문화사나 일본 문화에 대한 책이 그러했다. 미국 책만이 아니라 서양 책 모두가 그러했다. 그야말로 '한국은 없다'였다. 그러나 한국만이 없는 것이 아니었다. 세계사 책에는 한국은 물론이고 비서양이 없었다. 세계사 속의 중세란 오직 서양의 중세였다. 비서양의 중세가 있어도 그것은 서양이 바라본 중세였다. 아니 세계사가 서양사였다. 거기에 더해진다면 중국사나 일본사 정도였다.

이 책은 그런 서양 중심의 중세 인식을 보고 쓰기 시작한 것이다. 서양 중세를 암흑기로 보지 않으려고 하는 최근의 경향에 반론을 제기하고 반대로 인도, 이슬람, 중국, 한국의 중세를 그 각각의 역사에서 가장 찬란한 개방적 시기로 새롭게 보고자 한 시도였다. 나는 아프리카나 아메리카에 대해서는 언급하지 않았지만, 서양이 침략하기 이전인 그곳의 중세도 찬란한 시대였다고 본다. 그러나 근대가 시작되면서, 즉 서양이 세계를 침략하기 시작하면서 비서양은 몰락하기 시작했다. 그 서양의 침략은 지금도 여전하다. 포스트모던이즘이니 세계화니 뭐니 해도 서양 근대의 제국주의는 여전히 살아 있다.

참고문헌

Joy A. Palmer, 『Fifty Key Thinkers on the Environment』, Brunner-Routledge, 2001.

Robert Bartlett, 『The Making of Europe: Conquest, Colonization and Cultural Change 950-1350』, Princeton University Press, 1994.

武藤誠, 『日本文化史』, 創元社, 1961.

강명관, 『허생의 섬, 연암의 아나키즘』, 휴머니스트, 2017년.

강성률, 『서양철학사 산책』, 평단문화사, 2009년.

_____, 『이야기 동양철학사』, 살림출판사, 2014년.

김능우, 『아랍 시의 세계』, 명지출판사, 2004년.

_____, 『중세 아랍 시로 본 이슬람 진영의 대 십자군전쟁』, 서울대학교출판문화원, 2016년.

김응종, 『서양의 역사에는 초야권이 없다』, 푸른역사, 2005년.

단테 알리기에리, 박상진 옮김, 『신곡』, 민음사, 2013년.

데이비드 웨인스, 이정명 옮김, 『이븐 바투타의 오디세이』, 산처럼, 2011년.

데이비드 흄, 이태하 옮김, 『종교의 자연사』, 아카넷, 2004년.

동병종, 김연주 옮김, 『서법과 회화』, 미술문화, 2005년.

랑사오쥔, 김상철 옮김, 『중국 근현대 미술』, 시공사, 2005년.

레이놀드 A. 니컬슨, 사희만 옮김, 『아랍 문학사』, 민음사, 1995년.

류짜이성, 김예풍 옮김, 『중국 음악의 역사』, 민속원, 2004년.

류짜이푸, 임태홍·한순자 옮김, 『쌍전』, 글항아리, 2012년.

류창, 이영구 외 옮김, 『야만의 시대, 지식인의 길』, 유유, 2012년.

리 호이나키, 김병순 옮김, 『산티아고 거룩한 바보들의 길』, 달팽이출판, 2010년.

리자 니엔하우스, 강영옥 옮김, 『미래를 여는 생각』, 리오북스, 2016년.

민석홍·나종일, 『고등학교 세계사』, 교학사, 2003년.

박종기, 『새로 쓴 5백년 고려사』, 푸른역사, 2008년.

박홍규, 『셰익스피어는 제국주의자다』, 청어람미디어, 2005년.

_____, 『자유인 루쉰』, 우물이있는집, 2002년.

_____, 『총칼을 거두고 평화를 그려라』, 아트북스, 2003년.

버트런드 러셀, 이명숙·곽강제 옮김, 『서양의 지혜』, 서광사, 1997년.

브루스 로런스, 배철현 옮김, 『꾸란 이펙트』, 세종서적, 2013년.

비어트리스 웨브·시드니 웨브, 박홍규 옮김, 『산업민주주의』(전3권), 아카넷, 2016년.

비토리오 회슬레, 이신철 옮김, 『독일 철학사』, 에코리브르, 2015년.

살만 루슈디, 김진준 옮김, 『악마의 시』(전2권), 문학세계사, 2009-2010년.

새뮤얼 헌팅턴, 이희재 옮김, 『문명의 충돌』, 새물결, 1997년.

서정길 편저, 『마호멧 전기』, 열화당, 1976년.

송혜진, 『청소년을 위한 한국음악사』, 두리미디어, 2007년.

시마조노 스스무, 최선임 옮김, 『종교학 세계명저 30선』, 지식여행, 2010년.

쓰다 소키치, 남기학 옮김, 『중국 사상과 일본 사상』, 소화, 1996년.

아돌프 히틀러, 황성모 옮김, 『나의 투쟁』, 동서문화사, 2014년.

아민 말루프, 김미선 옮김, 『아랍인의 눈으로 본 십자군전쟁』, 아침이슬, 2002년.

아서 코터렐, 김수림 옮김, 『아시아 역사』, 지와사랑, 2013년.

아우렐리우스 아우구스티누스, 성염 옮김, 『신국론』, 분도출판사, 2004년.

_____, 최민순 옮김, 『고백록』, 바오로딸, 2010년.

아크바르 아흐메드, 정상률 옮김, 『포위당한 이슬람』, 울력, 2007년.

양하이잉, 우상규 옮김, 『오랑캐-주변국 지식인이 쓴 반反중국 역사』, 살림, 2018년.

언스트 곰브리치, 백승길·이종승 옮김, 『서양미술사』, 예경, 2003년.

에두아르트 한슬리크, 이미경 옮김, 『음악적 아름다움에 대하여』, 책세상, 2018년.

에드워드 기번, 송은주 외 옮김, 『로마제국 쇠망사』(전6권), 민음사, 2008-2010년.

에드워드 사이드, 박홍규 옮김, 『오리엔탈리즘』, 교보문고, 2007년.

참고문헌

에드워드 피츠제럴드, 이상옥 옮김, 『루바이야트』, 민음사, 2000년.

움베르토 에코, 김효정 외 옮김, 『중세』(전4권), 시공사, 2015년.

_____, 이윤기 옮김, 『장미의 이름』, 열린책들, 1993년.

_____, 조형준 옮김, 『포스트모던인가 새로운 중세인가』, 새물결, 1993년.

위추위, 심규호·유소영 옮김, 『중화를 찾아서』, 미래인, 2010년.

윌리엄 랭글런드, 김정애 옮김, 『농부 피어스의 꿈』, 지만지, 2009년.

이강국 옮김, 『엘 시드의 노래』, 한국외국어대학교출판부, 2009년.

이므룰 까이스 외, 김능우 옮김, 『무알라까트』, 한길사, 2012년.

이병한, 『유라시아 견문』(전3권), 서해문집, 2016~2019년.

이브 라코스트, 노서경 옮김, 『이븐 할둔』, 알마, 2012년.

이븐 바투타, 정수일 옮김, 『이븐 바투타 여행기』, 창작과비평사, 2001년.

이븐 할둔, 김호동 옮김, 『역사서설』, 까치, 2003년.

이에나가 사부로, 이영 옮김, 『일본 문화사』, 까치, 1999년.

이형식 편역, 『여우 이야기』, 궁리, 2001년.

일데폰소 팔코네스, 정창 옮김, 『바다의 성당』, 북스캔, 2007년.

임근동 옮김, 『우파니샤드』, 을유문화사, 2012년.

자와할랄 네루, 곽복희·남궁원 옮김, 『세계사 편력』(전3권), 일빛, 2004년.

_____, 김종철 옮김, 『인도의 발견』, 우물이있는집, 2003년.

자크 르 고프, 유희수 옮김, 『서양 중세 문명』, 문학과지성사, 2008년.

전국역사교사모임, 『살아 있는 한국사 교과서』(전2권), 휴머니스트, 2002년.

전호근, 『한국 철학사』, 메멘토, 2018년.

정수일, 『이슬람 문명』, 창작과비평사, 2002년.

정하은, 『케테 콜비츠와 루쉰』, 열화당, 1995년.

제임스 C. 스콧, 이상국 옮김, 『조미아, 지배받지 않는 사람들』, 삼천리, 2015년.

제프리 초서, 송병선 옮김, 『캔터베리 이야기』, 현대지성, 2017년.

조너선 블룸·셰일라 블레어, 강주헌 옮김, 『이슬람 미술』, 한길아트, 2003년.

조동일, 『한국문학통사』(전6권), 지식산업사, 2005년.

_____, 『해외여행 비교문화』, 보고사, 2018년.

존 던컨, 김범 옮김, 『조선 왕조의 기원』, 너머북스, 2013년.

주경철, 『문학으로 역사 읽기, 역사로 문학 읽기』, 사계절, 2009년.

칼리다사, 박경숙 옮김, 『메가두따』, 지식산업사, 2002년.

_____, 박경숙 옮김, 『샤쿤딸라』, 지식산업사, 2002년.

크리스토퍼 소프, 이시은·박유진·최윤희 옮김, 『사회학의 책』, 지식갤러리, 2015년.

클라이브 폰팅, 이진아·김정민 옮김, 『녹색세계사』, 그물코, 2003년.

타고르, 김병익 옮김, 『기탄잘리』, 민음사, 2001년.

타리크 알리, 정영목 옮김, 『석류나무 그늘 아래』, 미래M&B, 2007년.

_____, 정영목 옮김, 『술탄 살라딘』, 미래M&B, 2005년.

타밈 안사리, 류한원 옮김, 『이슬람의 눈으로 본 세계사』, 뿌리와이파리, 2011년.

테오도르 제닝스, 박성훈 옮김, 『예수가 사랑한 남자』, 동연, 2011년.

퍼트리샤 버클리 에브리, 이동진 옮김, 『사진과 그림으로 보는 케임브리지 중국사』, 시공사, 2010년.

폴 발리, 박규태 옮김, 『일본 문화사』, 경당, 2011년.

폴 발타, 정혜용 옮김, 『이슬람』, 웅진지식하우스, 2007년.

폴 켈리, 박유진·이시은 옮김, 『정치의 책』, 지식갤러리, 2013년.

프레데리크 들루슈 편, 윤승준 옮김, 『새 유럽의 역사』, 까치, 1995년.

피터 왓슨, 남경태 옮김, 『생각의 역사』(전2권), 들녘, 2009년.

피터 터친, 윤길순 옮김, 『제국의 탄생』, 웅진지식하우스, 2011년.

한중일3국공동역사편찬위원회, 『미래를 여는 역사』, 한겨레신문사, 2006년.

인문학의 거짓말 두 번째 이야기
ⓒ 박홍규, 2020

초판 1쇄 2020년 9월 23일 찍음
초판 1쇄 2020년 9월 29일 펴냄

지은이 | 박홍규
펴낸이 | 강준우
기획·편집 | 박상문, 박효주, 김환표
디자인 | 최진영, 홍성권
마케팅 | 이태준
관리 | 최수향
인쇄·제본 | (주)삼신문화

펴낸곳 | 인물과사상사
출판등록 | 제17-204호 1998년 3월 11일

주소 | (04037) 서울시 마포구 양화로7길 6-16 서교제일빌딩 3층
전화 | 02-325-6364
팩스 | 02-474-1413

www.inmul.co.kr | insa@inmul.co.kr

ISBN 978-89-5906-584-4 03300

값 17,000원

이 도서의 국립중앙도서관 출판시도서목록(CIP)은 서지정보유통지원시스템 홈페이지
(http://seoji.nl.go.kr)와 국가자료공동목록시스템(http://www.nl.go.kr/kolisnet)에서
이용하실 수 있습니다. (CIP제어번호: CIP2020039276)